兰州大学211工程建设资助项目

兰州大学人文社会科学学科建设基金资助项目（LZUHQ08003）

张镃年谱

曾维刚　著

人民出版社

责任编辑:杨美艳
装帧设计:曹　春
责任校对:吴海平

图书在版编目(CIP)数据

张镃年谱/曾维刚 著. -北京:人民出版社,2010.2
ISBN 978 - 7 - 01 - 008691 - 0

Ⅰ. 张…　Ⅱ. 曾…　Ⅲ. 张镃(1153~1235)　Ⅳ. K825.6

中国版本图书馆 CIP 数据核字(2010)第 022413 号

张镃年谱

ZHANGZI NIANPU

曾维刚　著

人民出版社 出版发行
(100706　北京朝阳门内大街166号)

北京龙之冉印务有限公司印刷　新华书店经销

2010 年 2 月第 1 版　2010 年 2 月北京第 1 次印刷
开本:710 毫米×1000 毫米 1/16　印张:19.5
字数:266 千字　印数:0,001－2,000 册

ISBN 978 - 7 - 01 - 008691 - 0　定价:39.00 元

邮购地址 100706　北京朝阳门内大街 166 号
人民东方图书销售中心　电话 (010)65250042　65289539

目　　录

前　言

　　张镃(1153—1235),字时可,后改字功父(又作功甫),号约斋,家本成纪(今天水),寓居临安(今杭州),乃宋南渡名将张俊曾孙,刘光世外孙,家世显赫;尝历直秘阁、临安通判、司农寺丞、太府寺丞等职,在宁宗朝声援北伐,复与史弥远等谋诛伐金失败的韩侂胄,后忤史弥远而贬死象台,是南宋历史上的重要人物。张镃又为宋末著名诗词家张炎的曾祖,是张氏家族由武功转向文阶过程中的重要环节。

　　张镃不仅是海盐腔创始人,并以诗词享誉于时,为南宋中兴期著名作家,诗文著作甚丰,今存《仕学规范》四十卷、《南湖集》十卷①、《玉照堂词》一卷、《玉照堂梅品》一卷、《四并集》(一名《赏心乐事》)一卷、《桂隐百课》一卷等。张镃交游极为广泛,举凡当时朝野政要如史浩、萧燧、洪迈、周必大、姜特立、京镗、楼钥等,道学大宗如朱熹、陈傅良、吕祖俭、彭龟年、陈亮、叶适、蔡幼学等,文坛名家如陆游、杨万里、尤袤、范成大、辛弃疾、姜夔等,均与之有往来唱酬。杨万里称:"尤萧范陆四诗翁,此后谁当第一功? 新拜南湖为上将,更推白石作先锋"②。杨万里所说的"南湖"即指张镃,因张镃在

---

① 张镃《南湖集》为尤袤《遂初堂书目》著录,然传本极罕,宋陈振孙《直斋书录解题》和元修《宋史·艺文志》均未见著录。明初杨士奇编《文渊阁书目》著录"张约斋《南湖集》一部五册"。明人叶盛《菉竹堂书目》亦载有五册。至明万历中张萱编《内阁书目》已不登录。今存《南湖集》十卷乃清代四库馆臣自《永乐大典》中辑出。祝尚书《宋人别集叙录》(北京:中华书局,1999 年)著录《南湖集》十卷。
② 杨万里撰;辛更儒笺校《杨万里集笺校》卷四一《进退格,寄功父、姜尧章》,北京:中华书局,2007年,第2190 页。

杭州城北郊有当时闻名遐迩的别业南湖园①。而所谓"白石",则指姜夔。杨万里将张镃誉为追步尤袤、萧德藻、范成大、陆游等人的诗坛健将,并以之与姜夔齐名,对其推崇备至。宋元之际,方回云:"乾、淳以来称尤、杨、范、陆,而萧千岩东夫、姜梅山邦杰、张南湖功父亦相伯仲"②,也认为张镃与尤、杨、范、陆等中兴四大家差堪比肩。

然而《宋史》未为张镃列传,宋元之际见存的张氏世谱亦失传③,其生平事迹遂湮没不详。今各种传记资料、诗词文集及相关论著对其生平事迹有所辑考,但迄今尚无详实的谱传问世。这不能不说是一个缺憾。因而笔者爬梳钩稽诸种正史、文集、笔记、方志、石刻、墓志、年谱、家谱、诗话、词话等文献史料,以年谱形式,对张镃家世、行历、仕履、交游及诗文著作系年等问题进行系统整理与考订,以补史传记载与张镃研究的不足。兹就其生平政事文学之要者略作阐述。

一

张镃曾祖张俊,外祖父刘光世,均是南宋前期政坛上的重要人物。其父张宗元登绍兴十八年(1148)进士,与朱熹、尤袤等为同年。④ 绍兴二十三年

---

① 关于张镃南湖园,南宋祝穆《方舆胜览》、王象之《舆地纪胜》均不见记载,然清代四库馆臣对其方位与得名考证甚详:"南湖一名白洋池,在杭州城北隅。宋张俊赐第,四世孙镃别业,据湖之上。湖在宅南,因名南湖。杨万里、陆游诸人皆为之题咏,而镃亦以自名其集,遂传为古迹"(永瑢等《四库全书总目》卷七十六,北京:中华书局,1965年,第667页)。

② 方回《桐江续集》卷八,《影印文渊阁四库全书》第1193册,台湾:商务印书馆,1986年,第302页。

③ 牟巘《题西秦张氏世谱后》云:"张模仲实撰其祖《忠烈王世谱》……书之至六七世未艾。历官概见于左,而于本宗卒葬特详,尊其所自出,亦苏氏谱法也。王(张俊)字伯英。仲实以模为名,尝奉父兄之命,复先庙,修家传,又为《世谱》而叙其首,示不忘本。"(《陵阳集》卷十六,《影印文渊阁四库全书》第1188册,台湾:商务印书馆,1986年,第143—144页)可见张模尝撰张氏世谱,载张俊子孙达六七世,历叙其仕履、卒葬等情况。张镃乃张俊三世传嫡长孙,世谱当有记载,惜谱已亡佚。

④ 见佚名撰《绍兴十八年同年小录》,徐乃昌辑《宋元科举三录》,民国十二年(1923)南陵徐氏景刊明弘治本。

（1153），张宗元除右承议郎、知大宗正丞。① 张镃即生于是年。张镃出生时，张俊居京师杭州，张宗元也在杭州供职。张镃生平的大部分时间，即主要生活和仕宦于杭州。

关于张镃生平仕履，各种史籍论著所述均不详实。为明其生平梗概，兹略述其重要仕履如下：

高宗绍兴二十四年（1154），张镃二岁，张俊卒。绍兴二十七年（1157），张镃五岁，朝廷诏周麟之为张俊撰神道碑，时张镃以荫补直秘阁。

孝宗淳熙八年（1181），张镃始通判临安。

淳熙十四年（1187）秋，张镃以疾辞临安通判。

淳熙十六年（1189）二月，孝宗禅位，光宗登基，张镃直秘阁，获厕廷绅。

光宗绍熙元年（1190）春，张镃为宣义郎、直秘阁。

宁宗庆元元年（1195）六月，张镃以臣僚弹劾，自司农寺主簿任上放罢。

庆元四年（1198）九月，张镃自司农寺丞任上与宫观。

嘉泰元年（1201），张镃除太府寺丞。

开禧二年（1206）十月，张镃以臣僚弹劾，落奉议郎、直焕章阁，主管建宁府武夷山冲佑观之职，罢宫观。

开禧三年（1207）十一月，张镃于司农少卿任上追两官，送广德军居住。

嘉定四年（1211）十二月，张镃于奉议郎任上追毁出身以来文字，送象州羁管。

理宗端平二年（1235），张镃卒于象州。

张镃一生经历高、孝、光、宁、理五朝，享年八十三岁。其生平政治活动，基本上可以宁宗开禧二年（1206）五十四岁时为界，分为前后两期。

张镃人生前期历除直秘阁、临安通判、司农寺丞、太府寺丞等职，处于孝宗、光宗和宁宗前期这一政治上较为平稳的时代。此期，张镃除了一度以疾辞临安通判之外，仕途较为顺利，没有重要的政治活动。

---

① 见李心传撰《建炎以来系年要录》卷一百六十四，北京：中华书局，1956 年，第 2686 页。

在政局较为动荡的宁宗朝后期，张镃开始参与一系列重要的政治活动，其人生也随之发生了巨大转变。

宁宗开禧二年(1206)五月，韩侂胄用兵伐金。这是宁宗朝乃至整个南宋历史上的重大事件。关于张镃对开禧北伐与恢复中原的态度和立场，史书并无正面记载。不过通过今存张镃诗文，可以看出张镃对韩侂胄北伐是抱有厚望的。早在嘉泰三年(1203)，辛弃疾以韩侂胄招揽，起知绍兴府兼浙东安抚使，创秋风亭，赋《汉宫春·会稽秋风亭观雨》，词有"山河举目虽异，风景非殊。功成者去，觉团扇、便与人疏。吹不断、斜阳依旧，茫茫禹迹都无"①，感慨神州分裂的现实。张镃次辛弃疾韵，有《汉宫春》词云："江南久无豪气，看规恢意概，当代谁如"②，称赞辛弃疾规恢意气的同时，抗金复国之意亦跃然纸上。开禧北伐初始，项安世方丁内艰，以韩侂胄用兵起复，知鄂州。张镃赋《满江红·贺项平甫起复知鄂渚》送之，词有"说项无人堪叹息，瞻韩有意因恢复。用真儒、同建太平功，心相属。……看可汗生缚洗烟尘，机神速"③。韩侂胄起兵北伐不久，南宋淮、汉师即溃，项安世复以韩侂胄赏识除湖广总领，升太府卿。张镃又有《水调歌头·项平甫大卿索赋武昌凯歌》赠项安世，词云："忠肝贯日月，浩气抉云霓。诗书名帅，谈笑果胜棘门儿。……畅皇威，宣使指，领全师。襄阳耆旧，请公直过洛之西。"④希望项安世能够不负使命，规恢河洛。

然而南宋北伐不久，金人即由守转攻，宋军很快全线溃败，宋廷不得不筹划与金人和议。金人在形势有利于己的情况下，"要以五事"，即返还俘虏、增加岁币、缚送首谋、称藩、割地(由以淮河为界改为以长江为界)。金人的条件之一，就是要求缚送惩办发动战争的魁首，如果宋人自己惩罚发动

---

① 邓广铭《稼轩词编年笺注》卷六《两浙、铅山诸什》，上海：上海古籍出版社，1978年，第521页。
② 《南湖集》卷十，北京：中华书局1985年影印《丛书集成初编》本，第181页。
③ 《南湖集》卷十，第181页。
④ 《南湖集》卷十，第179页。

战争的魁首,则必须"函首以献"。① 在此情势下,礼部侍郎史弥远与杨皇后、杨次山、钱象祖、卫泾、王居安等人开始进行谋诛韩侂胄的活动。尽管张镃对南宋北伐与恢复中原寄有厚望,与韩侂胄亦素有往来,但在政治情势急转直下的情况下,他亦参与到诛韩事件之中。宋人叶绍翁记载:"镃始预史(弥远)议诛韩(侂胄),史以韩为大臣,且近戚,未有以处。张谓史曰:'杀之足矣。'史退……曰:'镃,真将种也。'心固忌之。"②周密更详载其事云:"开禧三年(1207)……(韩侂胄)用兵之谋复起。……于是杨次山与皇后谋……后惧事泄,于是令次山于朝行中择能任事者。时史弥远为礼部侍郎、资善堂翊善,遂欣然承命。钱参政象祖,尝以谏用兵贬信州,乃先以礼召之。礼部尚书卫泾,著作郎王居安,前右司郎官张镃,皆预其谋。……时开禧三年十一月二日,侂胄爱姬三夫人号'满头花'者生辰。张镃素与之通家,至是,移庖侂胄府,酣饮至五鼓。……初三日,将早朝……甫至六部桥……夏挺、郑发、王斌等,以健卒百余人,拥其轿以出,至玉津园夹墙内,挝杀之。"③可见,在整个诛韩事件中,从谋划到具体实施,张镃均起到了重要作用。

关于韩侂胄北伐的是非功过,长期以来史家颇有争议。由于宁宗时期南宋已逐渐走向衰落,宋金实力均衡的客观之势亦没有打破,宋廷并无收复失地的能力,加之韩侂胄确有"立盖世功名以自固"的个人因素④,因而学者多对韩侂胄北伐持批判态度,但也不乏肯定韩侂胄北伐恢复之举者。⑤ 虽

① 参见赵永春《金宋关系史》,北京:人民出版社,2005 年,第 292—297 页。
② 叶绍翁撰;沈锡麟、冯惠民点校《四朝闻见录·丙集》,北京:中华书局,1989 年,第 91 页。
③ 周密撰;张茂鹏点校《齐东野语》卷三"诛韩本末"条,北京:中华书局,1983 年,第 47—48 页。
④ 脱脱等《宋史》卷四百七十四《韩侂胄传》,北京:中华书局,1977 年,第 13774 页。
⑤ 如缪钺认为:"平心论之,韩侂胄执政时,虽然专横跋扈,但毕竟与秦桧、贾似道等卖国投降者不同。他晚年主张北伐抗金,收复失地,因谋划粗疏,招致失败,而其志可谅。"(见《论史达祖词》,载《四川大学学报》1984 年第 3 期;又载《灵溪词说》,上海:上海古籍出版社,1987 年,第 468 页)陈庚平认为:"韩侂胄去世已七百多年,他个人的名誉与我们并没有多大的关系,只是他的是非功过与后人在外来入侵时应抱怎样的态度、应有怎样的行动却有很大的关系,于是也就对整个国家民族的生死存亡大有关系了,所以我们是不得不详为论辩的。韩氏虽事功无成,但他一生忠心为国的事迹是无法抹杀的"(见《纠正七百多年来史家对于韩侂胄的错误批判并揭穿当时伪道学派的罪行》,载《兰州大学学报》1957 年第 1 期(创刊号);又载《金城集》,兰州:兰州大学出版社,2003 年,第 141—142 页)。

然史家对韩侂胄北伐多有批判，但对张镃参与诛韩事件也往往持批评意见。如清四库馆臣即云："叶绍翁《四朝闻见录》称宁宗诛韩侂胄，镃预其谋……周密《齐东野语》、《癸辛杂识》又称镃本善侂胄，被诛前一日，为其爱妾生日，镃犹携庖夜宴，故侂胄不疑。及赏不满意，复欲以故智去史。事泄谪象台而卒。据二书所云，是镃本以机数立功名，有忍鸷之才，而心术未为纯正。"①这种批判张镃的观点，大概源于两个因素：一是张镃与韩侂胄素有往来，复又参与诛韩之议；二是有史记载张镃诛韩之后又欲以故智去史弥远，据此认为张镃反覆善变，唯求功名。

事实上，这种认识是有失偏颇的。其一，史载所谓张镃素善韩侂胄，未必如是。因为以张镃的家世、才艺及其久仕临安的经历，他在政界文坛多方交往，实属平常之举。从今存史料及张镃文集来看，张镃交往极为广泛，韩侂胄并非张镃关系之最密者。与张镃一生为挚友者，恰恰是晚年与韩侂胄誓不两立的杨万里和毕生主张恢复的陆游。其二，史称张镃诛韩之后"赏伐自言，史（弥远）昌言于朝：'臣子当为之事，何为言功？'遂讽言者贬镃于雪，自是不复有言诛韩之功者矣"②。这一记载唯见于叶绍翁《四朝闻见录》，所论也未必恰当。宁宗朝后期，史弥远尽揽诛韩之功，排斥善类，独擅朝政，倒是不争的事实。不仅是张镃，当时同预诛韩之议的钱象祖、卫泾、王居安等人，很快亦均遭贬斥，足见张镃等人遭到弹劾贬斥，其实是因史弥远专功擅权所致。其三，张镃寄望北伐恢复，复预诛韩事件，二者并无矛盾冲突，实乃时势使然。其四，以张镃的显赫家世、仕履经历及宁宗时期尤其是开禧北伐前后诗词中流露的隐退情怀来看③，虽然他生活富贵豪奢，却不可一言以蔽之曰资机数博取功名者。

---

① 永瑢等《四库全书总目·南湖集提要》，北京：中华书局，1965 年，第 1382—1383 页。
② 《四朝闻见录·丙集》，第 91 页。
③ 如嘉泰四年（1204）张镃赋《临江仙》词："看看云蔽月，三际等空虚。纵使古稀真个得，后来争免鸣呼。肯闲何必更悬车。非关轻利禄，自是没工夫"（《南湖集》卷十，第 178 页）；开禧元年（1205）赋《水龙吟》词："浮生幻境，向来识破，那堪又老。……自古高贤，急流勇退，直须闻早"（《南湖集》卷十，第 180—181 页）。

关于张镃对北伐恢复的态度,对张镃参预诛韩及其人品的看法,是张镃研究中的重要议题,长期以来却未有定评,诋之者称其心术未纯,誉之者推其近于抗金英雄辛弃疾一派。① 综上所述,笔者认为,无论史家对韩侂胄北伐的是非功过如何评价,对张镃参预诛韩都不必过于苛责,对张镃在特定历史时期声援辛弃疾、项安世等抗金或北伐士人的举动亦应予以肯定。

就在韩侂胄被诛及函首于金的同时,张镃亦未能幸免。开禧三年(1207)张镃自司农少卿任上追两官,送广德军居住。其后一度以旨放还。但嘉定四年(1211)张镃终自奉议郎任上追毁出身以来文字,送象州羁管,于理宗端平二年(1235)卒于象州。以宁宗开禧间参预诛韩为界,张镃在激烈的政治风浪及悲惨的远贬中度过了人生的后期近三十年。

二

在宋室南渡之初,张镃曾祖张俊、外祖父刘光世与韩世忠、岳飞等将领一道,成为辅佐南宋政权抵抗金人、逐渐稳定局势的重要人物。至绍兴年间,南宋"诸大将之兵浸增,遂各以精锐雄视海内","惟张(俊)、韩(世忠)、岳(飞)三军为盛"②,乃至"沿边之兵,尽归诸大将,帅臣反出其下"③。绍兴八年(1138),高宗在站稳脚跟之后,认为地方诸将兵势过盛,已成为除金人之外威胁朝廷的又一严峻问题,因此明谕:"诸将之兵,已患难于分合,末大必折,尾大不掉,古人所戒"④。同时,张戒、秦桧、范同等朝臣也纷纷献策,建议分诸将兵势,集权于朝廷。于是,朝廷开始收缴诸大将兵权。在此情况下,张俊对高宗、秦桧等人的意图心领神会,于是率先妥协,向朝廷交出兵

① 如陶尔夫、刘敬圻认为,张镃"是同辛弃疾唱和最多的词人之一","南宋的安危经常系念于心头","豪壮昂扬的词作,与辛弃疾、陈亮的词风是相近的"。见《南宋词史》,哈尔滨:黑龙江人民出版社,1992 年,第 257 页。
② 马端临《文献通考》卷一百五十四,北京:中华书局,1986 年,第 1343 页。
③ 李心传《建炎以来系年要录》卷一百一十二,北京:中华书局,1965 年,第 1814—1815 页。
④ 《建炎以来系年要录》卷一百一十八,第 1904 页。

权,并赞同高宗、秦桧与金人的和议之谋。史载,"(张)俊晚年主和议,与秦桧意合,上(高宗)眷之厚,凡所言,朝廷无不从"①。因此,在高宗、秦桧君臣进行中央集权的过程中,张俊不但没有像岳飞等人那样受到迫害,反而得到高官厚爵,进一步攀升,张俊家族也由此崛起,在南宋前期长盛不衰。张镃就出生于这样一个显赫富贵的家庭。其文集中便多有感叹自己家世的作品。如《次叔祖阁学暑中过清寒堂韵》:"我家忠烈定社稷,任大岂但惩与膺……强敌坐致九顿首,和议姑随三折肱。至今耆旧话曩昔,白发相对搔髯鬐"②,将其曾祖张俊始抗金敌,后又附随和议而发迹的历史和盘托出。《表兄刘东玉提干挽诗二首》其一则云:"王祖扶天日,同声外氏翁。功勋俱卓越,门户合穹隆"③,对张俊、刘光世等祖辈的联姻结盟及其功勋深感荣耀。正如张镃《南园叔祖生日》所云:"绍兴元勋如日悬,承家有人光后先"④,到张镃的父辈,张氏家族仍然深受朝廷的眷顾。高宗曾亲笔书"德勋"二字,作为张镃父亲张宗元的寝堂之名。张镃即回忆说:"往事追思重惨伤,相从常醉德勋堂。"⑤至孝宗淳熙年间,在朝两任宰相的史浩也赠诗张镃说:"英英尊府分符誉,烨烨先曾卫社功。"⑥可见,张氏家族长期蒙受赵宋皇室恩宠,显贵不减当年。

张氏家族本已显赫一时,至张镃生活的时代,他又进一步大规模扩建自己的私家园林。宋人周密录张镃《玉照堂梅品》云:"淳熙岁乙巳(1185),予得曹氏荒圃于南湖之滨,有古梅数十,散漫弗治。爰辍地十亩,移种成列,增取西湖北山别圃江梅,合三百余本,筑堂数间以临之。又挟以两室,东植千叶缃梅,西植红梅各一二十章,前为轩楹,如堂之数。花时居宿其中,环洁辉

① 《建炎以来系年要录》卷一百四十,第2255页。
② 《南湖集》卷三,第45页。
③ 《南湖集》卷四,第61页。
④ 《南湖集》卷三,第34页。
⑤ 参《南湖集》卷八,第140页。
⑥ 参史浩《鄮峰真隐漫录》卷三十六,《宋集珍本丛刊》第43册,北京:线装书局,2004年,第183页。

映,夜如对月,因名曰玉照。复开涧环绕,小舟往来"①。张镃《桂隐纪咏》诗序又云:"淳熙丁未(1187)秋,仆自临安通守,以疾丐祠。既归桂隐,遂捐故庐为东寺,指新舍为西宅,南湖以经其前,北园以奠其后,因枚立堂、宇、桥、舟诸名"②。张镃《桂隐百课》自序亦载:"淳熙丁未秋,余舍所居为梵刹,爰命桂隐堂馆桥池诸名,各赋小诗,总八十余首。逮庆元庚申(1200),历十有四年之久,匠生于心,指随景变,移徙更葺,规模始全"③。再据《桂隐纪咏》组诗及《桂隐百课》所记,可考自孝宗淳熙至宁宗庆元年间,张镃捐出杭州北郊南湖的故居为寺院,然后仍以南湖为中心,历时十几年,重建宅居和各种亭台池阁,景致共达八十余处。张氏家族长期的显赫繁荣,已使张镃甚受世人瞩目,他在延续家业之余,又在南宋的政治文化中心杭州不断构筑庞大富丽的私家园林,供自己和亲友生活游乐,宴饮唱酬,更令他备受时人青睐,为其政治与文学活动奠定了重要的社会基础。

同时,张镃甚有才艺,又非常好客,喜欢游意风雅,与人吟诵唱和,因而在当时声名远播。周密称其"有吏才,能诗,一时所交皆名辈"④。元代夏文彦亦称其"清标雅致,为时闻人,诗酒之余,能画竹石古木,字画亦工"⑤。张镃极富诗情,喜吟成癖。他自称:"我固有诗癖"⑥。又说:"我因耽诗鬓如丝"⑦,"一日不觅句,更觉身不轻"⑧。独处之际,他常常是"坐禅才罢即行吟"⑨。若友人来访,他则往往与之"登楼才会面,促坐便论诗"⑩。有时,他甚至会对朋友说:"若无诗与酒,不请看花来"⑪。其《因过田倅坐间,得姜尧

---

① 《齐东野语》卷十五,第 274 页。
② 《南湖集》卷七,第 111 页。
③ 《南湖集·附录上》,第 197 页。
④ 《齐东野语》卷十五,第 276 页。
⑤ 夏文彦《图绘宝鉴》卷四,上海:商务印书馆,1937 年,第 76 页。
⑥ 《南湖集》卷四,第 53 页。
⑦ 《南湖集》卷二,第 23 页。
⑧ 《南湖集》卷三,第 44 页。
⑨ 《南湖集》卷五,第 77 页。
⑩ 《南湖集》卷四,第 51 页。
⑪ 《南湖集》卷七,第 117 页。

章所赠诗卷,以七字为报》即称,他与姜夔的交往,"应是冰清逢玉润,只因佳句不因媒"①。《谒陆礼部归偶成二绝句》其二称他与陆游"相投无过只谈诗"②。可见,文学创作是张镃生活中不可缺少的内容。极富才情,甚喜吟诵,又成为他广泛交游的重要个人基础。

显赫富贵的家世与满腹的才情,使张镃广为时人关注,在文坛具有重要地位。我们可以从杨万里的一段记载,看到当时文人墨客多乐意与之交游的心理。淳熙十六年(1189)杨万里作《约斋南湖集序》云:

> 初,予因里中浮屠德璘,谈循王之曾孙约斋子有能诗声,余固心慕之。然犹以为贵公子,未敢即也。既而访陆务观于西湖之上,适约斋子在焉。则深目颧感,寒眉臞膝,坐于一草堂之下,而其意若在岩壑云月之外者。盖非贵公子也,始恨识之之晚。③

杨万里所说的"约斋子"即是张镃。通过诗坛大腕杨万里对其未见时"固心慕之",然"未敢即也",及见又"恨识之之晚"的态度,可见张镃在时人心目中极高的地位以及时人对他的趋慕。

张镃的文坛地位,不仅由于他个人的家世、才情与诗声文名,更在于他在文坛广泛的交游唱酬活动及其对于推动当时文人的交流与创作所做出的贡献。方回《读张功父南湖集》诗序称张镃"尽交一世名彦",其诗又云:"生长勋门富贵中,秕糠将相以诗雄。端能活法参诚叟,更觉豪才类放翁……镂金组绣同时客,合向南湖立下风"④。方回不仅说明了张镃生于功勋豪门的家世,肯定其比并杨万里、陆游而擅雄诗坛的才艺,而且指出他喜好招徕四方英士集于南湖而高会的性情。深入考察张镃的活动与创作,即可发现,他在文坛确实极为活跃,交游异常广泛,其所居的南湖成为当时文人雅士诗文交会的胜地。宋元之际,戴表元《牡丹宴席诗序》载:

① 《南湖集》卷六,第 95 页。
② 《南湖集》卷七,第 126 页。
③ 《杨万里集笺校》卷八〇,第 3251 页。
④ 《桐江续集》卷八,《影印文渊阁四库全书》第 1193 册,第 303 页。

渡江兵休久，名家文人渐渐修还承平馆阁故事，而循王孙张功父使君以好客闻天下。当是时，遇佳风日，花时月夕，功父必开玉照堂置酒乐客。其客庐陵杨廷秀、山阴陆务观、浮梁姜尧章之徒以十数，至辄欢饮浩歌，穷昼夜忘去。明日，醉中唱酬诗或乐府词累累传都下，都下人门抄户诵，以为盛事。①

可见，杨万里、陆游、姜夔等文坛名家，均是张镃的座上常客。不仅如此，如朱熹、陈傅良、吕祖俭、彭龟年、蔡幼学等著名的道学之士，也成为张镃的席上之宾。如朱熹《跋鲁直书践祚篇》云："绍熙甲寅闰十月十日，饯范文叔于张功父南湖之上。功父出此为赠"②。陈傅良《张园送客分韵诗序》载：

张园送客分韵诗，为常信二史君（指石叔访、黄商伯）作也……同院若同僚若同年家又十人饯之张园……十人者，会稽黄文叔，清江彭子寿、章茂献，永嘉薛象先、蔡行之，蜀范文叔，临川曾无逸，章贡李和卿，东莱吕子约与余也。会张功父致地主之意，亦分一韵。③

可见，张镃位于杭州城北的私宅南湖，经常是名士云集，甚至一次性就多达十余人，他们或艺文往来，彼此酬赠；或置酒论诗，群起唱和。

正如张镃《又呈坐客》诗所云："天假南湖一段奇，宾朋胥会只论诗……从来邂逅宜真率，花下杯传却莫迟"④。张镃以其独特的家世与才情，坐镇京都的南湖，以文会友，招徕四方名士，他们的即席诗词作品常是门抄户诵，广为流传，成为文坛盛事。这种情况，在整个宋代文学史上都是少见的，对于推动南宋中兴期文人之间的广泛交流，促进他们的文学创作与传播起到了积极作用，而张镃也因此在文坛上具有不可忽视的地位，成为认识南宋中

① 戴表元《剡源集》卷十，北京：中华书局，1985年，第153页。
② 朱熹著；曾抗美等点校《晦庵先生朱文公文集》卷八十三，《朱子全书》第二十四册，上海：上海古籍出版社，合肥：安徽教育出版社，2002年，第3924页。
③ 陈傅良《止斋先生文集》卷四十，四部丛刊初编本。
④ 《南湖集》卷六，第96页。

兴期文学生态和文学繁荣发展的一个重要侧面,具有特定的文学史意义。

三

在宋代诗学史上,北宋初期是唐风一统天下,至南宋初期,又是江西诗学独占鳌头。到了南宋中兴期,则是诗坛批判继承唐风和江西诗学而走向创新独造的时代。张镃的诗学思想,即典型地体现了这一诗史发展的轨迹。换言之,在南宋中兴诗坛上,张镃也是与友人杨万里、陆游等人一道推动新的诗学思潮发展演进的重要成员之一。

一方面,张镃主张转益多师,广学古人。其《俞玉汝以诗编来因次卷首韵》称:

> 我生癖耽诗,极力参古意……大雅既不作,少陵得深致。楚骚
> 久寂寞,太白重举似。堂堂豫章伯,与世不妩媚。峭峭后山老,深
> 古复静丽。长篇杂短章,末学敢睥睨。傥非四公者,孰毕此能
> 事。①

张镃表明了"极力参古意"的诗学立场,进而以杜甫、李白、黄庭坚、陈师道等"四公"为具体榜样,赞扬杜甫得大雅之深致,李白举楚骚之精神,推许黄庭坚诗不媚于世的气格及陈师道诗的深古与静丽。其《题尚友轩》云:

> 作者无如八老诗,古今模轨更求谁。渊明次及寒山子,太白还
> 同杜拾遗。白傅东坡俱可法,涪翁无己总堪师。②

在此,张镃又标举出陶渊明、寒山、李白、杜甫、白居易、苏轼、黄庭坚、陈师道等"八老",认为他们皆可师法。可见,张镃的诗学主张,极富包容性,恰好囊括了中国诗学史上富有成就与特色的部分:先秦时期的大雅、楚骚,魏晋南北朝时期的陶渊明,唐代的杜甫、李白和白居易,宋代的苏轼、黄庭坚与陈

---

① 《南湖集》卷一,第12页。
② 《南湖集》卷五,第75页。

师道。他不仅诗学取向广泛，而且深悟自先秦至唐宋中国传统诗学之精髓。

当然，在张镃所说的"四公"、"八老"等前辈诗人中，他也有所侧重，他尤为推许的是唐代诗人李白、杜甫和白居易。其《杂兴》之二十一云：

> 唐家盛词华，培本自武德。投戈辟文馆，英士来翼翼。访政讨
> 典坟，分夜亡倦极。当时瀛洲目，意气宁偪仄。言诗到李杜，骚雅
> 并区域。①

张镃认为唐代虽然词华称盛，但唯有到了李白、杜甫，方为极盛，因为李、杜诗能够追本溯源，入骚雅之域。其《读乐天诗》则云：

> 诗到香山老，方无斧凿痕。目前能转物，笔下尽逢源。学博才
> 兼裕，心平气自温。随人称白俗，真是小儿言。②

张镃赞许白居易诗浑融圆转，无斧凿之痕，而且才学富赡，左右逢源，批判那些称白诗俗者乃小儿之言，对白居易极力维护。他也模拟白居易的诗体进行创作。如《戏效乐天体》：

> 去日不可再，来日焉可虚。直待百事足，漫把四大拘。黄河几
> 曾清，白发莫旋乌。全福贵安然，真乐难强图。朴直自许我，才能
> 不如渠……意均饱暖适，迹或升沉殊。达人旷大观，万象归一
> 途。③

诗中的富闲之气与旷达之趣，可谓深得白居易闲适诗三昧。

张镃还学习孟郊、贾岛的苦吟为诗。其《次韵寄斋赠竹居》云："振俗还风雅，乾坤觅句中。夔皋渠合遇，郊岛我甘同。"④他甚至对韩偓的香奁体诗也要尝试学习。其《戏仿韩致光体》云："意㜯风前侧帽檐，落梅红在麦修纤。归家说尽单行处，可奈温香翡翠奁。"⑤可见，张镃对前人的学习确实是

---

① 《南湖集》卷一，第5页。
② 《南湖集》卷四，第50页。
③ 《南湖集》卷一，第14页。
④ 《南湖集》卷四，第60页。
⑤ 《南湖集》卷八，第152页。

多方面的。其诗学追求，与单一取径黄、陈的江西诗派末学迥然异趣，也非仅仅是回归唐风。这种诗学取向，在江西诗风流弊丛生的南宋诗坛，无疑具有以古为新的创新意义。

另一方面，张镃追求活法悟诗，独造平淡。所谓"活法"，是吕本中提出来的口号，诚如钱钟书先生所言，"意思是要诗人又不破坏规矩，又能够变化不测"，达到一种"规律和自由的统一"。① 在南宋中兴时期，杨万里、陆游等人在江西诗风长期笼罩诗坛的局面下，继承了吕本中的活法理论，对江西诗学进行革新。张镃与杨万里、陆游等人交游唱和极为密切，他除了从前代作家那里广泛吸取诗学营养，也呼应了杨万里、陆游等人创新求变的时代精神，注重就近学习时人诗学理论中富有新意的部分，并力求深造自得，成为反拨江西诗风，推动宋诗发展的积极因素。

张镃对江西诗学转变期的重要诗人曾几甚为欣赏。他说："江西源正非旁流，文清诗名不易收。师承史业特余事，一门玉律夸中州"②。又云："共推掌学文清手，突过谈兵杜牧才……诗章活法从公了，要使诸方听若雷"③。曾几，号茶山，谥文清。时"居仁（吕本中）诗专主乎活……茶山倡和求印可，而居仁教以诗法，故茶山以传陆放翁"④。曾几学诗法于吕本中，又是陆游的老师，"风格比吕本中的还要轻快，尤其是一部分近体诗，活泼不费力，已经做了杨万里的先声"⑤。张镃推重曾几，正是因他认为曾几作为江西诗派后期代表人物，与倡导活法理论的吕本中一道，对江西诗学弊端进行改造，为推动南宋诗风的转变导夫先路。由此，亦可看出张镃本人崇尚活法的诗学追求。

在中兴诗人中，张镃最为推崇的是友人杨万里，他认为杨万里是活法悟

① 参钱钟书《宋诗选注》，北京：人民文学出版社，1958 年，第 179 页。
② 《南湖集》卷三，第 36 页。
③ 《南湖集》卷六，第 94 页。
④ 方回选评；李庆甲集评校点《瀛奎律髓汇评》卷二十，上海：上海古籍出版社，2005 年，第 824 页。
⑤ 《宋诗选注》，第 141 页。

诗的典范。对杨万里的活法悟诗,张镃可谓津津乐道。如《杨秘监为余言,初不识谭德称,国正,因陆务观书,方知为西蜀名士,继得秘监与国正唱和诗,因次韵呈教》:

> 亦犹雕琢用功深,自发诗中平淡意。更须绝处悟一回,方知迷
> 梦唤醒来。今谁得此微妙法,诚斋四集新板开。①

《次韵杨廷秀左司见赠》:

> 愿得诚斋句,铭心只旧尝。一朝三昧手,五字百般香。弦绝今
> 何苦,衣传拟自强。草玄非近效,举世漫匆忙。②

《携杨秘监诗一编登舟,因成二绝》其二:

> 造化精神无尽期,跳腾踔厉实时追。目前言句知多少,罕有先
> 生活法诗。③

张镃对杨万里的妙悟与活法极尽赞许和倾慕之情,并表达了愿以诚斋为师的诗学立场。他还以活法为标准衡量自己的创作。其《渭川猎》云:"胸中百万总活法,闭口不言心自喜"④,以自己胸藏活法之悟而喜不自胜。

正如张镃所说:"胸中活底仍须悟,若泥陈言却是痴"⑤。他追求活法悟诗,最终是要破除陈腐,独造平淡圆融之境。其《寄春膏笺与何同叔监簿因成古体》云:"诗好工夫到平淡"⑥。在其所撰的《仕学规范》中,他极力推许北宋前期诗坛革新人物梅尧臣"作诗无古今,惟造平淡难"的诗论。⑦ 其《陈子西投赠长句走笔次韵奉酬》进一步说:

> 作诗我恨无新功,良田所积未始丰。君侯何事有此癖,判却不
> 费平生穷。容台故人作书至,百篇古体缄縢中。剪裁云雾闲孔翠,

---

① 《南湖集》卷三,第42页。
② 《南湖集》卷四,第51页。
③ 《南湖集》卷七,第129页。
④ 《南湖集》卷二,第26页。
⑤ 《南湖集》卷五,第75页。
⑥ 《南湖集》卷二,第27页。
⑦ 参张镃《仕学规范》卷三十六,《影印文渊阁四库全书》第875册,台湾:商务印书馆,1986年,第178页。

此尚人力亏天工。请君直道当下语,莫拟世俗纷华虫。古人规绳
亦谢去,岂不自已光圆融。大千沙界大千海,置之足上升天官。到
头只是旧时我,不妨自就声律笼。若能言下便领得,老夫衣钵当传
公。①

在这里,张镃更为详细地向人说明其诗歌创作的"衣钵"真传:作诗固需"人
力",但更贵"天工",这就要摒弃世俗的纷华之词,也不可受古人束缚,而应
当"直道当下语",抒写自己真实的闻见感发,并且自裁声律,如此方可谓深
造自得,通达圆融。

　　总之,张镃不仅主张从前人那里广泛吸取诗学营养,又以极富时代特色
的活法理论为支撑,标举平淡圆融的诗歌境界。其诗学追求,一方面远绍北
宋前期诗坛梅尧臣等人诗歌革新的精神,一方面近承宋室南渡前后吕本中
等人的活法理论,可以说是对江西诗派末学那种步趋模拟、奇僻晦涩的偏颇
取向的自觉纠正。其"请君直道当下语,莫拟世俗纷华虫"的诗学观念,与
杨万里毅然抛弃循循于法而走向师法自然的灵性顿悟②,陆游"汝果欲学
诗,工夫在诗外"③的诗家三昧的参悟,可谓异曲同工,均是要求诗歌创作应
当回归现实和自我。被杨万里誉为诗坛"上将"的张镃,也因此与杨万里、
陆游等人一道,成为南宋中兴诗坛革除江西诗学积弊,倡导创新求变的诗学
思潮的重要人物之一。

四

　　方回尝称赞张镃显赫富贵的家世地位及其类同陆游的豪放才性。与友
人陆游相比,张镃之豪确实不相上下。不过,由于特定的家世、经历和性情,
其富夸放纵则为陆游所不及。

_____

① 《南湖集》卷三,第35页。
② 参《杨万里集笺校》卷八〇《诚斋荆溪集序》,第3260页。
③ 陆游著;钱仲联校注《剑南诗稿校注》卷七十八,上海:上海古籍出版社,1985年,第4263页。

周密《齐东野语》载"张功甫豪侈"条,称张镃:

> 能诗,一时名士大夫莫不交游,其园池声妓服玩之丽甲天下。尝于南湖园作驾霄亭于四古松间,以巨铁絚悬之空半而羁之松身。当风月清夜,与客梯登之,飘摇云表,真有挟飞仙、溯紫清之意。王简卿侍郎尝赴其牡丹会云:"众宾既集,坐一虚堂,寂无所有。俄问左右云:'香已发未?'答云:'已发。'命卷帘,则异香自内出,郁然满坐,群妓以酒肴丝竹,次第而至。别有名姬十辈皆衣白,凡首饰衣领皆牡丹,首带照殿红一枝,执板奏歌侑觞,歌罢乐作乃退。复垂帘谈论自如,良久,香起,卷帘如前。别十姬,易服与花而出。大抵簪白花则衣紫,紫花则衣鹅黄,黄花则衣红,如是十杯,衣与花凡十易。所讴者皆前辈牡丹名词。酒竟,歌者、乐者无虑数百十人,列行送客。烛光香雾,歌吹杂作,客皆恍然如仙游也。"①

嘉泰元年(1201),张镃自编《赏心乐事》,序云:"圣朝中兴七十余载,故家风流,沦落几尽。有闻前辈典刑,识南湖之清狂者,必长哦曰:'人生不满百,常怀千岁忧。昼短苦夜长,何不秉烛游。'"在《赏心乐事》中,张镃按照从"正月孟春"到"十二月季冬"的时间顺序,清楚地记录了他一年十二个月份在其南湖宴游玩乐的日程安排,节目竟达一百三十余项。② 据此,张镃富贵奢侈的生活及其豪夸放纵的个性已可见一斑。在宋代文学史上,家世显赫或个性豪放的诗人不在少数,但像张镃这样极尽富夸者却寥寥无几。

张镃豪夸放纵的个性特征,对其诗歌创作产生了深刻影响,其诗风亦具有同样的特征。

一方面,张镃常以长篇古体,极力铺陈夸饰,表现其富贵和闲逸,襟怀豪宕放纵,具有一种酣恣淋漓的风格。在今张镃《南湖集》十卷中,存词一卷,古诗、律诗和绝句共九卷,其中五、七言古诗三卷。《四库全书总目》卷一百

---

① 《齐东野语》卷二十,第347页。
② 参《南湖集·附录上》,第187—197页。

六十《南湖集提要》称张镃：

> 诗学则颇为精深。……评其格律,大都清新独造,于萧散之中
> 时见隽永之趣。以视嘈杂者流,可谓翛然自远。①

张镃的律诗具有一种清新萧散的韵致。如《移石种竹橘》：

> 野性乐闲寂,况值秋气清。旋即东墙隈,削苔方凳平。石立稍
> 退步,薜荔缠珠璎。橘香湖海趣,竹翠山林情。二物昔所嗜,未暇
> 同经营。环种近百竿,叶叶琴筑声。对植才两树,颗颗金玉明。交
> 枝与丛稍,拂巾须缓行。其间两席地,幽致吾主盟。静极坐累刻,
> 焉有世虑萦。②

张镃此诗以清新的意象和语言,描述其植橘种竹的幽居生活,表现了远离世
间名利纷争的萧散情怀。不过总体来看,更富个性特色的还是他的五、七言
古诗。在律诗盛行的南宋诗坛,其古诗创作是较突出的。

清代批评家刘熙载云："伏应转接,夹叙夹议,开阖尽变,古诗之法。近
体亦俱有之,惟古诗波澜较为壮阔"③。又云："古体劲而质,近体婉而妍,诗
之常也"④。与律体相比,古诗一般容量较大,节奏更富开阖变化,适合铺叙
物事,抒发起伏跌宕的情感,尤其是七言古诗,正如陶文鹏先生所论,"是最
有利于淋漓酣畅抒发激情的诗体"⑤。在唐宋时期,李白无疑是将古诗的表
现力发挥到极致的代表。张镃对李白追慕不已,也喜选择古诗之体,颇有太
白风神。如《千叶黄梅歌呈王梦得张以道》：

> 笛声吹起南湖水,散作奇葩满园里。被春收入玉照堂,不逐余
> 芳弄红紫。一春开霁能几时,江梅正多人来稀。光风屈指已过半,
> 赖有缃蕊森高枝。今朝拄杖偏宜到,暖碧红烟染林草。悠然试就

---

① 永瑢等《四库全书总目》卷一百六十,第1382页。
② 《南湖集》卷二,第18页。
③ 刘熙载《艺概》卷二,上海:上海古籍出版社,1978年,第72页。
④ 《艺概》卷二,第75页。
⑤ 见《论华岳的诗歌》,《长江学术》2006年第4期。

花下行，便有疏英点乌帽。细看宝靥轻金涂，密网粲缀万斛珠。一香举处众香发，幻巧更吐冰霜须。巨罗盛酒如春沼，不待东风自开了。呼童撼作晴雪飞，雪飞争似花飞好。上都赏玩争出城，日高三丈车马尘。谁能摆脱热官与铜臭，肯学花底真闲人。时平空山老壮士，不得灭秦报君死。鸡鸣抚剑起相叹，梦领全师渡河水。吾曹耻作儿女愁，何如且插花满头。一盏一盏复一盏，坐到落梅无始休。无梅有月尤堪饮，醉卧苍苔石为枕。醒来明月别寻花，桃岸翻霞杏堆锦。①

在这首长达二百五十余字的七古中，张镃用大量篇幅铺叙其南湖的满园奇葩和秀丽春光，描述京都的喧嚣繁华，在表现其富贵悠游生活的同时，也抒发了报效君王的豪情。转而写岁月消磨，壮士空老的无奈和苦闷。最后，仍以纵饮和浪游作结。全诗跌宕起伏，一唱三叹，具有一种豪纵之风。又如《呈尤侍郎陆礼部》：

> 今朝好春风，歌鸟如管弦。花香舒锦机，次第铺我园。柳柔曳金绳，高下拂我船。伸臂揽六龙，莫过桑榆边。披猖车尾霞，丹碧如旗旓。幻作万石酒，烂醉三千年。世间生死俱扫空，况复戏弄冕与轩。②

也写得大开大合，襟怀夸张，意气纵横。

另一方面，张镃诗具有较为强烈的主观色彩，往往以自己的生活与情感表现为中心，塑造出其清狂不羁的自我形象。这一点，与重理节情，"多以筋骨思理见胜"③的宋诗总体风调颇不相类。如《前有一尊酒行》：

> 霖雨半月今夕晴，风堂人稀灯烛明。凉虫咽咽傍墙竹，听久但促孤愁生。愁生欲伏谁驱遣，浑汗翠液玻璨软。五斗一石非所长，兴来亦觉沧溟浅。我生早患难，对酒无可娱。辛勤识字不得力，漫

---

① 《南湖集》卷二，第21—22页。
② 《南湖集》卷三，第34页。
③ 钱钟书《谈艺录》，北京：中华书局，1984年，第2页。

事尔雅笺虫鱼。痛心曩昔亲庭趋，从容侍饮情有余。醉谭先烈从
巡初，岂但勇力清疆隅。公侯将相随指呼，亲挟日驭升天衢。墓碑
神龙护宝书，勋庸概见中全疏。机危谋大世莫睹，赖有帝训昭难
渝。用心若比某人辈，相悬万里非同途。坐间历历言在耳，风木缠
悲泪鉛水。茫然此事莫轻论，不如尽付金樽里。神仙恍惚休强寻，
壮士易老难为心。要须出处任天运，况我自判归山林。一杯复一
杯，无客谁同斟。案间幸有李白旧诗数百首，试读精爽飞云岑。安
得同渠游，霓裾碧瑶簪。回头却谢骮卓辈，弃置礼法几荒淫。何如
高吟泣鬼神，模写造化归无垠。谁能狸膏金距学鸡斗，起捉檐柱矫
首落落看星辰。①

在此诗中，张镃不仅以霖雨、夕晴、风堂、灯烛、神仙、壮士、山林、云岑、霓裾、
星辰等意象，描绘出由雨至晴、从昼到夜的身边景物的变幻，并且展开超越
时空的想象，从地上风物写到天上神仙，复由恍惚的仙界回到现实山林，又
由自己的壮心易老与座间诗酒联想到前代诗仙李白，向往能够与之一道脱
离尘寰，结伴遨游。全诗以对案孤处时的自我玄思冥感为中心，情怀驰骋，
意象翩飞，诗人不拘礼法的狂士形象表现得栩栩如生。又如《晚步池上》：

　　藤杖徐穿竹径凉，地宽那更水云乡。山明屋背髻鬟耸，蝉奏树
头丝吹长。蓑笠钓船家自有，轩裳朝路梦俱忘。英雄本志今朝得，
十亩香荷著醉狂。②

《泛锦池霞川，呈张以道二首》其一：

　　夕风轻扬一池香，遥为荷花泛短航。俗子几曾贪韵胜，闲人赢
得放清狂。幽栖野鹤林松黑，乱扑流萤水叶凉。会取渭川当日意，
不将终老俟周王。③

这些诗作，或写步游园池，或写泛棹短航，均以个人的生活情感为中心，

---

① 《南湖集》卷二，第 20 页。
② 《南湖集》卷五，第 77 页。
③ 《南湖集》卷五，第 79 页。

表现出诗人清狂放纵的个性形象。

张镃自称:"醉狂诗体类俳优"①,"诗成时落韵,格调任逾矩"②,这正是其豪放个性与诗风的恰当概括。尤袤尝与姜夔论诗曰:"温润有如范致能者乎,痛快有如杨廷秀者乎,高古如萧东夫,俊逸如陆务观,是皆自出机轴"③。杨万里则称"范石湖之清新、尤梁溪之平淡、陆放翁之敷腴、萧千岩之工致"④。而方回云:"梁溪之槁淡细润,诚斋之飞动驰掷,石湖之典雅标致,放翁之豪荡丰腴,各擅一长……南湖生于绍兴癸酉,循忠烈王之曾孙……生长于富贵之门,辇毂之下,而诗不尚丽,亦不务工"⑤。在诗风丰富多元的南宋中兴诗坛,张镃不务工丽的豪夸放纵,与尤袤之平淡婉雅、萧德藻之高古工致、杨万里之飞动奇妙、范成大之温润清新、陆游之敷腴俊逸相比,可谓别具特色,自成一家。

① 《南湖集》卷八,第 133 页。
② 《南湖集》卷一,第 7 页。
③ 参姜夔《白石道人诗集》自叙一,北京:中华书局 1985 年影印《丛书集成初编》本,第 1 页。
④ 《杨万里集笺校》卷八一《千岩摘稿序》,第 3281 页。
⑤ 方回《桐江续集》卷八,《影印文渊阁四库全书》第 1193 册,第 302 页。

编　例

一、张镃是南宋历史和文学史上的重要人物，然迄今尚无详实的谱传问世。本谱旨在系统考述谱主张镃之家世、行历、仕履、交游及文学等情况。凡所纪述，言必有征。

二、本谱以编年纪事，采用干支纪年，兼附公元。古人纪日，例用干支。本谱据陈垣《二十史朔闰表》，以干支纪日，同时注明所合日期之数。谱主事迹可确考其年季月日者置前，难以确考者分别系于年季月日之末。

三、本谱材料之征引删存，视与谱主事迹关系之疏密而定，所取在于有助理解谱主之生平行实。征引文字序于谱文正文之下，与谱主关系密者前，疏者后。材料若有抵牾、讹误、难明或涉及前人研究等需进一步考述之处，则在按语中考证辨明。

四、谱主一生交游广泛，举凡当时朝野政要、道学大宗、文坛名家、江湖名士、方外高流，多与之有交游往来。其重要交游，本谱一般在首与谱主交往或首见本谱之际，扼要考述其生平，以加深对谱主生平行实及政事文学之理解。考述文字以按语列于谱文正文之下。

五、谱主文学成就甚为显著，故凡可编年之诗、词、文作品及著述，本谱视其需要，或录其全文，或略取内容，或仅录其题，列于谱文正文之下。

六、本谱征引文字之版本，见附录之引用书目。

张镃年谱

谱　前

先世凤翔人（今陕西凤翔）。

八世祖徙秦州（治成纪，今甘肃天水）三阳寨双柳拔。

六世祖：守明，赠太师、吴国公。

六世祖妣：石氏，封吴国夫人。

五世祖：庆，赠太师、韩国公。

五世祖妣：田氏，封韩国夫人。

四世祖：密，赠太师、鲁国公。

四世祖妣：谢氏，封鲁国夫人。

曾祖：俊，封循王，赠太师。

曾祖妣：魏氏，封秦国夫人。

祖：子厚，左武大夫、康州刺史、带御器械，赠少傅。

祖妣：萧氏，封汉国夫人。

考：宗元，尚书驾部郎中，赠少师。

妣：刘氏，封楚国夫人。

周麟之《张循王神道碑》："惟循王（张俊）既葬之四年，其子子颜泣而言于朝曰：'先臣幸备位三公，儋爵析珪，勋在盟府。今丘木拱矣，图所以较德焊勤者犹未称，惧弗绍以泯前人光，请得以碑立于隧。'皇帝曰：'嘻！惟尔父有劳于我国家，予弗尔忘，惟尔从。'遂诏臣曰：'汝典内史，近命尔直寓于禁林，宜为之铭。'……公讳俊，字伯英，其先凤翔人。五世祖徙秦州，子孙遂为秦州三阳人。曾祖守明，赠太师、吴国公。曾祖妣石氏，吴国夫人。祖庆，赠太师、韩国公。祖妣田氏，韩国夫人。考密，赠太师、鲁国公。妣谢氏，鲁国夫人。……（绍兴）二十四年六月，以疾闻。上遣中贵人抚问，命国医朝夕诊视。七月二日，薨于正寝，享年六十有九。上震悼，辍视朝三日，追封循王，赐一品礼服，亲奠于赐第，劳恤其孤及宗族，恩各有差。命内侍省押班张去为护丧事。以是年九月十一日葬于常州无锡县塘湾山。配秦国夫人魏氏，先公薨。继室荣国夫人章氏。五男：子琦，武义大夫。子厚，左武大夫、康州刺史、带御器械。皆早世。子颜、子正，右文修撰。子仁，秘阁修撰。四女。长适武功大夫秦公仅，先公卒。次适值徽猷阁韩彦朴。次适右承务郎程湜。次适直敷文阁刘尧勋。孙宗元，尚书驾部郎中。曾孙镃，直秘阁。"（《海陵集》卷二十三）

脱脱等撰《宋史》卷三百六十九《列传第一百二十八·张俊传》："张俊字伯英，凤翔府成纪人。……南渡后，俊握兵最早，屡立战功，与韩世忠、刘锜、岳飞并为名将，世称张、韩、刘、岳。……二十四年六月薨，年六十九。辍视朝三日，敛以一品服，帝临奠哭之恸。追封循王。子五人：子琦、子厚、子颜、子正、子仁。"

周密录《高宗幸张府节次略》："绍兴二十一年十月，高宗幸清河郡王第，供进御筵，节次如后。安民靖难功臣、太傅、静江宁武靖海军节度使、醴泉观使、清河郡王臣张俊……本家亲属推恩：弟，拱卫大夫张保。男，右奉议郎、直敷文阁、主管台州崇道观、赐紫金鱼袋张子颜。男，右宣教郎、直敷文阁、主管台州崇道观、赐紫金鱼袋张子正。孙，承事郎、籍田令、赐紫金鱼袋张宗元。侄，龙神卫四厢都指挥使、清海军承宣使、添差两浙西路马步军副总管张子盖。侄，右朝请大夫、直徽猷阁、主管佑神观、赐紫金鱼袋张子仪。侄，承奉郎张子安。侄，忠翊郎张子文。侄孙，保义郎张宗旦。侄孙，保义郎张宗亮。侄孙，登仕郎张宗说。侄孙，成忠郎张宗益。侄孙，登仕郎张宗颖。妻，秦国夫人魏氏。姜，咸宁郡夫人章氏。姜，和宁郡夫人杨氏。姜，硕人潘氏。姜，硕人沈氏。姜，硕人曹氏。姜，硕人周氏。弟妇，太硕人王氏。弟妇，恭人任氏。第二女，孺人张氏。第三女，孺人张氏。第四女，孺人张氏。男子颜妇，王氏。男子正妇，王氏。孙宗元妇，王氏。侄子盖妇，硕人赵氏。侄子仪妇，宜人郭氏。绍兴二十一年十一月日。和州防御使干办府事兼提点兼排办一行事务张贵具。"（《武林旧事》卷九）

佚名撰《绍兴十八年同年小录》："四月十七日，皇帝御集英殿唱名，赐状元王佐以下及第出身同出身共三百三十人释褐……第四甲……第一百十人：右宣义郎、直敷文阁张宗元。字会卿，小名越哥，小字禹孙。年十八。十二月二十日生。外氏萧。重庆下。第一。兄弟终鲜。一举。娶刘氏。曾祖密，赠太师，进封越国公。祖俊，见任太傅，充静江宁武静海军节度使、醴泉观使、清河郡王。父子厚，故任左武大夫、康州刺史，赠果州团练使。本贯秦州三阳寨双柳拨。祖为户。"

刘一止《宋故魏国太夫人向氏墓志铭》："故和众辅国功臣、太傅、护国镇安保静军节度使、杨国公、赠太师、谥'武僖'刘公讳某之室曰向氏，以绍兴二十一年十二月四日薨于赐第之正寝。明年五月十九日，葬钱塘之排山，合祔于太师公之域。……惟向氏其先河内人，后家于开封，自汉晋以来屡有闻人，然未克光大。至我朝秦文简公讳某（向敏中），始相真宗皇帝，翊赞太平功德甚盛，流泽演迤，溢于孙子，是生钦圣宪肃皇

3

后。夫人文简五世孙钦圣之侄孙也，以故定国军节度观察留后、追封秦王、谥康懿讳经者为大王父，以故检校少保、保平军节度使、开府仪同三司、充中太一宫使、汉东郡王、赠太师讳宗回者为王父。以故朝议大夫、通判河中府讳子章者为考。夫人生十二岁，以后恩封济阳郡君。朝议以其有异相，择所宜适。时太师从父鲁公镇西陲，居幕府中，年少英特，资貌粹温，甚武且文。朝议一见伟之，以夫人归焉。……男四人：曰克臣，武德郎、阁门宣赞舍人，早卒。曰尧佐，右承议郎、直敷文阁、赐紫金鱼袋。曰尧仁，右宣议郎、直敷文阁、赐紫金鱼袋。曰尧勋，右宣议郎，早卒。曰球，右承务郎。女四人：宁国军承宣使、浙东路副都总管满温卿，右承议郎、通判筠州军州事吴希祥，右承议郎、宗正丞张宗元其婿也。其一未嫁。"（《苕溪集》卷五十）

《宋史》卷三百六十九《列传第一百二十八·刘光世传》："刘光世字平叔，保安军人，延庆次子。……（绍兴）九年，用讲和恩，赐号'和众辅国功臣'，进封雍国公、陕西宣抚使。……秦桧主罢兵，召还。光世入见，为万寿观使，改封杨国公。……卒，年五十四。赠太师，官其子孙、甥侄十四人，谥武僖。乾道八年，追封安城郡王。开禧元年，追封鄜王。"

陆游《德勋庙碑》："自古王者经纶草昧，戡定乱略，必有熊罴之士、不贰心之臣，内任心膂之寄，外宣股肱之力。而庙谟国论，密赖以决，实兼将相之任者，在我高宗皇帝时，有若太师循忠烈王张公（俊），实维其人。……公之曾孙镃三世传嫡长，始筑庙于居第之东。庙成，以高宗御书'德勋'二大字为庙之名。自忠烈以下为三室，忠烈之配曰秦国夫人魏氏，汉国夫人章氏；第二室曰少傅公讳子厚，配曰汉国夫人萧氏；第三室曰少师公讳宗元，配曰楚国夫人刘氏。惟忠烈王勋业之详，与夫世讳字系官爵，葬有碑，谥有诰，史有传，此不复载。"（《陆游集·渭南文集》卷十六）

陆游《承议张君墓志铭》："君讳镇，字深父，年三十有八，庆元三年十一月壬辰病卒。以四年九月庚申，孤某葬君于临安府西湖佛首山之原。因其伯父寺丞功父镃，以君之友太学内舍生陈公道原状，请铭。予与功父交二十年，信重其言，而陈君所叙文，亦甚美，可考据，遂与为铭。君家秦之三阳，曾大父安民靖难功臣，太师，靖江宁武静海军节度使，清河郡王，追封循王，谥忠烈，配飨高宗皇帝庙庭。大父讳子厚，左武大夫，康州刺史，带御器械，赠少傅。考讳宗元，通议大夫，敷文阁待制，赠少师。"（《陆游集·渭南文集》卷三十六）

牟巘《题西秦张氏世谱后》："古者命将出师，固将除残暴，定祸乱，拯民水火中。……及观张模仲实撰其祖《忠烈王世谱》，其事始益信。……王位极人臣，分茅胙土，施及其后。四子名冠以子，诸孙名冠以宗，宗之下则取五行相生为次。王弟之子孙亦如之。节钺之重，师保公侯之贵，易名之美，后先相望，有光史册，何其盛也。后有登进士第者，上舍释褐者，有与姬韩而复以忤时贬者，任守阃而竟以杀使死者，非但重缨叠组而已。……近岁名门华阀，凋落居多，惟张氏克持其世，诗书不坠，是可书。谱略效太史公年表为旁通，书之至六七世未艾。历官概见于左，而于本宗卒葬特详，尊其所自出，亦苏氏谱法也。王字伯英。仲实以模为名，尝奉父兄之命，复先庙，修家传，又为《世谱》而叙其首，示不忘本。来求余语，既具论之。抑予闻典午渡江，重氏族，严谱状，雍州是为郡。姓张氏，本三秦，固当在江北四姓之列，而其勋劳名位、子孙文物之盛又如此。"（《陵阳集》卷十六）

按：《宋史》未为张镃列传，至元代仍存世的《张氏世谱》今亦不传，遂使张镃的家世和生平长期没有清晰的面貌。杨海明先生《张炎家世考》（《文学遗产》1981 年第 2 期），考证认定张镃是张俊的曾孙；又有《张镃家世及其卒年考》（《浙江师范学院学报》1983 年第 4 期），考证认为"张镃的世系可以明确为：张俊——张子厚——张宗元——张镃"。上述二文基本厘清了张俊至张镃的世系。但关于张镃的家世，还存在下列问题：

其一，《张镃家世及其卒年考》考证张镃家世，主要据陆游《渭南文集》卷十六《德勋庙碑》和卷三十六《承议张君（锓）墓志铭》两则材料，尚非最直接翔实的史料，推断亦因之有失误和存疑之处。其中，根据陆游《德勋庙碑》"公（指张俊）之曾孙镃三世传嫡长"的记载，推断"张俊长子为子厚"，并认为《宋史·张俊传》所载张俊有"子五人：子琦、子厚、子颜、子正、子仁"为误，认为张俊有四子是可信的，"《宋史》所载的'子琦'或为误载，或为庶出，或为早亡"。该文认为张俊有四子，其长子为子厚，推断有误；又认为《宋史》所载的"子琦"或为误载，或为庶出，或为早亡，尚属存疑。杨海明在其后的《张炎词研究》中，又称"子琦或为庶出，或为夭亡"（济南：齐鲁书社，1989年，第4页），事实上仍未获新的材料而最终厘清上述问题。

其二，《张炎家世考》和《张镃家世及其卒年考》考明了张镃至其曾祖张俊的世系，但更早的世系未明。

其三，张镃父张宗元及张镃外氏的情况迄今不详。

其四，张氏家族从张俊起始居临安，张镃生于宋室南渡之后，长居临安，对此诸多文献都有明确记载，但关于张镃的里贯，却没有明确一致的说法。如祝尚书《宋人别集叙录》卷二十三云："张镃……先世为成纪（今甘肃天水）人，自张俊起寓临安"（北京：中华书局，1999年，第1152页），而王秀林、王兆鹏《张镃生卒年考》称张镃"祖籍凤翔（今属陕西），居临安"（《文学遗产》2002年第1期）。

今以周麟之《海陵集》卷二十三《张循王神道碑》所载，可证实三个问题：其一，张俊先祖凤翔人，五世祖徙秦州三阳，子孙遂为秦州三阳人；其二，张俊至其曾祖的世系可明确为：张守明——张庆——张密——张俊；其三，《宋史·张俊传》所载张俊有"子五人：子琦、子厚、子颜、子正、子仁"不误，张俊长子为子琦，子厚乃张俊第二子，子琦和子厚皆早卒，关于陆游《德勋庙碑》中"公（指张俊）之曾孙镃三世传嫡长"的说法，盖因子琦早卒，子琦一脉并无子传，故张俊诸曾孙中以

6

子厚孙张镃为长。不过，神道碑尚未详载张镃父宗元的情况。

又考《绍兴十八年同年小录》，列叙王佐榜尤袤、朱熹、张宗元等三百三十人，系可靠的一手资料。是书不仅详载了张宗元的及第时间、科考名次、名字、生日、外氏及婚娶刘氏等情况，还可进一步证实以下问题：其一，张宗元至其曾祖的世系可明确为：张密——张俊——张子厚——张宗元；其二，张宗元籍贯正合周麟之神道碑所述，为秦州三阳。至此，不仅可以明确张氏家族历代的迁徙情况，还可以明确的是，张镃祖籍凤翔（今陕西凤翔），籍贯则当依其父为秦州三阳。郭黎安《宋史地理志汇释》："秦州……治成纪（今天水市）。……成纪，上。有渭水、三阳……三十九寨。"三阳寨即在秦州之治成纪。考张镃有《寒食不出邀》诗云："湖南寒食又今年，宿雨连朝洗旧烟。竹叶酒边闲凿落，杏梢墙畔出秋千。游欢殆类前生事，老态惟思白昼眠。明日水边晴更好，只愁归思渺秦川。"（《南湖集》卷五）《戏题》诗云："人前一语撞翻墙，直气西秦本故乡。雪野射麋轻队马，杏园移象矮交床。诗忙渴砚酒磨墨，睡足趄廊花夺香。矫揉尽归官样去，有时闲笑错商量。"（《南湖集》卷五）均流露出强烈的思乡情怀。

关于张镃父宗元的基本情况，《绍兴十八年同年小录》所载已详。而张镃母，即宗元妻刘氏的情况，学界迄今未考其详。陆游《德勋庙碑》也仅言"少师公讳宗元，配曰楚国夫人刘氏"（《陆游集·渭南文集》卷十六），除刘氏封号外，余皆未及。考刘一止《苕溪集》卷五十《宋故魏国太夫人向氏墓志铭》有："故和众辅国功臣、太傅、护国镇安保静军节度使、杨国公、赠太师、谥'武僖'刘公讳某之室曰向氏，以绍兴二十一年十二月四日薨于赐第之正寝。……男四人……女四人：宁国军承宣使、浙东路副都总管满温卿，右承议郎、通判筠州军州事吴希祥，右承议郎、宗正丞张宗元其婿也。其一未嫁。"又李心传撰《建炎以来系年要录》卷一百四十七载，绍兴十二年（1142）十一月十三日辛丑，"和众辅国功臣太保护国镇安保静军节度使充万寿观使杨国公刘光世薨于行在，年五十四，诏赠太师。"可知刘一止《宋故魏国太夫人向氏墓志铭》所载"刘公"，即在高宗朝与张俊、韩世忠、岳飞齐名的大将刘光世。刘光世妻向氏，乃真宗朝宰相向敏中后裔，祖父向宗回为神宗钦圣宪肃皇后向氏弟，封汉东郡王，父向子章历官朝议大夫、通判河中府。墓志铭提到刘光世和向氏第三婿"右承议郎、宗正丞张宗元"。考徐松辑《宋会要辑稿·礼》五二之一六："（绍兴）二十一年十月八日，（高宗）车驾诣景灵宫，朝献礼毕，幸太傅、清河郡王张俊第。制以俊为太师……宗元除大宗正丞"。张俊孙宗元除大宗正丞，在向氏卒前二月，可见墓志铭所载张宗元为张俊孙宗元无疑。据此，张镃母刘氏乃刘光世第三女。张镃曾祖为张俊，外祖父则为刘光世，其家世确可谓显赫一时。

关于张镃外氏的情况，是以往研究从未揭橥的问题。事实上，宋室南渡之后，在宋代以文治国的祖宗家法的影响下，武将家族除了选择转向文阶的生存策略，还会采取相互联姻的方式以谋求家族的稳固与发展。而显赫张氏家族的营构，以及张镃甚感荣耀的家世，除张镃曾祖张俊这一关键因素之外，张镃外祖父刘光世也是其中的重要环节，张镃《表兄刘东玉提干挽诗二首》其一即感慨："王祖扶天日，同声外氏翁。功勋俱卓越，门户合穹隆"（《南湖集》卷四）。张镃的外氏，对于张镃的生平交游、思想与创作均具有不可忽视的影响，也是考察张镃家世应当重视的内容。

张镃初字时可。后慕郭祥正（字功父）之名而改字功父（一作功甫）。

杨万里《张功父旧字时可，慕郭功父，故易之。求予书其意，再赠五字》："冰雪相投处，风期一笑间。只今张桂隐，绝慕郭青山。功父双何远，相如了不关。鸟飞暮天碧，此句急追还。"（杨万里撰；辛更儒笺校《杨万里集笺校》卷二一）

陈振孙著；徐小蛮、顾美华点校《直斋书录解题》卷二十《诗集类下》："《青山集》三十卷。朝奉郎当涂郭祥正功父撰。初见赏于梅圣俞，后见知于王介甫，仕不达而卒。"

永瑢等撰《四库全书总目》卷一百五十四《集部七·别集类七》："《青山集》三十卷、《续集》七卷。宋郭祥正撰。祥正字功父，当涂人。熙宁中举进士。官至汀州通判、摄守漳州。事迹具《宋史》本传。……其诗好用仙佛语，或偶伤拉杂。而才气纵横，吐言天拔。史称其母梦李白而生。陆游《入蜀记》亦称祥正少时，诗句俊逸，前辈或许为太白后身。又称青山太白祠以祥正侑食。盖因其诗格相近，从而附会。然亦足见其文章惊迈，时似青莲。"

按：杨万里《诚斋朝天集序》云："予游居寝食，非诗无所与归。淳熙壬寅（1182）七月，既婴戚还家，诗始辍。至甲辰（1184）十月一日禫之徙月也，大儿长孺请曰：'大人久不作诗，今可作矣乎？'予蹙然曰：'三年不为礼，礼必坏。三年不为诗，诗必颓，善如尔之请也。'是日，始拟作进士题。……明年二月，被朝旨为铨试考官，与友人谢昌国倡和，忽混混乎其来也。至丁未（1187）六月十三日，得故人刘伯顺书，送所刻《南海集》来，且索近诗。于是汇而次之，得诗四百首，名曰《朝天集》寄之云"（《杨万里集笺校》卷八〇）。又据于北山《杨万里年谱》，淳熙九年（1182）七月杨万里丁继母忧，淳熙十一年（1184）十月除服，始复为诗，十月杪，召为吏部员外郎。可见，杨万里《朝天集》所收四百首诗歌，作于淳熙十一年甲辰（1184）十月至淳熙十四年丁未（1187）六月的三年之间。杨万里《张功父旧字时可，慕郭功父，故易之。求予书其意，再赠五字》诗收于《朝天集》，则张镃改字功父事，当在淳熙十一年甲辰十月至淳熙十四年丁未六月之间。郭祥正才气纵横，吐言天拔，诗句俊逸，诗格近于李白。而张镃个性豪夸放纵，天生好奇，也甚为推赏李白豪宕浪漫的个性与诗风。这当是张镃仰慕郭祥正（字功父）而改字功父的原因。

号约斋。又因其临安城北的别业南湖园而号南湖。文集亦名为

9

《南湖集》，已佚。清四库馆臣据《永乐大典》辑录张镃诗九卷，词一卷，合为《南湖集》十卷。

张镃《舍宅誓愿疏文》："昨倦处于旧庐，遂更谋于别业。园得百亩，地占一隅。幽当北郭之邻，秀踞南湖之上。虽混京尘，而有山林之趣。虽在人境，而无车马之喧。爰剪荆榛，式营栋宇。劳一心而经始，历二岁而落成。念胜处可作精蓝，而薄德岂宜于大厦。顾栖身之尚赖，姑假舍而寓居。"（《南湖集·附录中》）

张镃《寄题庄器之招隐楼》诗："我恨闻命晚，已买城北地。湖滨林麓幽，市远车马避。想象辋川宽，庶几盘谷邃。虽非千步门，肯换一品位。"（《南湖集》卷一）

杨万里《进退格，赠功父、姜尧章》："尤萧范陆四诗翁，此后谁当第一功？新拜南湖为上将，更推白石作先锋。可怜功等俱痴绝，不见词人到老穷。谢遣管城依已晚，酒泉端欲乞移封。（功父诗号《南湖集》，尧章号白石道人。）"（《杨万里集笺校》卷四一）

《四库全书总目》卷一百六十《集部十三·别集类十三》："《南湖集》十卷。宋张镃撰。镃有《仕学规范》，已著录。……（周）密作《武林旧事》，又称镃卜筑南湖，名其轩曰桂隐。园池声伎服玩之丽，甲于天下。园中亭榭堂宇，名目数十。且排纂一岁中游适之目，为《赏心乐事》。是其席祖父富贵之余，湖山歌舞，极意奢华，亦未免过于豪纵。然其诗学则颇为精深。赵与虤《娱书堂诗话》称其'游意风雅，与诚斋、放翁唱和诗多佳句'。……杨万里《诚斋诗话》谓其'写物之工，绝似晚唐。'又有《寄张功甫姜尧章诗》云：'尤、萧、范、陆四诗翁，此后谁当第一功？新拜南湖为上将，更差白石作先锋。'其意直跻诸姜夔之右矣。其集久佚不传。杨士奇《文渊阁书目》虽载有《张约斋南湖集》一部，五册，藏弆家亦皆未见。今检《永乐大典》各韵中，收入镃诗尚多。评其格律，大都清新独造，于萧散之中时见隽永之趣。以视嘈杂者流，可谓翛然自远。诗固有不似其人者，镃之谓欤。镃又工长短句，有《玉照堂词》，选本多见采录，而原本亦久散佚。谨裒集编次，以类相从，厘为诗九卷，词一卷，用存其略。《永乐大典》所载，多题曰《湖南集》。以诸书参考，知为传写之误，今亦并从改正焉。"

按：据张镃《舍宅誓愿疏文》及其《寄题庄器之招隐楼》诗，可见其南湖园别业在临安城北郊。关于张镃南湖园，南宋祝穆《方舆胜览》、王象之《舆地纪胜》均不见记载，然清代四库馆臣所撰《南湖纪略稿提要》对其方位及得名考证甚详："南湖一名白洋池，在杭州城北隅。宋张俊赐第，四世孙镃别业，据湖之上。湖在宅南，因名南湖。杨万里、陆游诸人皆为之题咏，而镃亦以自名其集，遂传为古迹。"（《四库全书总目》卷七十六《史部三十二·地理类存目五》）方回选评；李庆甲集评校点《瀛奎律髓汇评》卷二十七有杨万里《木犀呈张功甫》诗之评亦云："功甫者，张循王俊之孙，居杭城西北白杨池，名镃……为史弥远所忌，谪死象州"①。关于南湖原名白洋池，在张镃诗作中亦可找到内证。张镃《南湖有鸥成群，里闾间云，数十年未尝见也，实尘中奇事。因筑亭洲上，榜曰鸥渚，仍放言六绝》其三云："东家西家翁媪说，白洋湖自有多年。何曾识见江鸥至，消得主人诗兴颠。"（《南湖集》卷八）又考宋潜说友纂修《咸淳临安志》卷二十四"城东北诸山"云："望牛堆。在南湖之间，其状隐若隆阜。然湖渐湮塞，今存无几。""咸淳"乃宋度宗年号，共十年（1265—1274）。可见，南湖至南宋末年已近干涸。

甚有才艺，喜游意风雅，与人吟诵唱和。

杨万里《张功父画像赞》："功父久别，喜得邂逅。寒温之外，劳苦之曰：香火斋祓，伊蒲文物，一何佛也！襟带诗书，步武琼琚，又何儒也！门有珠履，坐有桃李，一何佳公子也！冰茹雪食，珊碎月魄，又何穷诗客也！约斋子欤？方外欤？风流欤？穷愁欤？老夫不知，其问诸白

---

① 上海：上海古籍出版社，2005 年，第 1207 页。

鸥。"（《杨万里集笺校》卷九七）

周密撰；张茂鹏点校《齐东野语》卷十五"玉照堂梅品"条："约斋名镃，字功父，循王诸孙，有吏才，能诗，一时所交皆名辈。"

夏文彦《图绘宝鉴》卷四："张镃，字功父，号约斋，清标雅致，为时闻人，诗酒之余，能画竹石古木，字画亦工。"

创海盐腔。

李日华《紫桃轩杂缀》卷三："张镃，字功甫，循王之孙，豪侈而清尚。尝来吾郡海盐，作园亭自恣，令歌儿衍曲，务为新声，所谓海盐腔也。"

张德瀛《词征》卷五："南宋时有海盐腔，循王孙张功甫居海盐时所创。"

郭黎安《宋史地理志汇释》："（两浙路）嘉兴府，本秀州，军事。政和七年，赐郡名曰嘉禾。庆元元年，以孝宗所生之地，升府。嘉定元年，升嘉兴军节度……县四……海盐，上。有盐监，沙腰、芦沥二盐场。……治今县。"

妻刘氏。继娶郑氏。

《宋会要辑稿·职官》七三之二五："臣僚言：'镃本娶刘氏……继娶郑氏'。"

高宗绍兴二十三年癸酉（1153） 一岁

三月二日辛卯，张镃生。时其父张宗元（字会卿）二十三岁。

张镃《宿治平院，长老善忍，自绍兴癸酉四月住持。余是年三月生》："治平前代寺，幽胜占唐昌。我始生弥月，师初踞上方。百年虽未半，三纪独偏忙。一事尤堪哂，相随两鬓苍。"（《南湖集》卷四）

张镃《临江仙》词序："余年三十二，岁在甲辰，尝画七圈于纸，揭之坐右，每圈横界作十眼，岁涂其一。今已过五十有二，怅然增感，戏题此词。"（《南湖集》卷十）

张镃《木兰花慢·癸丑年生日》词："年年三月二，是居士、始生朝。念绿鬓功名，初心已负，难报劬劳。天留帝城胜处，汇平湖远岫碧岩嶤。竹色诗书燕几，柳阴桃杏横桥。西邻东舍不难招。大半是渔樵。任翁媪欢呼，儿孙歌笑，野具村醪。醉来便随鹤舞，看清风送月过松梢。百岁因何快乐，尽从心地逍遥。"（《南湖集》卷十）

方回《读张功父南湖集》序："乾、淳以来称尤、杨、范、陆，而萧千岩东夫，姜梅山邦杰，张南湖功父亦相伯仲。……南湖生于绍兴癸酉，循忠烈王之曾孙。"（《桐江续集》卷八）

按：张镃《宿治平院，长老善忍，自绍兴癸酉四月住持。余是年三月生》诗题明言其生于绍兴二十三年癸酉（1153）三月。张镃《临江仙》词序云："余年三十二，岁在甲辰"。甲辰为孝宗淳熙十一年（1184）。以此上推，张镃生年亦在绍兴二十三年癸酉。方回《读张功父南湖集》序也称："南湖生于绍兴癸酉"。张镃《木兰花慢·癸丑年生日》词云："年年三月二，是居士、始生朝"，言其生日具体为三月二日。

关于张镃出生年月日，冯沅君《南宋词人小记·张镃略传》①，王秀林、王兆鹏《张镃生卒年考》亦考证甚明。

五月二十五日癸丑，张镃父张宗元以右承议郎、知大宗正丞面对。

《建炎以来系年要录》卷一百六十四："绍兴二十有三年……五月……癸丑。右承议郎大宗正丞张宗元面对，乞令诸州按月支给宗室孤遗钱米。从之。"

绍兴二十四年甲戌（1154）　　二岁

秋七月一日壬子朔，张镃曾祖张俊（字伯英）薨于正寝。九月十一日辛酉，葬于常州无锡县塘湾山。

《建炎以来系年要录》卷一百六十七："绍兴二十有四年秋七月壬子朔……安民靖难功臣太师静江宁武靖海军节度使醴泉观使清河郡王张俊薨于行在，年六十九。翌日，辅臣进呈。上曰：'张俊遽亡，曩者张通古来，俊极宣力，与韩世忠等不同，恩数宜从优厚。'遂赐貂冠朝服以敛，命内侍省押班张去为护葬事。俊晚年主和议，与秦桧意合，上厚眷之。其麾下将佐若杨存中、田师中、王德、赵密、刘宝，皆建节钺，或至公师。幕府诸僚，为侍从帅守者甚众。"

---

① 见《冯沅君古典文学论文集》，济南：山东人民出版社，1980 年，第 457—475 页

周麟之《张循王神道碑》："公讳俊，字伯英……（绍兴）二十四年（1154）六月以疾闻……七月二日薨于正寝……是年九月十一日葬于常州无锡县塘湾山。"（《海陵集》卷二十三）

按：据《建炎以来系年要录》记载，张俊于绍兴二十四年秋七月一日壬子朔薨于行在，翌日辅臣进呈。然周麟之《张循王神道碑》记载张俊以绍兴二十四年七月二日薨于正寝。当以《建炎以来系年要录》之记载为是。

绍兴二十五年乙亥（1155）　　三岁

体多疾病。

张镃《表兄刘东玉提干挽诗二首》其二："襁褓予多疾，三年托渭阳。未能看击瓮，常是戏登床。"（《南湖集》卷四）

绍兴二十六年丙子（1156）　　四岁

是年，张镃父张宗元直敷文阁。

《建炎以来系年要录》卷一百七十六："绍兴二十七年春正月……壬辰，直敷文阁张宗元为尚书驾部员外郎。"

按：据《建炎以来系年要录》，绍兴二十七年春正月二十五日壬辰，以直敷文阁张宗元为尚书驾部员外郎。可见绍兴二十六年丙子（1156），张宗元当在直敷文阁任上。

绍兴二十七年丁丑（1157）　　五岁

春正月二十五日壬辰，张镃父张宗元以直敷文阁为尚书驾部员外郎。

《建炎以来系年要录》卷一百七十六："绍兴二十七年春正月……壬辰，直敷文阁张宗元为尚书驾部员外郎。"

是年，张镃曾祖张俊葬四年，应张俊子张子颜（字几仲）所请，周麟之（字茂振）奉诏为张俊撰《张循王神道碑》。张镃当于是年以荫补官，直秘阁。

周麟之《张循王神道碑》："惟循王既葬之四年，其子子颜泣而言于朝曰：'先臣幸备位三公……请得以碑立于隧。'皇帝……遂诏臣曰：'汝典内史，近命尔直寓于禁林，宜为之铭。'……公讳俊，字伯英。……五男：子琦，武义大夫。子厚，左武大夫、康州刺史、带御器械。皆早世。子颜、子正，右文修撰。子仁，秘阁修撰……孙宗元，尚书驾部郎中。曾孙镃，直秘阁。"（《海陵集》卷二十三）

张镃《淳熙己酉二月二日，皇帝登宝位，镃获厕廷绅，辄成欢喜口号十首》其十："小臣奕世沐深恩，寓直蓬山三十春。空抱一编无所用，也叨拜望属车尘。"（《南湖集》卷七）

16

按：周麟之《张循王神道碑》作于张俊既葬之四年，即绍兴二十七年（1157）。据神道碑所载，是年张俊曾孙张镃直秘阁。又，张镃《淳熙己酉二月二日，皇帝登宝位，镃获厕廷绅，辄成欢喜口号十首》作于淳熙十六年己酉（1189）二月孝宗禅位、光宗登基之际。张镃是诗自言"寓直蓬山三十春"。绍兴二十七年丁丑至淳熙十六年己酉，是为三十二年。是诗所言与周麟之《张循王神道碑》记载大致合。张镃诗中"三十春"之语，盖取其整数。可见，张镃以荫补官之际，年岁甚幼。

绍兴二十八年戊寅（1158）　　六岁

五月六日乙丑，张镃父张宗元以尚书驾部郎中试将作监。

《建炎以来系年要录》卷一百七十九："绍兴二十有八年……五月……乙丑，尚书驾部郎中张宗元试将作监。"

绍兴二十九年己卯（1159）　　七岁

秋七月四日乙酉，张镃叔祖张子贤、张子正并以右文殿修撰充敷文阁待制、提举佑神观，张子仁以秘阁修撰充集英殿修撰、主管佑神观，仍并令久任。

《建炎以来系年要录》卷一百八十三："绍兴二十有九年秋七月……乙酉……右文殿修撰张子贤、子正并充敷文阁待制、提举佑神观，秘阁修撰张子仁充集英殿修撰、主管佑神观，仍并令久任。初，杨偰以登第故累迁至侍从，（偰存中子。）而吴拱以守边除潭州观察使。于是韩世忠、张俊诸子犹在庶僚。上以俊赞和议有功，手诏今一二大将之子，皆以迁至文武侍从，而俊之子犹在庶僚，乃有是命。仍诏自今功臣子孙叙迁，当至侍从，并令久任在京宫观，庶几恩义两得，永为定法。给事中兼直学士院杨椿封还之曰：'爵秩天下公器，陛下纵私之，奈清议何？'上面谕椿：'朕欲以虚名奖用勋臣子孙。'椿曰：'名器不可假人。恐幸门一开，援例者众。'然卒除之。"

绍兴三十年庚辰（1160）　　八岁

冬十月二十六日庚午，张镃父张宗元以司农少卿充秘阁修撰、江南西路转运副使。

《建炎以来系年要录》卷一百八十六："绍兴三十年……十月……庚午，司农少卿张宗元充秘阁修撰、江南西路转运副使。"

按：是条影印《丛书集成初编》本《建炎以来系年要录》缺。《影印文渊阁四库全书》本《建炎以来系年要录》卷一百八十六见载。影印《丛书集成初编》本《建炎以来系年要录》卷一百八十六："绍兴三十年九月……壬寅，太学录周必大、太学正程大昌并为秘书省正字。以学士院召试合格也。馆职复故事召试自此始。上览必大。（注：以下原缺。）"而《影印文渊阁四库全书》本《建炎以来系年要录》卷一百八十六载"绍兴三十年九月壬寅"条以下至整个冬十月事，尚有七千三百余字。也即《丛书集成初编》本《建炎以来系年要录》卷一百八十六缺"绍兴三十年九月壬寅"条"上览必大"以下至整个冬十月事，共计七千三百余字。绍兴三十年庚辰冬十月二十六日庚午张镃父张宗元以司农少卿充秘阁修撰、江南西路转运副使事即在其中。故本谱本条正文系据《影印文渊阁四库全书》本录入。《丛书集成初编》本《建炎以来系年要录》乃学界推崇和通行之本，然是书卷一百八十六缺漏甚多，特为辨之。

是年，张镃弟张镇（字深父）生。

陆游《承议张君墓志铭》："君讳镇，字深父，年三十有八，庆元三年（1197）十一月壬辰病卒。以四年（1198）九月庚申，孤某葬君于临安府西湖佛首山之原。因其伯父寺丞功父镃，以君之友太学内舍生陈公道原状，请铭。予与功父交二十年，信重其言，而陈君所叙文，亦甚美，可考据，遂与为铭。……君幼而颖异，强记好学。少师遇郊祀恩，任为承事郎，稍长，主管建昌军仙都观。遭少师忧，未除，而母夫人继卒。君执丧累年，毁瘠几不可识，族人以不胜丧为忧，共谕勉之，始稍自抑，然终丧犹羸甚。历两浙转运司明州造船场，签书安丰军判官厅公事，江淮荆浙福建广南路都大提点坑冶铸钱司检踏官监，总领淮西江东军马钱粮所太平惠民局，积官承议郎。君之为船场，人或嗤其非勋阀所宜处，君谢之曰：'景迁晁以道先生所尝为也，吾处之，惧弗称，敢薄之耶？'讫代去，不以卑冗怠其事。自守以下，皆叹誉之。晚官药局，尤号闲冷，顾无所施其才。又素简俭，远声色，独以书自娱，时属文辞见志，然未尝妄出以示人。所居帷屏壁门，皆有铭以自警戒。其文尤高，没后，始或见之。皆惊其才，服其识，以为使未死，得享中寿，其所至讵可量哉！孰谓不幸年止于此。君尝以进士试礼部，见黜，不以憝有司，亦遂不复践场屋。诸公贵人多知之，然仕常从铨，与寒士并进，至终其身。其静退乃天性。娶杨氏，太师和王（杨）存中之孙。继室以潘氏，少保安庆军节度使（潘）

邵之孙。皆封孺人。……铭曰：君家勋德奕世传，图像麟阁侍甘泉。佳哉公子何翩翩，才当用世不永年。有美乐石可磨镌，百世之下知此贤。"（《陆游集·渭南文集》卷三十六）

按：据陆游《承议张君墓志铭》，张锜卒于庆元三年（1197）十一月，年三十八，可知其生于绍兴三十年（1160）。张锜以恩补承事郎，历官两浙转运司明州造船场、签书安丰军判官厅公事、江淮荆浙福建广南路都大提点坑冶铸钱司检踏官监、总领淮西江东军马钱粮所太平惠民局等，积官承议郎。娶杨氏，乃太师杨存中之孙。继室潘氏，系少保安庆军节度使潘邵之孙。张镃有《余家兄弟，未尝久别。今夏送平父之官山口，冬仲朔，又送深父为四明船官。因成长句》诗："孤生只合群居乐，半岁那禁两别离。……书来岂是寒暄语，尽写衷情慰渴饥。"（《南湖集》卷六）可见张镃、张锜兄弟情谊甚厚。

绍兴三十一年辛巳（1161）　九岁

九月，金主完颜亮大举南侵。十月二十九日戊辰，张镃叔祖张子颜、子正、子仁，父张宗元等以私家所积粮米十万石进献朝廷，输米助军。十一月三日辛未，张子颜、张子正以敷文阁待制，张子仁以集英殿修撰，张宗元以秘阁修撰、江南西路转运副使各特转一官。

徐梦莘《三朝北盟会编》卷二百三十七："（绍兴三十一年十月）二十九日戊辰，张子颜等输米助军。右承议郎、充敷文阁待制、提举江州太平兴国宫子颜，右通直郎、充敷文阁待制、提举佑神观子正，右承事郎、充集英殿修撰、主管佑神观子仁，左朝散大夫、充秘阁修撰、江南西路计度转运副使兼本路观农使宗元奏：'臣等伏睹王师进讨，窃虑兵食所须，费用浩大，谨以私家所积粮米一十万石进献朝廷。'"

《建炎以来系年要录》卷一百九十四："绍兴三十有一年十有一月……辛未，敷文阁待制张子颜、正集英殿修撰张子仁、秘阁修撰江南西路转运副使张宗元各特转一官。子颜等奉诏献平江、镇江府，太平、湖、秀、常州诸庄米十万石以助军。故有是命。于是少保吴益兄弟，韩世忠、秦桧子孙，故将刘宝，内侍张见道，富民裴氏，相继献金钱，如诏旨。（注：吴氏献钱五万缗。韩彦古米万斛。秦埙金五千两，献银七千两、米二万斛。拱卫大夫裴希稷等献银万两、钱二万缗。）而杨政妻崇国夫人南氏亦献钱十五万缗。乃以其子厦、麻并为成忠郎。"

按：《建炎以来系年要录》所载"敷文阁待制张子颜、正集英殿修撰张子仁"，当脱一"子"字，当以"敷文阁待制张子颜、子正，集英殿修撰张子仁"为是。其一，考徐梦莘《三朝北盟会编》卷二百三十七"绍兴三十一年十月二十九日戊辰"条载，张子颜、张子正、张子仁、张宗元等在金主完颜亮南侵之际向朝廷献粮米助军。《建炎以来系年要录》卷一百九十四"绍兴三十有一年十有一月辛未"条亦载此事，然于记载张子颜、张子仁、张宗元等各特转一官之事时独缺张子正。其二，考龚延明《宋代官制辞典》，绝无"正集英殿修撰"之职。故《建炎以来系年要录》所载"敷文阁待制张子颜、正集英殿修撰张子仁"，非"正集英殿修撰"前衍"正"字，而系"敷文阁待制张子颜"后脱"子"字。因据《三朝北盟会编》，绍兴三十一年张子颜、张子正均为敷文阁待制，是以可连称为"敷文阁待制张子颜、子正"。如此，不仅符合史实，亦可解释《建炎以来系年要录》中"正集英殿修撰"衍"正"字之误。

绍兴三十二年壬午（1162）　十岁

孝宗隆兴元年癸未（1163）　十一岁

隆兴二年甲申（1164）　十二岁

约在是年，张镃父张宗元除司农少卿。

洪适《张宗元司农少卿制》："国家驻跸东南，宫禁之须，百官之奉，师兵皂隶之食，皆仰给于大农。近郡新有水害，朕已蠲民田租，虑仓庾或不能足用也，以尔出自勋阀，以材谞称卿寺计台，所居可纪，兹用命尔掌九扈之事，尔当会其多寡，常使有余，则为称职，不独谨出内而已。"（《盘洲文集》卷十九）

按：据钱大昕《洪文惠公年谱》，隆兴二年（1164）九月，洪适"除中书舍人"，乾道元年（1165）五月"除翰林学士、左中奉大夫、知制诰，仍兼中书舍人"，六月"除端明殿学士，签书枢密院事"。洪适除中书舍人在隆兴二年九月至乾道元年六月间，故其草《张宗元司农少卿制》及张宗元除司农少卿事亦必在此期间，姑系于隆兴二年。

乾道元年乙酉（1165）　　十三岁

　　是年七月二日己酉，张镃父张宗元除秘阁修撰，主管佑神观。

　　《宋会要辑稿·选举》三四之一七："（乾道元年）七月二日……张宗元除秘阁修撰，主管佑神观。"

乾道二年丙戌（1166）　　十四岁

　　是年，张镃父张宗元为秘阁修撰。

　　《宋会要辑稿·选举》三四之一七："（乾道元年）七月二日，诏太府少卿张宗元除秘阁修撰，主管佑神观。"

　　《咸淳临安志》卷五十《秩官八》："两浙转运……张宗元。乾道九年运副。"

　　谈钥《嘉泰吴兴志》卷十四"（湖州）郡守题名"："张宗元。左中奉大夫、秘阁修撰、两浙转运副使，乾道九年三月被旨兼权。"

按：乾道元年（1165）七月二日己酉，张镃父张宗元除秘阁修撰，至乾道九年（1173）三月以左中奉大夫、秘阁修撰、两浙转运副使被旨兼权知湖州。故乾道二年（1166）张宗元当在秘阁修撰任上。

乾道三年丁亥（1167）　十五岁

是年，张镃父张宗元为秘阁修撰。

《宋会要辑稿·选举》三四之一七："（乾道元年）七月二日，诏太府少卿张宗元除秘阁修撰，主管佑神观。"

《咸淳临安志》卷五十《秩官八》："两浙转运……张宗元。乾道九年运副。"

《嘉泰吴兴志》卷十四"（湖州）郡守题名"："张宗元。左中奉大夫、秘阁修撰、两浙转运副使，乾道九年三月被旨兼权。"

按：乾道元年（1165）七月二日己酉，张镃父张宗元除秘阁修撰，至乾道九年（1173）三月以左中奉大夫、秘阁修撰、两浙转运副使被旨兼权知湖州。故乾道三年（1167）张宗元当在秘阁修撰任上。

是年，张镃叔祖张子颜知泰州。

李之亮《宋两淮大郡守臣易替考》："泰州。……乾道三年丁亥（1167）。张子颜。《泰州志》：'张子颜，乾道三年。'"

乾道四年戊子（1168）　十六岁

六月，张镃叔祖张子颜于知泰州任上改知信州。

李之亮《宋两淮大郡守臣易替考》："泰州。……乾道四年戊子（1168）。张子颜。"

李之亮《宋两江郡守易替考》："信州……乾道四年戊子（1168）。沈介。《宋史翼》卷一二本传：'（乾道）四年，移信州，与赵师岩为代。是岁六月，移潭州。'张子颜。《江西通志》卷一〇：'张子颜，知信州，乾道中任。'在沈介后一人。"

是年，张镃父张宗元为秘阁修撰。

《宋会要辑稿·选举》三四之一七："（乾道元年）七月二日，诏太府少卿张宗元除秘阁修撰，主管佑神观。"

《咸淳临安志》卷五十《秩官八》："两浙转运……张宗元。乾道九年运副。"

《嘉泰吴兴志》卷十四"（湖州）郡守题名"："张宗元。左中奉大夫、秘阁修撰、两浙转运副使，乾道九年三月被旨兼权。"

按：乾道元年（1165）七月二日己酉，张镃父张宗元除秘阁修撰，至乾道九年（1173）三月以左中奉大夫、秘阁修撰、两浙转运副使被旨兼权知湖州。故乾道四年（1168）张宗元当在秘阁修撰任上。

乾道五年己丑（1169）　十七岁

是年，张镃父张宗元为秘阁修撰。

《宋会要辑稿·选举》三四之一七："（乾道元年）七月二日，诏太府少卿张宗元除秘阁修撰，主管佑神观。"

《咸淳临安志》卷五十《秩官八》："两浙转运……张宗元。乾道九年运副。"

《嘉泰吴兴志》卷十四"（湖州）郡守题名"："张宗元。左中奉大夫、秘阁修撰、两浙转运副使，乾道九年三月被旨兼权。"

按：乾道元年（1165）七月二日己酉，张镃父张宗元除秘阁修撰，至乾道九年（1173）三月以左中奉大夫、秘阁修撰、两浙转运副使被旨兼权知湖州。故乾道五年（1169）张宗元当在秘阁修撰任上。

是年，张镃叔祖张子颜知信州。

李之亮《宋两江郡守易替考》："信州……乾道五年己丑（1169）。张子颜。"

乾道六年庚寅（1170） 十八岁

　　是年，张镃父张宗元为秘阁修撰。

　　《宋会要辑稿·选举》三四之一七："（乾道元年）七月二日，诏太府少卿张宗元除秘阁修撰，主管佑神观。"

　　《咸淳临安志》卷五十《秩官八》："两浙转运……张宗元。乾道九年运副。"

　　《嘉泰吴兴志》卷十四"（湖州）郡守题名"："张宗元。左中奉大夫、秘阁修撰、两浙转运副使，乾道九年三月被旨兼权。"

　　按：乾道元年（1165）七月二日己酉，张镃父张宗元除秘阁修撰，至乾道九年（1173）三月以左中奉大夫、秘阁修撰、两浙转运副使被旨兼权知湖州。故乾道六年（1170）张宗元当在秘阁修撰任上。

乾道七年辛卯（1171） 十九岁

　　是年，张镃父张宗元为秘阁修撰。

　　《宋会要辑稿·选举》三四之一七："（乾道元年）七月二日，诏太府少卿张宗元除秘阁修撰，主管佑神观。"

《咸淳临安志》卷五十《秩官八》："两浙转运……张宗元。乾道九年运副。"

《嘉泰吴兴志》卷十四"（湖州）郡守题名"："张宗元。左中奉大夫、秘阁修撰、两浙转运副使，乾道九年三月被旨兼权。"

按：乾道元年（1165）七月二日己酉，张镃父张宗元除秘阁修撰，至乾道九年（1173）三月以左中奉大夫、秘阁修撰、两浙转运副使被旨兼权知湖州。故乾道七年（1171）张宗元当在秘阁修撰任上。

乾道八年壬辰（1172）　二十岁

既冠，念先王未竟之恢复事业，负驱驰帝前以平幽燕之壮志。

张镃《呈尤侍郎陆礼部》："忆昔既冠时，壮志平幽燕。先王手扶太极起，余事未竟骑星躔。誓将胆与肠，剖析帝座前。"（《南湖集》卷三）

是年，张镃父张宗元为秘阁修撰。

《宋会要辑稿·选举》三四之一七："（乾道元年）七月二日，诏太府少卿张宗元除秘阁修撰，主管佑神观。"

《咸淳临安志》卷五十《秩官八》："两浙转运……张宗元。乾道九年运副。"

《嘉泰吴兴志》卷十四"（湖州）郡守题名"："张宗元。左中奉大夫、秘阁修撰、两浙转运副使，乾道九年三月被旨兼权知湖州。故乾道八年（1172）张宗元当在秘阁修撰任上。

乾道九年癸巳（1173）　二十一岁

闰正月二日乙未，张镃叔祖张子颜知衢州，造木鹤弩二千、箭十万。

王应麟辑《玉海》卷一百五十《兵制》："隆兴木羽弩箭、乾道木鹤弩"条："乾道九年闰正月二日，衢州张子颜造木鹤弩二千、箭十万。"

三月，张镃父张宗元以左中奉大夫、秘阁修撰、两浙转运副使被旨兼权知湖州。

《咸淳临安志》卷五十《秩官八》："两浙转运……张宗元。乾道九年运副。"

《嘉泰吴兴志》卷十四"（湖州）郡守题名"："张宗元。左中奉大夫、秘阁修撰、两浙转运副使，乾道九年三月被旨兼权。"

秋，陆游（字务观）在四川知嘉州任上。张镃与师浑甫（字伯浑）、王嵎（字季夷）等访之，乐饮旬日而去。

陆游《思蜀》其四："玉食峨嵋栮，金齑丙穴鱼。常思晚秋醉，未与故人疏。白发当归隐，青山可结庐。梅花消息动，怅望雪消初。"注云："余昔在犍为，师伯浑、王志夫、张功夫、王季夷、莹上人辈，以秋晚来访，乐饮旬日而去。"（陆游著，钱仲联校注《剑南诗稿校注》卷二十三）

陆游《师伯浑文集序》："乾道癸巳，予自成都适犍为，识隐士师伯浑于眉山。一见，知其天下伟人。予既行，伯浑饯予于青衣江上，酒酣浩歌，声摇江山，水鸟皆惊起。伯浑饮至斗许，予素不善饮，亦不觉大醉。夜且半，舟始发，去至平羌，酒解，得大轴于舟中，则伯浑醉书，纸穷墨燥，如春龙奋蛰，奇鬼搏人，何其壮也。后四年，伯浑得疾不起。子怀祖集伯浑文章，移书走八千里，乞余为序。呜呼！伯浑自少时名震秦属，东被吴楚，一时高流皆尊慕之，愿与交。方宣抚使临边，图复中原，制置使并护梁益兵民，皆巨公大人，闻伯浑名，将闻于朝，而卒为忌者所沮。夫伯浑既决不肯仕，即无沮者，不过有司岁时奉粟帛牛酒劳问，极则如孔旼、徐复辈，赐散人号，书其事于史而已。于伯浑何失得，而忌已如此。乡使伯浑出而事君，为卿为公，则忌者当益众，排击沮挠，当不遗力，徙比景，输左校，殆未可知。安得如在眉山，躬耕妇织，放意山水，优游以终天年耶？则伯浑不遇，未见可憾。或曰：'伯浑之才气，空海内无与比，其文章英发巨丽，歌之清庙，刻之彝器，然后为称。今一不得施，顾退而为山巅水涯娱忧纾悲之言，岂不可憾哉！'予曰：'是则有命。识者为时惜，不为伯浑叹也。'淳熙某月某日山阴陆某序。"（《陆游集·渭南文集》卷十四）

郭黎安《宋史地理志汇释》："（成都府路）嘉定府，上，本嘉州，犍为郡，军事。"

于北山《陆游年谱》载：乾道九年癸巳（1173），陆游四十九岁，在四川知嘉州任上，"师浑甫等秋晚来访，乐饮旬日而去"。

按：今各本陆游《思蜀》诗其四注中所谓"张功夫"，当为"张功父"之误。钱仲联为陆游《思蜀》其四作"注释"云："〔张功夫〕见卷一三《谢张时可通判赠诗编》题解。"（《剑南诗稿校注》卷二十三）前揭张时可即张镃。可见钱仲联先生虽未对"张功夫"予以详辨，事实上也认为"张功夫"即张镃。

陆游（1125—1210），越州山阴人。高宗绍兴二十三年（1153）赴临安试，荐送第一，次年试礼部，列前列，以忤秦桧遭黜落。孝宗即位，以史浩等荐特赐进士出身，历官枢密院编修官兼编类圣政所检讨官、通判建康府、通判夔州、成都安抚司参议官等。光宗即位，迁礼部郎中兼实录院检讨官。宁宗朝诏同修国史，实录院同修撰，兼秘书监，升宝章阁待制致仕。有《剑南诗稿》八十五卷、《渭南文集》五十卷等。与尤袤、杨万里、范成大等并称南宋中兴四大诗人。

《宋史》卷三百九十五《列传第一百五十四·陆游传》："陆游字务观，越州山阴人。年十二能诗文，荫补登仕郎。锁厅荐送第一，秦桧孙埙适居其次，桧怒，至罪主司。明年，试礼部，主司复置游前列，桧显黜之，由是为所嫉。桧死，始赴福州宁德簿，以荐者除敕令所删定官。……孝宗即位，迁枢密院编修官兼编类圣政所检讨官。史浩黄、祖舜荐游善词章，谙典故，召见，上曰：'游力学有闻，言论剀切。'遂赐进士出身。……时龙大渊、曾觌用事，游为枢臣张焘言：'觌、大渊招权植党，荧惑圣听，公及今不言，异日将不可去。'焘遽以闻，上诘语所自来，焘以游对。上怒，出通判建康府，寻易隆兴府。言者论游交结台谏，鼓唱是非，力说张浚用兵，免归。久之，通判夔州。王炎宣抚川、陕，辟为干办公事。游为炎陈进取之策，以为经略中原必自长安始，取长安必自陇右始。当积粟练兵，有衅则攻，无则守。吴璘子挺代掌兵，颇骄恣，倾财结士，屡以过误杀人，炎莫谁何。游请以珍子拱代挺。炎曰：'拱怯而寡谋，遇敌必败。'游曰：'使挺遇敌，安保其不败。就令有功，愈不可驾驭。'及挺子曦僭叛，游言始验。范成大帅蜀，游为参议官，以文字交，不拘礼法，人讥其颓放，因自号放翁。后累迁江西常平提举。江西水灾，奏：'拨义仓振济，檄诸郡发粟以予民。'召还，给事中赵汝愚驳之，遂与祠。起知严州，过阙，陛辞，上谕曰：'严陵山水胜处，职事之暇，可以赋咏自适。'再召入见，上曰：'卿笔力回斡甚善，非他人可及。'除军器少监。绍熙元年，迁礼部郎中兼实录院检讨官。嘉泰二年，以孝宗、光宗《两朝实录》及《三朝史》未就，诏游权同修国史、实录院同修撰，免奉朝请，寻兼秘书监。三年，书成；遂升宝章阁待制，致仕。游才气超逸，尤长于诗。晚年再出，为韩侂胄撰《南园阅古泉记》，见讥清议。朱熹尝言：'其能太高，迹太近，恐为有力者所牵挽，不得全其晚节。'盖有先见之明焉。"

《直斋书录解题》卷十八《别集类下》："《渭南集》三十卷、（案：《文献通考》作二十卷。）《剑南诗稿》、《续稿》八十七卷。华文阁待制山阴陆游务观撰。左丞佃之孙。绍兴末召对，赐出身。隆兴初为枢密院编修官，乡用矣，坐漏泄省中语，阜陵以为反复，斥远之。后以夔倅入蜀，益自放肆，不护细行，自号放翁。……嘉定庚午年八十六而终。游才甚高，幼为曾吉父所赏识。诗为中兴之冠，他文亦佳，而诗最富，至万余篇，古今未有，故文与诗别行。'渭南'者，封渭南县伯。"

《四库全书总目》卷一百六十《集部十三·别集类十三》："《剑南诗稿》八十五卷，宋陆游撰。游有《入蜀记》，已著录。是集末有嘉定十三年游子朝请大夫知江州军事子虡跋，称游西泝夔道，乐其风土，有终焉之志，宿留殆十载。戊戌春正月，孝宗念其久外，趣召东下。然心未尝一日忘蜀也。是以题其平生所为诗卷曰《剑南诗稿》，官不独谓蜀道所赋诗也。又称戊申己酉后诗，游自大蓬谢事归山阴故庐，命子虡编次为四十卷，复题其籤曰《剑南诗续稿》。自此至捐馆舍，通前稿为诗八十五卷。子虡假守九江，刊之郡斋，遂名曰《剑南诗稿》……游诗法传自曾几，而所作《吕居仁集序》又称源出居仁。二人皆江西派也。然游诗清新刻露，而出以圆润。实能自辟一宗，不袭黄、陈之旧格。刘克庄号为工诗，而《后村诗话》载游诗，仅摘其对偶之工。已为皮相。后人选其诗者，又略其感激豪宕，沉郁深婉之作。惟取其流连光景，可以剽窃移掇者，转相贩鬻。放翁诗派遂为论者口实。夫游之才情繁富，触手成吟，利钝互陈，诚所不免。故朱彝尊《曝书亭集》有是集跋，摘其自相蹈袭者至一百四十余联。是陈因窠臼，游且不能自免，何况后来。然其托兴深微，遣词雅隽者，全集之内，指不胜屈。安可以选者之误，并集矢于作者哉。今录其全集，庶几知剑南一派自有其真，非浅学者所可借口焉。"

上书同卷《集部十三·别集类十三》："《渭南文集》五十卷，《逸稿》二卷，宋陆游撰。游晚封渭南伯，故以名集。……末有嘉定三年游子承事郎知建康府溧阳县主管劝农事子遹跋，称先太史未病时，故已编辑。凡命名及次第之旨，皆出遗意，今不敢紊。又述游之言曰《剑南》乃诗家事，不可施于文，故别名《渭南》。……游以诗名一代，而文不甚著。集中诸作，边幅颇狭。然元祐党家，世承文献，遣词命意，尚有北宋典型。故根柢不必其深厚，而修洁有余。波澜不必其壮阔，而尺寸不失。士龙清省，庶乎近之。较南渡末流以鄙俚为真切，以庸沓为详尽者，有云泥之别矣。游《剑南诗稿》有文章诗曰：'文章本天成，妙手偶得之。粹然无瑕疵，岂复须人为。君看古彝器，巧拙两无施。汉最近先秦，固已殊淳漓。'其文固未能及是，其旨趣则可以概见也。"

陆游与张镃关系甚善，交游唱和甚夥，对张镃诗歌创作之影响亦甚著。故于此详叙之。

师浑甫（？—1177？），眉山人。本名某，字浑甫。拔解，以志于隐退不赴省试，其弟冒其名而登第。遂以字为名，改字伯浑。与陆游厚善。《全宋诗》录诗二首。

陆游《老学庵笔记》卷三："蜀俗厚。……师浑甫，本名某，字浑甫。既拔解，志高退，不赴省试。其弟乃冒其名以行，不以告浑甫也，俄遂登第。浑甫因以字为名，而字伯浑，人人尽知之。弟仕亦至郡倅，无一人议之者。此事若在闽、浙，讼诉纷然矣。"

陆游《感旧》诗其二："君不见蜀师浑甫字伯浑，半生高卧蟆颐村。才不得施道则尊，死已骨朽名犹存。文章落笔数千言，上友《离骚》下《招魂》。望之眉宇何轩轩，高谈浩若洪河翻。范尹敬如绮与园，方饰羔雁登衡门；小人谤伤实不根，妄指拱璧求瑕痕。穷通在公岂足论，浮云终散朝阳暾。安得此老起九原，入赞国论苏黎元？（自注：范至能帅成都，欲以遗逸起之，幕客有沮之者，遂不果。）"（《剑南诗稿校注》卷三十

33

八)

王嵎（？—1183?），潍州北海人，寓居吴兴。迪功郎王慎修子。绍兴、淳熙间名士。赠承事郎。与陆游少共学，情好均兄弟。陆游尝为其女王中（字正节）撰《孺人王氏墓表》。有《北海集》二卷，已佚。《全宋诗》录诗一首。

陆游《孺人王氏墓表》："孺人王氏，名中，字正节，潍州北海人。曾大父讳竞，朝议大夫直秘阁。大父讳慎修，迪功郎，赠中奉大夫。父讳嵎，赠承事郎，字季夷，负天下才名。孺人嫁司马文正公元孙龙图阁待制讳伋之仲子，通直郎，新权发遣信州军州事遵。……人谓季夷虽坎壈不偶以死，而三子皆知名士，夫人复以贤妇称，天所以报善人，亦昭昭矣。……孺人不幸遇疾卒，时嘉泰三年二月初二日也，得年四十有四。……予与待制及季夷少共学，情好均兄弟。两公又皆娶予中表孙氏。"（《陆游集·渭南文集》卷三十九）

陆游《寄王季夷》："平生吾子最知心，巴陇飘零岁月侵。万里喜闻身尚健，五更惟有梦相寻。插花意气狂如昨，中酒情怀病至今。共约暮年须强饭，天台庐阜要登临。"（《剑南诗稿校注》卷九）

陆游《哭王季夷》："超遥天马渥洼来，万里修途忽勒回。爽气即今犹可想，旧游何处不堪哀！梦中有客征残锦，地下无炉铸横财。欲酹一尊身尚病，鼠封春露湿苍苔。"（《剑南诗稿校注》卷十四）

《直斋书录解题》卷二十《诗集类下》："《王季夷北海集》二卷。北海王嵎季夷撰。绍淳间名士，寓居吴兴，陆务观与之厚善。三子甲、田、申皆登科。"

十一月四日癸巳，张镃父张宗元以秘阁修撰、两浙路转运副使除敷文阁待制、提举佑神观。

《宋会要辑稿·选举》三四之三〇：（乾道九年）十一月四日，诏秘阁修撰、两浙路转运副使张宗元除敷文阁待制、提举佑神观。

淳熙元年甲午（1174）　二十二岁

　　春，张镃弟张鉴（字平甫）与姜夔（字尧章）同游禹庙。姜
夔有《陪张平甫游禹庙》诗。

　　姜夔《陪张平甫游禹庙》诗："镜里山林绿到天，春风只在禹祠前。
一声何处提壶鸟，猛省红尘二十年。"（《白石道人诗集》卷下）

　　按：以姜夔《陪张平甫游禹庙》诗"猛省红尘二十年"句，知是年
姜夔二十岁。姜夔生于绍兴二十五年（1155），淳熙元年（1174）二十
岁。又以"镜里山林绿到天，春风只在禹祠前"句，知其游禹庙事在是
年春季。

　　张鉴，成纪人，寓吴中。张镃弟。江湖名士姜夔尝倚其门，情甚
骨肉。

　　张镃《题平甫弟梁溪庄园》："两字虽差远，花繁好作名。假饶千万
偈，难状尔多情。"（《南湖集》卷七）

　　姜夔《姜尧章自叙》："旧所依倚，惟有张兄平甫，其人甚贤。十年
相处，情甚骨肉。而某亦竭诚尽力，忧乐同念。平甫念其困踬场屋，至欲
输资以拜爵，某辞谢不愿，又欲割锡山之膏腴以养其山林无用之身。惜乎
平甫下世，今惘惘然若有所失。人生百年有几，宾主如某与平甫者复有
几，抚事感慨，不能为怀。平甫既殁，稚子甚幼，入其门则必为之凄然，
终日独坐，逡巡而归。思欲舍去，则念平甫垂绝之言，何忍言去！留而不
去，则既无主人矣！其能久乎？"（《齐东野语》卷十二）

　　姜夔《张平甫哀挽》："将军家世出臞儒，合上青云作计疏。吴下宅

成花未种，湖边地吉草新锄。空嗟过隙催人世，赖有提孩读父书。他日石羊芳草路，弟兄来此一沾裾。"（《白石道人诗集》卷下）

姜夔（1155—1221?），鄱阳人。号白石道人。江湖名士，终身布衣。诗词均自成一家。陆游、杨万里、范成大、辛弃疾等一时名公皆推之，杨万里尤以其诗与张镃齐名。晚年自编诗集三卷，已佚。今存《白石道人诗集》二卷，《白石道人歌曲》四卷。

姜夔《姜尧章自叙》："某早孤不振，幸不坠先人之绪业，少日奔走，凡世之所谓名公巨儒，皆尝受其知矣。内翰梁公于某为乡曲，爱其诗似唐人，谓长短句妙天下。枢使郑公爱其文，使坐上为之，因击节称赏。参政范公以为翰墨人品，皆似晋、宋之雅士。待制杨公以为子文无所不工，甚似陆天随，于是为忘年友。复州萧公，世所谓千岩先生者也，以为四十年作诗始得此友。待制朱公既爱其文，又爱其深于礼乐。丞相京公不独称其礼乐之书，又爱其骈俪之文。丞相谢公爱其乐书，使次子来谒焉。稼轩辛公，深服其长短句如二卿。孙公从之，胡氏应期，江陵杨公，南州张公，金陵吴公，及吴德夫、项平甫、徐子渊、曾幼度、商翚仲、王晦叔、易彦章之徒，皆当世俊士，不可悉数。或爱其人，或爱其诗，或爱其文，或爱其字，或折节交之。若东州之士，则楼公大防、叶公正则，则尤所赏激者。嗟乎！四海之内，知己者不为少矣，而未有能振之于窭困无聊之地者。……同时黄白石景说之言曰：'造物者不欲以富贵浼尧章，使之声名焜耀于无穷，此意甚厚。'又杨伯子长孺之言曰：'先君在朝列时，薄海英才，云次鳞集，亦不少矣！而布衣中得一人焉，曰姜尧章。'呜呼！尧章一布衣耳，乃得盛名于天壤间。"（《齐东野语》卷十二）

杨万里《进退格，寄功父、姜尧章》："尤萧范陆四诗翁，此后谁当第一功？新拜南湖为上将，更推白石作先锋。可怜功等俱痴绝，不见词人到老穷。谢遣管城侬已晚，酒泉端欲乞移封。（功父诗号《南湖集》，尧章号白石道人）"（《杨万里集笺校》卷四一）

陆心源《宋史翼》卷二十八《列传第二十八·文苑三》："姜夔字尧

章，鄱阳人。先世出九真，唐中书门下侍郎仲辅之裔。八世祖泮官饶州教授。父噩绍兴进士，以新喻丞知汉阳县。夔从父宦游，流落古沔，冲淡寡欲，不乐时趋，气貌若不胜衣。工书法，著《续书谱》以继孙过庭，颇造翰墨阃域。诗律高秀，琢句精工。词亦清虚骚雅，如野云孤飞，去留无迹。尤娴音律。……一时张镃、杨万里辈皆折节与交，而楼钥、范成大更相友善。……宁宗庆元三年诣京师，上《大乐议》一卷、《琴瑟考古图》一卷，诏付有司收掌，特予免解。时有疾其能者，以议不合而罢。五年，作《铙歌鼓吹曲》一十四章上于尚书省，书奏诏付太常。周密以为言辞峻洁，意度高远，有超越骅骝之意，非虚誉也。居与白石洞天为邻，因号白石道人，时往来西湖，馆水磨方氏。后以疾卒。"

《四库全书总目》卷一百六十二《集部十五·别集类十五》："《白石诗集》一卷，附《诗说》一卷，宋姜夔撰。……卷首有夔自序二篇。其一篇称：'三熏三沐，师黄太史氏，居数年，一语噤不敢吐。始大悟学即病，不若无所学者之为得。'其一篇称'作诗求与古人合，不如求与古人异。求与古人异，不如不求与古人合，而不能不合。不求与古人异而不能不异。'其学盖以精思独造为宗。故序中又述千岩、诚斋、石湖咸以为与己合，而己不欲与合。其自命亦不凡矣。今观其诗，运思精密，而风格高秀，诚有拔于宋人之外者。傲视诸家，有以也。"同书卷一百九十八《集部五十一·词曲类一》："《白石道人歌曲》四卷，《别集》一卷，宋姜夔撰。……夔诗格高秀，为杨万里等所推。词亦精深华妙，尤善自度新腔。故音节文采，并冠绝一时。其诗所谓'自制新词韵最娇，小红低唱我吹箫'者，风致尚可想见。"

是年，张镃叔祖张子正知泰州。

李之亮《宋两淮大郡守臣易替考》："泰州。……淳熙元年甲午（1174）。张子正。《泰州志》：'张子正，淳熙元年。'"

淳熙二年乙未（1175）　　二十三岁

春，张镃叔祖张子颜次对敷文阁，旋以敷文阁待制帅襄阳府。

周必大《跋黄鲁直与全父醉帖》："仆以淳熙乙未春与几仲同次对敷文阁。几仲旋镇襄汉，三年而归。又获接武内朝。会江西谋帅，几仲复在选中。千骑塞途，旗旄赫奕。仆往庆焉。天盛寒，饮沉瀣一杯，径醉。几仲出山谷醉笔，辄题其后。他日归为部民，当再观于滕王阁之上。淳熙五年十一月二十五日。"（《文忠集》卷十七《省斋文稿十七·题跋四》）

六月，张镃父张宗元以中奉大夫、充敷文阁待制知会稽。十二月，差充大金贺生辰使。

沈作宾修；施宿等纂《嘉泰会稽志》卷二"太守"："张宗元。淳熙二年六月以中奉大夫、充敷文阁待制知。是年十二月差充大金贺生辰使。淳熙四年正月，除在京宫观。"

淳熙三年丙申（1176）　　二十四岁

四月，张镃撰成《仕学规范》四十卷，并为序。是书分为学、行己、莅官、阴德、作文、作诗六类，统载宋名臣事状，并征引原文，各著出典，以为学士大夫言行之法。盖与朱子《名臣言行录》体例虽殊，而为一代文献之征则一也。

张镃《皇朝仕学规范序》：“士大夫多孅天资，至措诸行事，往往鲜合中道，才非不逮，微法度也。前言往行，可效可师，佩服弗替，如循三尺，则幼学壮行，焉往而不中节，藐前修为易与，肆吾意之所向。跌宕乖戾，漫亡据依。幸而龊龊无闻，人犹以不能恕。其如得声名，处贵显，有识将起贤者过之之叹。斥规矩以觊全材，屏范模而良器是图，世固无若事也。仰惟熙朝累圣缵承，一以姬孔道学造天下士。名公硕儒，闻风作兴，步武相属。其大者功烈在天，铭在鼎彝，诚未易窥测。至如问学之闳深，操行之端方，政事之精醇，与夫阴功隐德，奇辞奥论，流播简册者，皆足以擅称一时，诒宪百世。镃天资庸朴，粗知读书，日思收涤膏粱之习，以从贤士大夫后。是以寤寐前哲，采摭旧闻，凡言动举措，粹然中道，可按为法程者，悉派分鳞次，萃为巨编，以便省阅。夫致知，由为学，故先之以为学。学，行之上也，故次之以行己。行己有余，斯可推以及人，故次之以莅官。为政莫如德，故次之以阴德。有德者必有言，故以诗文终焉。谓其皆可为终身法，遂目之曰《皇朝仕学规范》。且析为四十卷，庶几口咏心惟，趣向弗伪，昭然《中庸》、《大学》之可敬，俨乎正人端士之在左右也。《传》不云乎：‘过者俯而就，不至者跂而及。’仆方用是自警，亦愿与同志共之。淳熙岁丙申四月，秦川张镃、时可序。”（《南湖集·附录上》）

《四库全书总目》卷一百二十三《子部三十三·杂家类七》：“《仕学规范》四十卷，宋张镃撰。……是书分为学、行己、莅官、阴德、作文、作诗六类。统载宋名臣事状，并征引原文，各著出典。若所采《九朝名臣传》诸书，俱为修史者所据依。故多与史合，且可补其遗阙。如所录范仲淹镇青、社时，设法免青民辇置之苦，青民至为立祠。又赵抃治越州，岁荒令贮米者反增价粜之，而其后更贱，民胥全活。均云出《四科事实》。又张方平知昆山县，收余赋以给贫民，而止民数十年侵越之讼。云出《哲宗名臣传》。今其书皆不传，而三人本传亦未载。此类颇多，均可以资考证。盖与朱子《名臣言行录》体例虽殊，而为一代文献之征则一也。"

四月，张镃叔祖张子正在知泰州任上，请筑月堰，以遏潮水。诏从之。

《宋史》卷九十七《志第五十·河渠七》："淳熙三年四月，诏筑泰州月堰，以遏潮水。从守臣张子正请也。"

李之亮《宋两淮大郡守臣易替考》："泰州。……淳熙三年丙申（1176）。张子正。"

十二月，张镃叔祖张子颜在帅襄阳府任上，刻成友人程大昌（字泰之）所赠《元和郡县图志》，并跋，以资有志者筹赞恢拓中原之业。

张子颜《跋元和郡县图志》："子颜少有四方志，逮长益笃。比年数被上委使，寻复领襄州。奏事便殿，上谕曰：'驰驱原隰，尔素志也。顾昧陋何以克承玉音？'洎至郡每登岘山，抚中原，未始不叹息久之，思有以自效者，浩不知其涯焉。会故人程刑部（程大昌）寄《元和郡县图志》，阅之瞿然有感。仰惟明主扼天下之吭，制群生之命者，不在兹乎？亟用版传，以资有志者筹赞恢拓之业。又得程（大昌）、洪（迈）二巨公题品详赡，斯文为不朽矣。昔司马子长南游江、淮，上会稽，探禹穴，窥九疑，北涉汶、泗，东观齐、鲁孔子之遗风，西使巴、蜀以还，周览山川。故其为文广博，驰骋古今。愚不敏，讵敢拟一二，唯欲勉驰驱之素志，竭绵薄于异时。盖有务于是书，亦报上之一云。淳熙三年十二月朗旦，上秦张子颜书。"（《元和郡县图志》卷四十）

程大昌《跋元和郡县图志》："张几仲帅襄阳，且行，谓予曰：'以予之好异书，知世间有甚欲之而无其力者矣。之镇苟暇，期取古书有益者，刻木而布传之，庶其费寡而人可得，是亦一为政也。秘藏多书，盍选择见授。'予思之，有《元和郡县图志》者，其所记地理，多唐家制度。本朝疆理天下，率多本唐，则是书之备稽究，特与今宜。予尝即蓬山藏本之末，叙列其所以可传者矣。苟欲该惠夫人，则莫此为要，遂录寄之，以遂其雅好。几仲名子颜，今以敷文阁待制在镇。淳熙二年至日，新安程大昌泰之书。"（李吉甫撰《元和郡县图志》卷四十）

洪迈《跋元和郡图县志》："《元和郡县图志》四十卷，《目录》二卷，唐元和八年丞相李赵公吉甫所上也。后三百六十有三年，今京西牧、待制张公几仲始刻版于襄阳幕府。按《新唐书·艺文志》著录是书为五十四卷。《会要》析而两之，一曰《州县郡国图》，三十卷；一曰《郡国图》，其卷与新志同。皆冠以元和，三者了不相似。以今所刻证之，皆非也。地理之最，莫切于图书，周官职方氏掌天下之图要，周知其利害。沛公入关，萧何收秦丞相府图籍，具知陇塞户口多少强弱处。基汉为雄，光武与邓禹论天下郡国，亦披舆地图乃克见。则不出户庭，而九州岛万里，在吾目中，如策马并辔，援衣挈领，舍此谁则然。方赵公为相，强藩悍帅，狃贞元余习，擅地自予朝廷莫敢诃，而能以期年间易三十六镇。魏田季安病，公请以滑任薛平，戍重兵邢洺，因图上河北险要，宪宗张于浴堂门壁，每叹曰：'朕日按图，信如卿料。'则其所著书，盖已见之行事矣，岂直区区纸上语而已哉。几仲先忠烈王勋在彝鼎，为中兴社稷臣。几仲济美称家，文史声猷，有晋、宋胜流风度。方守国西门，雍容缓带，蹑叔子、元凯故迹。一旦天子读此书，悼河山之独西，想燕、冀而忼慨，睠焉北顾，思有所出。赵营平不必驰至金城，图上方略；马伏波不必聚米为山，指画形势。几仲知之矣。予愿拭目焉。本作书之旨，则赵公之叙固在，今揭于篇首。淳熙三年十一月，番阳洪迈书。"（《元和郡县图志》卷四十）

淳熙四年丁酉（1177）　二十五岁

正月，张镃父张宗元以中奉大夫、敷文阁待制除在京宫观。

《嘉泰会稽志》卷二"太守"："张宗元。淳熙二年六月以中奉大夫、充敷文阁待制知。是年十二月差充大金贺生辰使。淳熙四年正月，除在京宫观。"

是年，张镃叔祖张子正在知泰州任上。以妻病祷佛，愿剃度一僧。已而妻愈，乃榜示诸刹，凡在籍童行，令悉趁四月十五甲申结夏日集于报恩光孝寺。秀州行者善鉴获选剃度。

洪迈撰；何卓点校《夷坚志·支戊》卷四"善鉴为僧"条："淳熙四年，张子正待制知泰州，以妻病，焚香祷佛，愿剃度一僧。已而妻愈。乃榜示诸刹，凡在籍童行，令悉趁四月十五结夏日集于报恩光孝寺。秀州行者善鉴，颇欲巡礼丛林，自江阴济江，过石庄投宿明禧禅院，两脚忽重腿如石，不能前，彼盖不知邦君有施也。寺僧与之言，时已初十日矣。心虽欲之，而足力不可强。夜梦伽蓝神趣其去，凌晨粥罢，偄偄由如皋县而北。临十四夜，始至郡城，抵报恩，股痛益甚，卧于选僧寮。明日，张与妻至，群僚毕预斋供，观诸人探饷，时会者五百余辈，序立堂上。张问纲维：'犹有未到者否？'以善鉴对，且言其道路损脚，目今困卧。张必欲其来。鉴不获已策杖往，随众拈一小纸卷，及开视，独鉴得之。即日落发，张氏制三衣与之，同类皆起登仙之叹。方旬日，南禅缺住持，张又作疏邀开堂主法席，遂连处三大刹，为淮地所重。"

淳熙五年戊戌（1178） 二十六岁

九月五日乙丑，张镃在直秘阁任上。秘阁僚友杨文蹕（字伯虎）、杨文昌、杨文蹕、吴璇等参阁，置酒于道山堂。

陈骙、佚名撰；张富祥点校《南宋馆阁录·续录》卷六："淳熙五年……九月五日，直秘阁杨文昺、杨文昌、杨文蹕、张镃、吴璇参阁，置酒于道山堂。"

按：杨文昺，孝宗淳熙间与张镃同直秘阁。宁宗朝历官户部员外郎、太府少卿、朝请大夫等。与金部郎中赵师炳共同编成《庆元会计录》上于朝。著有《周秦刻石释音》。

王明清辑《挥麈录·后录》卷十："靖康末，驸马都尉王师约之子铢为龙德宫都监。祐陵北狩，御府器玩服御不能尽从者，悉为其掩，有携以南度……先人摹得其古玉印数十，今假于杨伯虎文昺，未归。"

马光祖修；周应合纂《景定建康志》卷二十六："杨文昺。朝散大夫行尚书户部员外郎。庆元三年四月二十七日到任。四年五月十七日准，告特授太府少卿。当年六月十八日准，告磨勘转朝请大夫。当月二十三日致仕。"

李心传撰；徐规点校《建炎以来朝野杂记·乙集》卷十六："《庆元会计录》者，始用殿中侍御史姚愈建请，命金部郎中赵师炳、户部郎官杨文昺同编集，二年三月书成。"

《四库全书总目》卷四十一《经部四十一·小学类二》："《周秦刻石释音》一卷。元吾邱衍撰。衍字子行，钱塘人。初宋淳熙间，有杨文昺者，著《周秦刻石释音》一书，载石鼓文、诅楚文、泰山峄山碑。至是衍以所取琅琊碑不类秦碑，不应收入，因重加删定，以成是书。"

杨文昌，出于绍兴勋阀。历官直秘阁、将作监等。

虞俦《杨文昌将作监丞张管将作监簿制》："朕惟躬行节俭，以移风俗。凡宫室苑囿，未尝有所增益。然而匠监设属，有不敢废者，亦以蓄储人材待用焉耳。尔文昌出于绍兴勋阀，而能佩服儒雅。尔管见谓元祐故家，而能有志事功。若丞若簿，其往莅厥职。……必也俾工巧器械，咸精其能，以副朕储材之意。则惟汝嘉。"（《尊白堂集》卷五）

杨文晔，代州崞县人。祖杨存中，乃高宗朝大将。父杨倓，中进士第，孝宗朝官至昭庆军节度使。杨文晔历官朝奉郎、直秘阁、通判临安军府兼管内劝农事等。

杨文晔《跋宋两朝御扎墨本》："右高宗皇帝御扎一十有九，寿皇圣帝御扎一十有二，赐臣先大父和王臣存中也。寿皇圣帝御扎有八，赐臣先父枢密臣倓也。……伏读而叹两朝眷倚之异，未有如大父之隆。而先父辱知于寿皇，岂止焜耀一时而已哉。……绍熙四年五月旦日，朝奉郎、直秘阁、通判临安军府兼管内劝农事、赐绯鱼袋臣杨文晔拜手稽首恭书。"（赵琦美编《赵氏铁网珊瑚》卷二）

《宋史》卷三百六十七《列传第一百二十六·杨存中传》："杨存中本名沂中，字正甫，绍兴间赐名存中，代州崞县人。祖宗闵，永兴军路总管，与唐重同守永兴，金人陷城，迎战死之。父震，知麟州建宁砦，金人来攻，亦死于难。……宣和末，山东、河北群盗四起，存中应募击贼，积功至忠翊郎。……高宗南渡，以胜捷军从张俊守吴门；苗、刘之变，又从俊赴难。……金主亮有南侵意，存中上备敌十策。……隆兴元年，王师溃于符离，复起存中为御营使。二年，金人再入关，议割蜀之和尚原以界之。存中入对，曰：'和尚原，陇右之藩要也。敌得之，则可以睥睨汉川；我得之，则可以下兵秦雍。……愿毋弃。'……乾道元年班师，加昭庆军节度使，复奉祠。时兴屯田，存中献私田在楚州者三万九千亩。二年，卒，年六十五。以太师致仕，追封和王，谥武恭。……存中天资忠孝敢勇，大小二百余战，身被五十余创。宿卫出入四十年，最寡过。孝宗以为旧臣，尤礼异之，常呼郡王而不名。……子，僎工部侍郎；偯签书枢密院事、昭庆军节度使。"

徐自明撰；王瑞来校补《宋宰辅编年录校补》卷十八："孝宗淳熙元年甲午……七月己未……杨偯签书枢密院事。自昭庆军节度使、提举佑神观除。……偯，字子靖，代州崞县人。绍兴大将存中之子也。中进士第。"

是年，张镃叔祖张子颜自襄阳归。复获选江西帅，知隆兴府。

周必大《跋黄鲁直与全父醉帖》："仆以淳熙乙未春与几仲同次对敷文阁。几仲旋镇襄汉，三年而归。又获接武内朝。会江西谋帅，几仲复在选中。千骑塞途，旗旄赫奕。仆往庆焉。天盛寒，饮沉濯一杯，径醉。几仲出山谷醉笔，辄题其后。他日归为部民，当再观于滕王阁之上。淳熙五年十一月二十五日。"（《文忠集》卷十七《省斋文稿十七·题跋四》）

马端临《文献通考》卷五《田赋五》："淳熙五年……知隆兴府张子颜为八县人户代输二税旧欠。"

李之亮《宋两江郡守易替考》："隆兴府。……淳熙五年戊戌（1178）。张子颜。"

淳熙六年己亥（1179）　二十七岁

是年，张镃叔祖张子颜知隆兴府。

李之亮《宋两江郡守易替考》："隆兴府。……淳熙六年己亥（1179）。张子颜。"

淳熙七年庚子（1180）　二十八岁

二月二十五日丁未，张镃叔祖张子颜以龙图阁待制、知隆兴府除敷文阁直学士。十一月十一日己未，张子颜言江西旱情于朝。

《宋会要辑稿·职官》六二之二三："淳熙七年……二月二十五日，诏龙图阁待制、知隆兴府张子颜除敷文阁直学士。以子颜职事修举，故有是命。"

李之亮《宋两江郡守易替考》："隆兴府。……淳熙七年庚子（1180）。张子颜。"

佚名撰；李之亮校点《宋史全文》卷二十六下《宋孝宗六》："庚子淳熙七年……十一月己未，知隆兴府张子颜言：'曩乾道之旱，江西安抚龚茂良有请，欲明谕州县，于赈济毕日按籍比较，稽其登耗，而为守令赏罚，以此流移者少。今岁旱伤，欲乞许臣依茂良所请，以议守令赏罚。'从之。"

是年许及之（字深甫）知袁州分宜县。张镃以诗送之，有《许深甫宰分宜》。

张镃《许深甫宰分宜》："峥嵘飞藻妙无前，廓廓披怀万丈渊。久矣愿交嗟迹异，兹焉觌面实心先。雪窗政握持杯手，风溆惊排转柁船。名宦祝君诚长语，安心西去试鸣弦。"（《南湖集》卷六）

按：严嵩纂修《袁州府志》卷六："分宜县。宋。知县事。……许及之。淳熙七年任。"据此知许及之知袁州分宜县事在淳熙七年，张镃诗亦当作于是年。

许及之（？—1209），温州永嘉人。孝宗隆兴元年（1163）进士。历官知袁州分宜县、诸军审计、宗正簿，迁拾遗。光宗朝除太常少卿、淮南转运判官、淮东提刑、大理少卿。宁宗即位，除吏部尚书，拜参知政事，进知枢密院事等。及之乃名臣洪适之婿，尝为洪适撰《宋尚书右仆射观文殿学士正议大夫赠特进洪公行状》。有《涉斋集》三十卷，已佚。清四库馆臣据《永乐大典》辑《涉斋集》十八卷传世。

许及之《宋尚书右仆射观文殿学士正议大夫赠特进洪公行状》："公讳适，字景伯。……淳熙十一年二月二日薨于正寝。……男九人……女三人。长欲嫁而卒。次归及之。……以明年三月甲申葬于郡四十里徐村之原，合莱国墓。兴州君录公事状，俾及之诠次，以备太史氏之采择。公为总赋，属文安择婿。及之为隆兴元年进士，实文安领贡举。公以文安之言信之不疑，一见即相器重。……前年冬，解秩分宜，纡道往省。公喜见颜际，从容余月。垂别恋恋，阅月未再，而公之讣闻矣。……淳熙十二年十一月日，婿许及之谨状。"（《盘洲文集·附录》）

《宋史》卷三百九十四《列传第一百五十三·许及之传》："许及之字深甫，温州永嘉人。隆兴元年第进士，知袁州分宜县。以部使者荐，除诸军审计，迁宗正簿。乾道元年，林栗请增置谏员，乃效唐制置拾遗、补阙，以及之为拾遗，班序在监察御史之上。高宗崩，及之言：'皇帝既躬三年之丧，群臣难从纯吉，当常服黑带。'王淮当国久，及之奏：'陛下即位二十七年，而群臣未能如圣意者，以苟且为安荣，以姑息为仁恕，以不肯任事为简重，以不敢任怨为老成，敢言者指为轻儇，鲜耻者谓之朴实。陛下得若人而相之，何补于治哉！'淮竟罢职予祠。光宗受禅，除军器监，迁太常少卿，以言者罢。绍熙元年，除淮南运判兼淮东提刑，以铁钱滥恶不职，贬秩，知庐州。召除大理少卿。宁宗即位，除吏部尚书兼给事中。及之早与薛叔似同擢遗、补，皆为当时所予。党事既起，善类一空。叔似累斥逐，而及之谄事侂胄，无所不至。尝值侂胄生日，朝行上寿毕集，及之后至，阍人掩关拒之，及之俯偻以入。为尚书，二年不迁，见侂胄流涕，序其知遇之意及衰迟之状，不觉膝屈。侂胄恻然怜之曰：'尚书才望，简在上心，行且进拜矣。'居亡何，同知枢密院事。当时有'由窦尚书、屈膝执政'之语，传以为笑。嘉定二年，拜参知政事，进知枢密院事兼参政。兵端开，侂胄欲令及之守金陵，及之辞。侂胄诛，中丞雷孝友奏及之实赞侂胄开边，及守金陵，始诡计免行。降两官，泉州居住。嘉定二年，卒。"

《四库全书总目》卷一百五十九《集部十二·别集类十二》："《涉斋集》十八卷。案《涉斋集》，《永乐大典》原题许纶撰。考集中《王晦叔惠听雨图》诗序，自称永嘉人，字深父。而诸书不载其人。考《宋史·许及之传》云：'及之字深甫，温州永嘉人。隆兴元年进士。累官至知枢密院事。'与自序永嘉人合。《艺文志》载许及之文集三十卷、《涉斋课稿》九卷。与今本涉斋之名合。焦竑《经籍志》载许右府《涉斋集》三十卷。宋人称枢密为右府，与及之本传官知枢密院又合。则此集当为及之所撰。又《宋史·宁宗本纪》：'绍熙四年六月，遣许及之贺金主生辰。'《金史·交聘表》亦同。今集中使金之诗，一一具在。本传称及之尝为宗正簿。今集中亦有《题玉牒所壁间》诗。则此集出于及之，尤证佐凿然。《永乐大典》所题，不知何据。或及之初名纶，史偶未载更名事欤。此集世无传本。今撷拾残剩，编为十八卷。观其《读王文公诗绝句》曰：'文章与世为师范，经术于时起世儒。少读公诗头已白，只应无奈句风流。'知其瓣香在王安石。安石之文，平揖欧、苏，而诗在北宋诸家之中，其名稍亚。然早年锻炼镕铸，工力至深。《瀛奎律髓》引司马光之言，称其晚年诸作，华妙精深，殆非虚誉。是集虽下笔稍易，未能青出于蓝。而气体高亮，要自琅琅盈耳。较宋末江湖诗派刻画琐屑者，过之远矣。"

前揭《宋史·许及之传》云："隆兴元年第进士，知袁州分宜县。以部使者荐，除诸军审计，迁宗正簿。乾道元年，林栗请增置谏员，乃效唐制置拾遗、补阙，以及之为拾遗，班序在监察御史之上。"此述许及之事迹，有颠倒混乱之误。据严嵩纂修《袁州府志》、许及之《宋尚书右仆射观文殿学士正议大夫赠特进洪公行状》，知许及之淳熙七年（1180）知袁州分宜县，淳熙十年（1183）解秩。故《宋史》不当将许及之知袁州分宜县事序于隆兴元年（1163）与乾道元年（1165）之间。

淳熙八年辛丑（1181）　　二十九岁

正月，张镃叔祖张子颜以敷文阁直学士、太中大夫知会稽。八月，除显谟阁直学士。九月，除在京宫观。

《嘉泰会稽志》卷二"太守"："张子颜。淳熙八年正月以敷文阁直学士、太中大夫知。八月，除显谟阁直学士。是年九月，除在京宫观。"

秋，张镃通判临安。时陆游自提举淮南东路常平茶盐公事任上罢归居乡。八月，张镃以所著诗千篇投赠陆游。陆游为长句谢之，有《谢张时可通判赠诗编》，对张镃家世与诗篇甚为赞赏。

《咸淳临安志》卷五十《秩官八》："倅贰。北厅。大平兴国，杭归版图，倅与守俱置至。建炎庚戌以后，名氏始有可次第者。乾道元年，通判胡坚常为壁记。……郭采、刘大中。郑作肃、邵相。杨穜、赵令吉。朱敦儒、蒋延寿。吕斌、张栴。王权、黄衮。俞召虎、俞炜。张士襄、林衡。吴伸、章岵。方□、刘远。叶桯、胡坚常。陈禾、曾协。张元成、丁逢。沈诜、朱思。杨文昺、王明发。强济、应藏密。张镃、王进之。"

陆游《谢张时可通判赠诗编》："圣朝中兴六十年，君家文武何联翩！先生剑履冠麟阁，后嗣簪橐陪甘泉。流传到君愈卓荦，投我千篇皆杰作。未分玉帐万貔貅，且擅诗人一丘壑。尔来士气日靡靡，文章光焰伏不起。君今已似骥笯云，更看他年鲲击水。"（《剑南诗稿校注》卷十三）

钱仲联为陆游《谢张时可通判赠诗编》作"题解"云："此诗淳熙八年八月作于山阴。"（《剑南诗稿校注》卷十三）

于北山《陆游年谱》载：淳熙八年辛丑（1181），陆游"除提举淮南东路常平茶盐公事，三月，为臣僚以'不自检饬，所为多越于规矩'论罢"，秋季，"张镃以所著诗编相赠，为长句谢之"。

按：据《咸淳临安志》，建炎四年庚戌（1130）以后，临安通判始有名氏可次第者。龚延明《宋代官制辞典》："通判某州军州事，差遣官名。职源：北宋太祖乾德元年（963）四月四日始置（《长编》卷4）。职掌：①太祖初置时，既非知州副贰、又非属官，寓有'监郡'之意，即事得专达，知州举动为其所制（《归田录》卷2、《元丰官志》）。②乾德四年（966）十一月，通判之权予以限制，不得单独签书文移行下，凡本州公事，须与知州同签署（《长编》卷7，乙未）。③元丰新制后，明令通判为副贰，入则贰政，出则按县；凡本州兵民、钱谷、户口、赋役、狱讼听断之事可否裁决，与知州通签书施行；所辖官属有善、否，及职事修举、废弛，得按刺以闻（《宋会要·职官》47之62）。④南宋通判，名义上入则贰政，出则按县，其实际地位下降，主要分掌常平、经总制钱等财赋之属。并以避嫌不敢与知州争事（《朱子语类》卷106《总论作郡》、《外任》）。又，北宋景德三年二月三日，定通判兼管内劝农事（《长编》卷62丙子）。……编制：州各一员（不及万户之州不置，以武臣为知州者例外），大郡（帅府州）二员（《宋会要·职官》47之58）。"张镃乃建炎四年庚戌（1130）以后第十七任临安通判。宋代官吏三年一任。据此，知张镃通判临安的时间当在建炎四年以后第五十一年，即淳熙八年辛丑（1181），与陆游《谢张时可通判赠诗编》诗题称张镃为通判之记载正合。

淳熙九年壬寅（1182）　三十岁

立春日，张镃在通判临安、直秘阁任上。有《壬寅立春》绝句二首。

张镃《壬寅立春》诗其一："经旬寒雨正霖霪，才转东风便肯晴。我自西畴心念熟，不须学稼始归耕。"

其二："蓼酝蔬饼媚晨羞，一饱宁知老到头。但听儿童语声喜，黑头青角看泥牛。"（《南湖集》卷七）

是春夜坐，观秘阁友人杨文罔诗，赋《夜坐因观杨伯虎和春字韵诗，偶成五绝，再寄》。其三有"往事追思重惨伤，相从常醉德勋堂"，自注"高宗御书'德勋'二字，为先君寝堂名"，甚思其父张宗元。

张镃《夜坐因观杨伯虎和春字韵诗，偶成五绝，再寄》诗其一："桃尽灯花夜未眠，清寒浑忘是春天。霜侵绿鬓张居士，空坐书帏三十年。"

其二："案上因翻简铁堆，亲朋何日和诗回。高怀剩得清闲力，满纸溪山秀色开。"

其三："往事追思重惨伤，相从常醉德勋堂。每登屺岵数鸿雁，老泪风前必数行。（自注：高宗御书'德勋'二字，为先君寝堂名。）"

其四："宦情侬自本来无，君亦琳宫暂逸居。西华武夷俱绝胜，可教诗卷此时疏。"

其五："苕霅从来著志和，子云宁久占烟波。速归径上清班好，时过南湖伴浩歌。"（《南湖集》卷八）

按：以张镃《夜坐因观杨伯虎和春字韵诗偶成五绝再寄》其一"霜侵绿鬓张居士，空坐书帏三十年"句，知是年张镃三十岁，正是淳熙九年（1182）。前揭杨文昺字伯虎，淳熙间与张镃同直秘阁。张镃与杨文昺往来唱和较多，除《夜坐因观杨伯虎和春字韵诗，偶成五绝，再寄》外，还有《暑中杨伯虎见访，翌日有诗来。因走笔次韵》："领取无多话，频年顿不疏。幽寻尘土外，高韵笑谈余。既悟蕉中鹿，宁求木上鱼。论诗能避暑，此意复谁如。"（《南湖集》卷四）《代书回寄杨伯虎》："僧舍匆匆别，飞花雨过春。水村居自乐，城市懒尤真。载酒青油舫，传书白锦鳞。访君须及早，非是久闲人。"（《南湖集》卷四）《过杨伯虎即席书事》："四面围疏竹，中间著小台。有时将客到，随意看花开。拂拭莓苔石，招携玛瑙杯。昏鸦归欲尽，数个入诗来。"（《南湖集》卷四）可见，二人关系甚善。

以张镃《夜坐因观杨伯虎和春字韵诗，偶成五绝，再寄》诗其三自注"高宗御书'德勋'二字，为先君寝堂名"云云，知淳熙九年（1182）张宗元已卒。张宗元生于绍兴元年（1131），至淳熙九年也不过五十二岁，可谓年寿不永。

八月，知隆兴府韩彦古（字子师）以言者论，与宫观。寻致仕。张镃有《韩子师尚书致仕》诗。

张镃《韩子师尚书致仕》："丈夫出处无两岐，强自分别儿童痴。鹿门庞老不愿仕，名与诸葛争驱驰。天子从臣岂易得，履声已到黄金墀。堂堂文誉动宸极，奕世长策归论思。攀辕卧辙昔人事，前日作州重见之。万口祝公犹在耳，拜后爵土同封薪。绪余间发有如此，功业盛著庸何疑。仙风却与松乔期，泛苕涉雪寻幽奇。洞天白石人未省，剪茅植树亲指麾。山灵地妪许时秘，恰与八座供娱嬉。（自注：山适名八座）人间台榭难顿著，临胜向背真天施。霞晨雾夕更护耀，鸥朋鹭导欣逶迤。乡来韩必今复来，飞云入步长相随。上章乞身世亦有，发落齿撼将何为。公未五十方朱颜，勇退奚俟谋蓍龟。九重嘉赏宠殊职，百辟动色钦清规。镃也尘鞅方羁縻，先德未报鬓已丝。高节凛凛端可师，扣门粮休千里赍，一舸叫月从鸥夷。"（《南湖集》卷三）

按：据《宋会要辑稿·职官》七二之三六："（淳熙九年八月）十九日，新差知隆兴府韩彦古再任宫观一次。以言者论其凶暴无常，秽行昭著，屡遭白简，愈不悛改，故有是命。"张镃《韩子师尚书致仕》诗有"攀辕卧辙昔人事，前日作州重见之。万口祝公犹在耳，拜后爵土同封蕲"，考郭黎安《宋史地理志汇释》："隆兴府，本洪州，都督府，豫章郡，镇南军节度。旧领江南西路兵马钤辖。绍兴三年，以淮西吞并听江西节制，兼宣抚舒、蕲、光、黄、安、复州"，知张镃诗所言韩彦古致仕事，在韩彦古罢知隆兴府之后不久，当在淳熙九年。

韩彦古（？—1192），延安人。韩世忠（字良臣）第四子。孝宗淳熙中历官朝奉大夫、秘阁修撰、知平江府、敷文阁待制、户部尚书、知隆兴府等。《全宋诗》录诗一首。

赵雄《韩忠武王世忠中兴佐命定国元勋之碑》："上（孝宗）缵祚之十五年……制曰：'韩世忠感会风云，功冠诸将，可特赐谥忠武'。盖太师韩蕲王之薨之葬，至是已二十有六年……时王子彦古方居蕲国夫人忧，闻诏感泣继血，即拜疏谢，又拜疏请曰：'草土臣彦古，谨昧死言。臣之先臣世忠发身戎行，逮事徽宗、钦宗，皆著显效。暨委质太上皇帝，自大元帅霸府洪济，于中兴始终，实备大任。仰凭宗社威灵，与太上皇帝庙谟神算，摧勍敌如拉朽，芟剧盗如刈菅，大战数十，小战数百，丰功盛烈，光照古今，不幸早弃明时，亦既积年。陛下悯念勋劳，固尝爵以真王，锡之美谥，独墓道之石，无名与文，惟陛下哀矜，究此光宠，岂独诸孤显耀。抑先臣有知，犹当效结草之忠。'天子曰：'呜呼！惟乃父世忠，自建炎中兴，实资佐命。式定王国，时惟元勋。予其可忘？'乃亲御翰墨，大书曰‘中兴佐命定国元勋之碑’。……王讳世忠，字良臣，姓韩氏。韩氏本古列国，后为秦所并，子孙自韩原渡河，散居延安，以国为姓，故王世为延安人。曾祖讳则，居乡以义侠闻，家故饶财，赈贫药病，多所全活。既没，有异人指其所葬地曰：‘代代当生公侯。’后以王贵赠太师、楚国公。曾祖妣郝氏，吴国夫人。祖讳广，考讳庆，皆赠太师，秦、陈二国公。祖妣高氏，妣贺氏，冀、楚二国夫人。楚国生五丈夫子，王其季也。……娶白氏，秦国夫人。梁氏，杨国夫人。茆氏，秦国夫人。周氏，蕲国夫人。子男四人：长曰彦直，尝任户部尚书，今为大中大夫、延水县开国伯，食邑八百户。次曰彦朴，奉议郎、直显谟阁，蚤世。次曰彦质，朝奉大夫、直徽猷阁、知黄州。次曰彦古，起复朝奉大夫，充敷文阁待制、知平江府兼节制水军，今家居，终蕲国之制。女八人：长适故朝散郎、通判饶州曹沾。次适宣教郎冯用休。次适宣教郎、知宣州宁国县王万修。次适从政郎刘莒。次适宣教郎、宗正寺主簿胡南逢。次适承议郎、充集英殿修撰、主管佑神观张子仁。二人为黄冠。”（杜大珪编《名臣碑传琬琰之集·上》卷十三）

《宋史》卷三百六十四《列传第一百二十三·韩世忠传》：“韩世忠字良臣，延安人。……性戆直，勇敢忠义，事关庙社，必流涕极言。岳飞冤狱，举朝无敢出一语，世忠独撄桧怒，语在《桧传》。又抵排和议，触桧尤多，或劝止之，世忠曰：‘今畏祸苟同，他日瞑目，岂可受铁杖于太祖殿下？’时一二大将，多曲狥桧苟全，世忠与桧同在政地，一揖外未尝与谈。……持军严重，与士卒同甘苦，器仗规画，精绝过人，今克敌弓、连锁甲、狻猊鍪，及跳涧以习骑，洞贯以习射，皆其遗法也。……子彦直、彦质、彦古，皆以才见用。彦古户部尚书。”

范成大《吴郡志》卷十一《本朝牧守题名》：“韩彦古。朝奉大夫、秘阁修撰。淳熙元年七月到。当年九月二十六日丁母蕲国夫人周氏忧，解官持服。”是书同卷：“韩彦古。起复朝奉大夫，充秘阁修撰。淳熙二年正月到。六月除敷文阁待制。八月罢。”

王鏊撰《姑苏志》卷四十《宦迹四》："韩彦古字子师，延安人，蕲王世忠之子也。两知平江。……淳熙二年六月，自以期年财赋丰盈，乞解郡务。上以劳绩升敷文阁待制。八月，言者论其'以绢折输麦，每匹计四五石，又以家力科稬米，多者至一二千石，及敷上户酒二千瓶。吏民少忤其意，即下狱籍其家，残刻险诈，无所不至。自述理财之效，言所借南库钱物皆已还足，而提领所具数，尤缺七十万贯，以无为有。'遂落职放罢。彦古性刚忍，有风裁，不可干以私，官吏尤畏惮之。"

《建炎以来朝野杂记·甲集》卷八"韩子师折虏使"条："淳熙中，虏人有举进士第一者，记其姓名不审。奉使来贺正旦，自负其辩，颇凌慢王人。时以韩彦古子师馆伴，一日，虏使自谓其廷试赋'云屯一百万骑，日射三十六熊'之句，以为警策。子师遽曰：'一百万骑仅能得三十六熊，何其鲜也。'金使惘然。……自是辞色颇恭，时人亦多韩之敏捷。"

关于韩世忠四子彦直、彦朴、彦质、彦古之所出，邓广铭先生《韩世忠年谱》载："娶白氏、梁氏、茆氏、周氏。……子四人：彦直、彦朴、彦质、彦古。……彦朴为茆出，彦古为周出，彦直、彦质疑皆梁出。"（北京：生活·读书·新知三联书店，2007年，第6—7页）是谱疑韩彦古长兄彦直为梁出，误。

考《绍兴十八年同年小录》："四月十七日，皇帝御集英殿唱名，赐状元王佐以下及第出身同出身共三百三十人释褐……第四甲……第一百八人：韩彦直。字子温，小名檀僧，小字斿郎。年十八。六月二十八日生。外氏茆。具庆下。第一。兄弟四人。一举。娶王氏。曾祖广，故，赠太师，进封楚国公。祖庆，故，赠太师，进封鲁国公。父世忠，见任扬武翊运功臣、太保，充云南、武安、宁国军节度使，赠醴泉观使、咸安郡王。本贯延安府肤施县乌水乡强远社。祖为户。"是书不仅详载了韩彦直的及第时间、科考名次、名字、生日、婚娶、三代、乡贯等情况，还明确记载了韩彦直外氏系茆氏。可见，韩彦直非梁出，而为茆氏所出无疑。韩彦直乃绍兴十八年王佐榜进士。前揭张镃父张宗元亦为绍兴十八年进士。可见，张镃父张宗元与韩彦古长兄韩彦直乃同年。

除张镃父与韩彦古长兄为同年之关系外，张镃与韩彦古均系高宗朝名将之后，张氏家族与韩氏家族又互有联姻（张俊第二女嫁韩世忠第二子韩彦朴，见前揭周麟之《海陵集》卷二十三《张循王神道碑》；而韩世忠第六女嫁张俊第五子，也即张镃叔祖张子仁，见前揭杜大珪编《名臣碑传琬琰之集·上》卷十三《韩忠武王世忠中兴佐命定国元勋之碑》）。可见，今存《南湖集》中张镃与韩彦古交游唱和的诗作虽不多见，但二人关系当非同一般。

是年，周必大（字子充，一字洪道）从张镃处借得陆游《剑南诗稿续稿》及《富沙新编》。

周必大《文忠集》卷一百八十七《书稿二·陆务观（淳熙九年）》："《剑南诗稿》连日快读，其高处不减曹思王、李太白，其下犹伯仲岑参、刘禹锡，何真积顿悟一至此也。前又从张镃直阁借得《续稿》及《富沙新编》，所谓精明之至，反造疏淡，诗家事业殆无余蕴矣。造化困兄之仕，殆不堪雕镂嘲弄耶。某往时乐闻蜀中山川人物之胜，今读兄前后佳作，极道其风景华丽，至眷眷梦寐间不少忘，甚悔少年不努力也。"

于北山《陆游年谱》："（淳熙九年）五十八岁时周必大来函，曾谓'前又从张镃直阁借得《（剑南诗稿）续稿》及《富沙新编》……'，所谓《富沙新编》，当即在建安一时期所作诗篇。此与《京口倡和集》、《东楼集》相似，初以宦地为名；追最后编集时，复经汰择，可存者均汇入《剑南诗稿》矣。"

按：周必大（1126—1204），吉州庐陵人。高宗绍兴二十一年（1151）进士。历官徽州司户参军、太学录、秘书省正字、监察御史等。孝宗朝除起居郎、秘书少监、权兵部侍郎、权礼部侍郎、中书舍人、参知政事、枢密使，官至右丞相，拜少保，进益国公。宁宗朝以少傅致仕，卒谥文忠。有《文忠集》二百卷。

《宋史》卷三百九十一《列传第一百五十·周必大传》："周必大字子充，一字洪道，其先郑州管城人。祖诜，宣和中倅庐陵，因家焉。父利建，太学博士。必大少英特，父死，鞠于母家，母亲督课之。绍兴二十年，第进士，授徽州户曹。中博学宏词科，教授建康府。除太学录，召试馆职，高宗读其策，曰：'掌制手也。'守秘书省正字。馆职复召试自此始。兼国史院编修官，除监察御史。孝宗践祚，除起居郎。……兼编类圣政所详定官，又兼权中书舍人。侍经筵，尝论边事，上以蜀为忧，对曰：'蜀民久困，愿诏抚谕，事定宜宽其赋。'应诏上十事，皆切时弊。权给事中，缴驳不辟权幸。……曾觌、龙大渊得幸，台谏交弹之。并迁知阁门事，必大与金安节不书黄……久之，差知南剑州，改提点福建刑狱。入对，愿诏中外举文武之才，区别所长为一籍，藏禁中，备缓急之用。除秘书少监、兼直学士院，兼领史职。……兼权兵部侍郎。奏请重侍从以储将相，增台谏以广耳目，择监司、郡守以补郎官。寻权礼部侍郎、兼直学士院、同修国史、实录院同修撰。……兼侍讲，兼中书舍人。……久之，除敷文阁待制兼侍读、兼权兵部侍郎、兼直学士院。……除参知政事……拜枢密使。……淳熙十四年二月，拜右丞相。首奏：'今内外晏然，殆将二纪，此正可惧之时，当思经远之计，不可纷更欲速。'……光宗问当世急务，奏用人、求言二事。三月，拜少保、益国公。……宁宗即位，求直言，奏四事：曰圣孝，曰敬天，曰崇俭，曰久任。庆元元年，三上表引年，遂以少傅致仕。先是，布衣吕祖泰上书请诛韩侂胄，逐陈自强，以必大代之。嘉泰元年，御史施康年劾必大首唱伪徒，私植党与，诏降为少保。自庆元以后，侂胄之党立伪学之名，以禁锢君子，而必大与赵汝愚、留正实指为罪首。二年，复少傅。四年，薨，年七十有九。赠太师，谥文忠。宁宗题篆其墓碑曰'忠文耆德之碑'。自号平园老叟，著书八十一种，有《平园集》二百卷。"

　　《四库全书总目》卷一百五十九《集部十二·别集类十二》："《文忠集》二百卷，宋周必大撰。……是集即史所称《平园集》者是也。开禧中，其子纶所手订。以其家尝刻《六一集》，故编次一遵其凡例，为《省斋文稿》四十卷，《平园续稿》四十卷，《省斋别稿》十卷，《词科旧稿》三卷，《掖垣类稿》七卷，《玉堂类稿》二十卷，《政府应制稿》一卷，《历官表奏》十二卷，《奏议》十二卷，《奉诏录》七卷，《承明集》十卷，《辛巳亲征录》一卷，《龙飞录》一卷，《归庐陵日记》一卷，《闲居录》一卷，《泛舟游山录》三卷，《乾道庚寅奏事录》一卷，《壬辰南归录》一卷，《思陵录》一卷，《玉堂杂记》三卷，《二老堂诗话》二卷，《二老堂杂志》五卷，《唐昌玉蕊辨证》一卷，《近体乐府》一卷，《书稿》三卷，《札子》十一卷，《小简》一卷。其《年谱》一卷，亦纶所编。又以祭文、行状、谥诰、神道碑等别为附录四卷终焉。"

《宋史》载周必大"绍兴二十年，第进士"，误。据汤梓顺《南宋名臣周必大、史浩、虞允文及第年月考》（《河南大学学报》1998年第2期），周必大进士及第时间当在绍兴二十一年。

淳熙十年癸卯（1183）　　三十一岁

秋，张镃在通判临安、直秘阁任上。立秋后一日，天大旱，凿井得水，赋五古《癸卯立秋后一日凿井竹间》，抒发忧时恤民情怀。

张镃《癸卯立秋后一日凿井竹间》诗："兹岁苦告暍，旱燠弥五旬。老火秋益焚，阳螭燎朱鳞。小寝屡亭午，床移瞰墀垠。迎南有风到，汛扫方无尘。髯奴挈瓶水，云此乞诸邻。同居虽楹连，列位难地均。旧井荫一亭，经夏汲取频。溜泽既稍愆，土脉几就湮。倏思书斋外，墙西种丛筼。而间事垦掘，泉眼当津津。涓辰甲戌良，霜锸穿苔茵。下浚十尺余，疏泥出胶塈。灵泉果旁溢，清泠洁如银。板松实为底，环砖虚至唇。汞沙赤颗块，石英紫璘皴。投置可蠲疾，酿曲尤甘醇。青丝系铜壶，挹玩醒心神。当年负暄老，犹将献严宸。九重方焦劳，渴饥念黎民。昨暮雨一筛，四野艰敷匀。今晨直言诏，庶政勤咨询。谏听将必行，纯诚动苍旻。沾苏遍原亩，丕昭吾君仁。"（《南湖集》卷一）

十一月，张镃约访陆游。陆游以诗复之，有《张功甫许见访以诗坚其约》。

陆游《张功甫许见访以诗坚其约》："零落汀苹露气清，北窗昨夜已秋声。书来屡有人东约，坐上极思虚左迎。激烈哦诗殷金石，纵横落笔走蛟鲸。吾曹此事期千载，老眼相逢剩要惊。"（《剑南诗稿校注》卷十五）

钱仲联为陆游《张功甫许见访以诗坚其约》作"题解"云："此诗淳熙十年十一月作于山阴。"（《剑南诗稿校注》卷三十八）

于北山《陆游年谱》载：淳熙十年癸卯（1183），"张镃许见访，以诗坚其约"。

淳熙十一年甲辰（1184）　三十二岁

仲冬十一月八日癸巳，张镃在通判临安、直秘阁任上。僧法平（字元衡）携两诗过访，及归，张镃次韵酬送，后篇兼寄张良臣（字武子，一字汉卿）。

张镃《甲辰仲冬八日，元衡携两诗过访，及归，次韵酬送，后篇兼寄张武子》诗其一："每将幽事当功名，唯欠能诗竹里僧。径写此篇为疏引，庵成来往岂无凭。"

其二："合处畴能证不疑，吾宗神秀岁寒姿。无书寄便今犹懒，说似应须倩老师。"（《南湖集》卷八）

按：僧法平，姓氏不详。嘉禾人。后居天童。时号平书记。受请住象山延寿院，复自芦山移杖锡，又号怡云野人。工文能诗。与当时名流史浩、陆游等均有交游唱和。有《语录集稿》二卷，已佚。《全宋诗》录诗三首。

胡榘修；方万里、罗濬撰《宝庆四明志》卷九《郡志九·叙人中》："僧法平，字元衡，姓□氏，嘉禾人。初受度，即参妙喜师为书记。后居天童，时号平书记。工文能诗。孙尚书觌、朱郎中希真皆许可之。受请住象山延寿院，复自芦山移杖锡，又号怡云野人。尝以偈呈史越忠定王（浩），王酬其偈，有云：'团团璧月印寒潭，时有清风扫碧岚。照见山人方隐几，洒然无物自沉酣。'又云：'白鹭栖烟一点明，皎然压倒语全清。莫言后代无人继，仗锡行将擅此名。'编修陆游尤重之，寄诗云：'放翁久矣无此客，阖户儿童皆动色。寒泉不食人喝死，素绠银瓶我心恻。千金易得一士难，晚途淹泊眼愈寒。岂知一旦乃见子，杰语豪笔无僧酸。门前清溪天作底，细细风吹縠纹起。倚阑一笑谁得知，爱子数诗如此水。江湖安得常相从，浩歌相踏卧短蓬。功名渠自有人了，留我镜中双颊红。'又《寄怡云诗》云：'东华软尘飞扑帽，黄金络马人看好。渠侬胸中谁得知，畏祸忧谗鬓先老。举世输与平元衡，青山白云过一生。出门曳杖便千里，白云不约常同行。长安归来雪没屦，剧谈未竟还东去。到山分我一片云，并遣春风吹好句。'有《语录集稿》二卷，留山中。"

史浩《走笔次韵寄平元衡禅老》："年来管城不脱帽，只羡夫君诗法好。怡云剥啄到云寮，始知春风属此老。忆昔代匮持钧衡，红尘瘦马太忙生。自从得请归吾里，常与麋豕为群行。有时片月随杖屦，飘飘洒洒欲仙去。去寻杖锡四明中，听取怡云末后句。"（《鄮峰真隐漫录》卷二）

李国玲编著《宋僧录》："法平，字元衡，号怡云野人，嘉禾人。初受度即参妙喜禅师，为书记。工文能诗。孙尚书觌、朱郎中希真皆许可之，编修陆游尤重之。受请住象山延寿院，复自芦山移杖锡，尝偈呈史越忠定王，王酬其偈。有语录集稿二卷。"

张良臣，籍贯拱州。其父徙家于四明，遂居四明。隆兴元年（1163）进士。与时相史浩以四明乡友之故，关系甚厚密。善为诗。有诗集十卷，已佚。今存《雪窗小集》一卷。《全宋词》录词三首。

楼钥《书张武子诗集后》："武子（张良臣）拱人也。父避地南来，往返明越，遂家于明。隆兴初，与余为同年生，自尔益相好。人物高胜，笔力可畏，非敢以友友也。不幸赍志而殁，吾党共哀之。其季（张）以道衰诗二编，期以行远。遂初尤（袤）贰卿为之序。以道示余，泣且言曰：'尤公知吾兄之诗，而不深知其平生。知平生者惟子尔，更为我言之。'余曰：'尚忍言哉。'武子天资绝高，少以流寓名荐书，文已怪怪奇奇。或诮之，笑曰：'吾宁僻无俗，宁怪无凡。'此意卒不变。然亦以此不偶。闲居好与诸禅游，佛日宏智皆入其室。颖悟超卓，学亦与之大进。结交老苍，闻见多前辈事，听之使人忘倦。丞相寿春魏公作尉姚江，一见君奇之。君亦归心，投以诗曰：'愿同丑万辈，终老孟子门。'后二十年，试南宫。魏公得其三策，心知为武子之文，袖以见知举张公真定曰：'适得一卷，舍人如欲取时文，则不敢进。果欲得士人否？'张公曰：'吾尝言宁取有瑕玉，不欲取无瑕石。'读之以为佳。魏公曰：'此某故人张某之文也。'舍人异而记之。比揭牓，惊谓魏公曰：'果张某也。'魏公罢相，居小溪山中。武子日从之游，如裴迪之在辋川。两仕都城，司祭于外，司帑于内，皆甚剧。泊然如在山林，苟非所知，虽贵而欲见，不造也。平时若不以事物自婴，而官业井井可观。惜乎不见用，惟诗传于江湖间尔。余尝跋其诗卷云。与武子评诗，谓当有悟入处，非积学所能到也。君读之以为得我意。尝曰：'山谷晚年诗，皆是悟门。爱其"金狨系马晓莺边"之句。'又曰：'四更山吐月，残夜水明楼。东坡尝赋五更五诗，词虽工，盖惟四更为佳尔。'又尝自哦其诗曰：'客向愁中都老尽，只留平楚伴销凝。'又哦其词曰：'昨日豆花篱下过，忽然迎面好风吹。独自立多时。'其大约可见矣。闭门读书，室中无一物，凭案开卷，终日凝然。性虽嗜诗，未尝轻作，或终岁无一语，故所作必绝人。妻孥至不免饥寒。或谓君不为岁晚计。君曰：'水禽有名信天翁者，食鱼而不能捕，兀立沙上，俟他禽偶坠鱼于前，乃拾之，然未闻有饿死者。'其夷澹雅谑类此。诗不必赞也。其清丽粹洁，上参古作，旁出入禅门，寄兴高远，遽读之或不易了，而中有理窟，览者当自知之。"（《攻媿集》卷七十）

马泽修；袁桷纂《延祐四明志》卷五《人物考·张良臣》："张良臣字武子，一字汉卿，家拱州，父避寇来明州，因占籍焉。善为诗，清刻高洁，不蹈袭凡近，凌厉音节，读者悲壮。尤长于唐人绝句，语尽而意益远。诗至于盛唐，极矣。杜牧之、李商隐晚出，以绝句为专门。至宋王安石力仿之，病多而不能终似。黄庭坚以不使句俗为上，律吕乖忤，而体益变。陈与义借古语为援，不为事物牵掣，似黄而益奇，诗之变无余蕴矣。《风》、《雅》道丧，独良臣穿幽纳明，复唐格律，后宋诗人咸推服之，而诸禅僧吟哦讽咏，遂悉宗尚，而诗稍复其变焉。良臣于举子业非所能，隆兴元年试南省，魏文节公杞时为参详，携三策以见知举张焘曰：'此文拙古，必故人张武子所作，使欲得士，愿以进。'焘许之，后撤试，果良臣也。杞晚居小溪山中，日从酬唱。其作诗，或终岁不出一语。官止监左藏库。《诗集》十卷。至咸、淳间，弥甥徐直谅始哀刻于广信郡。"

《宝庆四明志》卷十："进士……隆兴元年木待问榜……张良臣。贯拱州。"

陈思编；陈世隆补编《两宋名贤小集》卷三百〇六："《雪窗小稿》，张良臣字武子，一字汉卿，号雪窗。其父自洪州避寇来四明，因占籍焉。良臣为诗清刻高洁，尤长于绝句。"

戴表元《题徐可与诗卷》："雪窗先生张武子，讳良臣，自洪徙鄞。高才博学，妙为诗，为吾乡渡江以来诗祖，凡后生操觚弄翰而有事于篇什者，未有不出其门者也。天性清旷，不营生业，子孙未再世，即弃丘垄庐舍，去而它游，诗事遂如赘疣。有一女，嫁上饶徐氏，其子是为忠愍公，以进士第一人得名于时。忠愍公贵，不知能收恤张氏子孙与否。独尝见其板刊《雪窗诗》一编。则出于忠愍公家所为，刊虽不多，然相去百年，江湖名字寂寞，犹赖此得在人目睫耳。大德丙午岁，余来上饶且四年，访求忠愍公家，犹张氏之于吾乡，而公从子可与，名九龄，数数辱以诗见交。余读之，波澜渊深，音节韶美，于是不但喜是邦故家典刑之未坠，而吾乡诗祖气脉沿接，所谓适空谷者闻足音而欣然非邪。"（《剡源集》卷十八）

史浩《次韵张汉卿梦庵十八咏》其一《梦庵》："兹庵路何许，云深不知处。梦觉两俱忘，始可蓦直去。"

其二《勤斋》："默岂交摩诘，谈何事阿戎。时行百物生，不息唯天工。"

其三《妙用寮》："空中一物无，于焉生万有。向此求神通，杯桊即非柳。"

其四《玉沼》："一泓湛无滓，绕砌如天成。须眉彻底见，风浪何曾生。"

其五《碧溪庵》："烟岚染秋黛，潺潺径大空。平畴藉光及，比屋饶千钟。"

其六《山房》："平生安乐地，不受利名煎。其中一空洞，寥寥无色天。"

其七《喜老堂》："生处本恬淡，得失诚酸辛。婆娑鬓渐秋，天地一闲人。"

其八《宴默庵》："法门建章富，法幢空处成。于此下一则，浮云涴太清。"

其九《众香堂》："秾熏知见林，燕坐观物化。鼻孔如撩天，可闻不可画。"

其十《禅窟》："胸中炯明月，一照万缘空。蝉蜕云霄表，堕地为

63

儒宗。"

其十一《隐山岩》："夫君活国手，爱此隐仙字。行再出刀圭，可使民久视。"

其十二《霞外》："注目眇无际，彤云灿晚暾。心融八极表，欲辩已忘言。"

其十三《驻屐》："缓步一徙倚，细数新条枚。悠然得真趣，独立迟谁来。"

其十四《月林》："蟾窟有奇芳，殖根此茂密。人间万种香，企之不可及。"

其十五《积翠》："万叠互围绕，风烟朝夕俱。三穴已扫竟，无复藏妖狐。"

其十六《醉宜》："何人过三径，共此曲蘖春。月下倩人扶，花影铺满身。"

其十七《澄漪》："濯缨与濯足，均是沧浪水。个里不胜清，渭神爽应沚。"

其十八《听松》："洒然清冷吹，过我十八公。飔飔喧宇宙，可奈此孤丛。"（《鄮峰真隐漫录》卷二）

按：张镃与张良臣交游唱和的诗作，除《甲辰仲冬八日，元衡携两诗过访，及归，次韵酬送，后篇兼寄张武子》外，还有《次武子韵》："宇内张夫子，诗如孟浩然。安心从太末，（自注：武子旧从天台宏智师游。）借屋近平泉。眼里弹冠手，生来种芋田。相投忽离席，佳月恋航船。"（《南湖集》卷四）《武子得监左帑归甬东待次》："看湖初过月阴阴，同望灯塵话夜深。帆向西回人便远，再来华近莫相寻。"（《南湖集》卷七）可见二人互为诗友，相交甚善。

是年，尝画七圈于纸，揭之坐右，每圈横界作十眼，岁涂其一。

张镃《临江仙》词序："余年三十二，岁在甲辰，尝画七圈于纸，揭之坐右，每圈横界作十眼，岁涂其一。今已过五十有二，怅然增感，戏题此词。"词云："七个圈儿为岁数，年年用墨胡涂。一圈又剩半圈余。看看云蔽月，三际等空虚。纵使古稀真个得，后来争免呜呼。肯闲何必更悬车。非关轻利禄，自是没工夫。"（《南湖集》卷十）

约在是年，张镃以诗赠曾逮（字仲躬），有《呈曾仲躬侍郎》，赞赏曾逮善言兵战的才能，并称许曾逮父曾几（字吉甫）之活法为诗。

张镃《呈曾仲躬侍郎》："公道欣从禁路开，世家今有伟人来。共推掌学文清手，突过谈兵杜牧才。老眼知人明月镜，时情荐士冷秸灰。诗章活法从公了，要使诸方听若雷。"（《南湖集》卷六）

按：曾几（1084—1166），赣县人，徙居河南。以兄弼恤恩授将仕郎，试吏部优等，赐上舍出身，授校书郎。高宗朝历官江西、浙西提刑。忤秦桧，去位，侨寓上饶茶山寺，自号茶山居士。桧死，召为秘书少监，权礼部侍郎，提举玉隆观。孝宗朝以左通议大夫致仕。卒，谥文清。弟子陆游为作墓志，称其治经学道之余，发于文章，而诗尤工。有文集三十卷，已佚。清四库馆臣据《永乐大典》辑为《茶山集》八卷。

陆游《曾文清公墓志铭》："公讳几，字吉父。其先赣人，徙河南之河南县。……公有器度，舅礼部侍郎孔武仲、秘阁校理平仲，叹誉以为奇童。未冠，从兄官郓州，补试州学为第一。教授孙觌亦赣人，异时读诸生程试，意不满，辄曰：'吾江西人属文不尔。'诸生初未谕。及是，持公所试文，矜语诸生曰：'吾江西人之文也。'乃皆大服。已而入太学，屡中高等，声籍甚。会兄弼提举京西南路学事，按部，溺死，无后，特恩补公将仕郎。公以太夫人命，不敢辞，试吏部，铨中优等，赐上舍出身，擢国子正，兼钦慈皇后宅教授，迁辟雍博士，兼编修道史检阅官。时禁元祐学术甚厉，而以剽剥颓阘熟烂为文。博士弟子，更相授受，无敢异。一少自激昂，辄摈弗取，曰'是元祐体也'。公独愤叹，思一洗之。一日，得经义绝伦者，而他场已用元祐体见黜，公争之，不可。明日，会堂上，出其文诵之，一坐耸听称善，争者亦夺气。及启封，则内舍生陈元有也。元有遂释褐。文体为少变，学者相贺。改宣义郎，入秘书，为校书郎。道士林灵素，以方得幸，尊宠用事，作符书，号神霄箓。自公卿以下，群造其庐拜受。独故相李纲、故给事中傅崧卿及公，俱移疾不行。出为应天少尹。尹故相徐处仁敬待公，公尝决疑狱，徐公谢曰：'始徒谓君儒者，乃精吏道如是耶！'……靖康初，提举淮南东路茶盐公事。女真入寇，都城受围，太府盐钞无自得，商贾不行。公乃便宜为太府钞给之。比贼退，得缗钱六十万。丧乱之余，国用赖是以济，而公不自以为功也。……故太师秦桧用事，与虏和，士大夫议其不可者，辄斥。公兄为礼部侍郎，争尤力，首斥，而公亦罢。时秦氏专国柄未久，犹惮天下议，复除公广南西路转运副使，以慰士心。徙荆湖南路。贼骆科起郴州宜章县，郴道桂阳皆警，且度岭，诏湖北宣抚司遣将逐捕，贼引归宜章之临武峒，宣抚司遂以平贼闻，公独奏其实。朝廷始命他将讨平之。主管台州崇道观。起提举湖北茶盐，未赴，改广西转运判官。公虽益左迁，然于进退，从容自若，人莫能窥其涯。复主管崇道观，寓上饶七年，读书赋诗，盖将终焉。绍兴二十五年，桧卒，太上皇帝当宁，慨然尽斥其子孙姻党而收用耆旧与一时名士。十一月，起公提点两浙东路刑狱。公老矣，而精明不少衰，去大猾吏张镐，一路称快。明年，知台州。……逾年，召赴行在所，力以疾辞。除直秘阁，归故官，数月，复召。既对，太上皇帝劳问甚渥，曰：'闻卿名久矣。'公因论士气不振既久，陛下兴起之于一朝，矫枉者必过直，虽有折槛断鞅，牵裾还笏，若卖直沽名者，愿皆优容奖激之。时太上惩秦氏专政之后，开言路奖孤直，应诏论事者众，公惧或有以激讦获戾者，故先事反复极论，以开广上意。太上大悦。除秘书少监。先是少监选轻，士至不乐入馆。公既以老臣自外超用，名震京都，及入朝，鬓须皓然，衣冠甚伟。虽都人老吏，皆感歔，以为太平之象。……乾道二年，五月戊辰，卒于平江府逮之官舍，享年八十三，爵至河南县开国伯，食邑至七百户。公平生燕居庄敬如斋，至没不少变。九月辛酉，逢等葬公于绍兴府山阴县凤凰山之原。诏赠左光禄大夫，有司谥曰文清。……公源委实自程氏，顾深闭远引，务自晦匿。及时相去位，为程氏学者益少，而公独以诚敬倡导学者。吴越之间，翕然师尊，然后士皆以公笃学力行，不哗世取宠为法。公治经学道之余，发于文章，雅正纯粹，而诗尤工。以杜甫、黄庭坚为宗，推而上之，由黄初建安，以极于《离骚》、雅、颂、虞、夏之际。初与端明殿学士徐俯、中书舍人韩驹、吕本中游。诸公继没，公岿然独存。道学既为儒者宗，而诗益高，遂擅天下。有文集三十卷，《易释象》五卷，他论著未诠次者尚数十卷。"（《陆游集·渭南文集》卷三十二）

曾逮，河南人。曾几次子。孝宗朝历官提点浙西刑狱、两浙转运、户部侍郎、刑部侍郎、兵部侍郎等，终敷文阁待制。有《习庵集》十二卷，已佚。《全宋诗》录诗二首。

陆游《曾文清公墓志铭》："男三人：逢，朝散大夫，尚书左司郎中。逮，朝奉大夫，充集英殿修撰，知湖州。迅，通直郎，主管台州崇道观。"（《陆游集·渭南文集》卷三十二）

陈振孙著；《直斋书录解题》卷十八《别集类下》："《习庵集》十二卷。户部侍郎曾逮仲躬撰。文清公几之子。"

《咸淳临安志》卷五十《秩官八·两浙转运》："曾逮。乾道八年运判。"

倪涛《六艺之一录·续编》卷五："淳熙十年三月十八日，车驾幸玉津园。萧燧、王佐、黄洽、曾逮、宇文价、葛邲、王蔺、张大成、詹仪之、余端礼、李昌图、赵彦中以扈从至此。……曾逮字仲躬，章贡人。官户部侍郎。文清公几之子。"

周必大《跋钱穆公与张文潜书》："淳熙癸卯（淳熙十年，1183）闰月十三日，偶观此帖，而刑部侍郎曾仲躬适相过。知其为钱出也，问以得雌名同儿谓谁，仲躬曰：'即吾母鲁国太夫人。年七十，饮食视听不少

减。'予叹曰：'贤者之孙，固宜寿而康耶。'"（《文忠集》卷十七《省斋文稿十七·题跋四》）

《宋会要辑稿·选举》一八之六："（淳熙）十一年正月八日，诏刑部侍郎兼权兵部侍郎曾逮监试武举弓马。"

黄宗羲原著；全祖望补修；陈金生，梁运华点校《宋元学案》卷二十九《震泽学案·侍郎曾习庵先生逮》："曾逮，字仲躬，河南人，文清公几次子也。累官户部侍郎。尝从信伯受业……学者称为习庵先生。有《习庵集》十二卷。"

张镃《呈曾仲躬侍郎》诗有"共推掌学文清手，突过谈兵杜牧才"句。杜牧（803—852），字牧之，京兆万年人，历官监察御史、宣州团练判官、殿中侍御史、黄池睦三州刺史、中书舍人等。杜牧生当藩镇割据的唐末之世，不仅善属文，且善论兵战，其《樊川文集》中，有《罪言》、《战论》、《守论》等论军事兵战的文章数篇。据《呈曾仲躬侍郎》诗意，张镃以诗呈曾逮，当为淳熙十一年（1184）曾逮除兵部侍郎以后事。姑系于是年。

淳熙十二年乙巳（1185）　　三十三岁

是年，张镃在通判临安、直秘阁任上。因倦处于旧庐，遂更谋于别业，于杭城北郭南湖之滨，得地百亩，始建南湖园，筑玉照堂、桂隐等一时胜景。

张镃《玉照堂梅品》序："梅花为天下神奇，而诗人尤所酷好。淳熙岁乙巳（1185），予得曹氏荒圃于南湖之滨，有古梅数十，散漫弗治。爰辍地十亩，移种成列。增取西湖北山别圃江梅，合三百余本，筑堂数间以临之。又挟以两室，东植千叶缃梅，西植红梅各一二十章，前为轩楹如堂之数。花时居宿其中，环洁辉映，夜如对月，因名曰玉照。复开涧环绕，小舟往来，未始半月舍去，自是客有游桂隐者，必求观焉。顷亚太保周益公秉钧，予尝造东阁，坐定者首顾予曰：'一棹径穿花十里，满城无此好风光。'人境可见矣！盖予旧诗尾句，众客相与歆艳，于是游玉照者，又必求观焉。值春凝寒，又能留花，过孟月始盛。名人才士，题咏层委，亦可谓不负此花矣。但花艳并秀，非天时清美不宜；又标韵孤特，若三闾大夫，首阳二子，宁槁山泽，终不肯俯首屏气，受世俗湔拂。间有身亲貌悦，而此心落落不相领会；甚至于污亵附近，略不自揆者。花虽眷客，然我辈胸中空洞，几为花呼叫称冤，不特三叹、屡叹、不一叹而足也。因审其性情，思所以为奖护之策，凡数月乃得之。今疏花宜称、憎嫉、荣宠、屈辱四事，总五十八条，揭之堂上，使来者有所警省。且示人徒知梅花之贵，而不能爱敬也。使予之言，传闻流诵，亦将有愧色云。绍熙甲寅人日约斋居士书。"（《齐东野语》卷十五；《南湖集·附录上》）

张镃《舍宅誓愿疏文》："昨倦处于旧庐，遂更谋于别业。园得百亩，地占一隅。幽当北郭之邻，秀踞南湖之上。虽混京尘，而有山林之趣。虽在人境，而无车马之喧。爱剪荆榛，式营栋宇。劳一心而经始，历二岁而落成。念胜处可作精蓝，而薄德岂宜于大厦。顾栖身之尚赖，姑假舍而寓居。"（《南湖集·附录中》）

戴表元《牡丹宴席诗序》："渡江兵休久，名家文人渐渐修还承平馆阁故事，而循王孙张功父使君以好客闻天下。当是时，遇佳风日，花时月夕，功父必开玉照堂置酒乐客。其客庐陵杨廷秀、山阴陆务观、浮梁姜尧章之徒以十数，至辄欢饮浩歌，穷昼夜忘去。明日，醉中唱酬诗或乐府词累累传都下，都下人门抄户诵，以为盛事。然或半旬十日不尔，则诸公嘲讶问故之书至矣。"（《剡源集》卷十）

是年，张镃叔祖张子颜以显谟阁直学士知太平州。十月，张子颜刻北宋名臣苏颂（字子容）《苏魏公文集》，以布之学宫，传之四方。周必大为作《苏魏公文集后序》。

周必大《苏魏公文集后序》："至和、嘉祐中，文章尔雅，议论正平，本朝极盛时也。一变而至熙宁、元丰，以经术相高，以才能相尚，回视前日，不无醇疵之辨焉。再变而至元祐，虽辟专门之学，开众正之路，然议论不齐，由兹而起。又一变为绍圣、元符，则势有所激矣。盖五六十年之间，士风学术凡四变，得于此必失于彼，用于前必黜于后，一时豪杰之士有不能免，况余人乎？若乃上为人主所信，中不为用事者所疑，下常见重于正论，惟丞相苏公为然。方仁宗右文，公在馆阁者九年，英公责实，公首预监司省府之选。神宗励精，公则掌制尹京，出藩入从，眷奖尤渥。厥后大用于宣仁垂帘之际，荣归于泰陵。亲政之日，历事四朝，始终全德，独为儒学之宗。呜呼盛哉！平生著述凡若干卷，翰林汪公彦章为之序。某尝得善本于丞相曾孙批。适显谟阁直学士张侯几仲出守当涂，欣慕前哲，欲刻之学宫，布之四方，使来者有所矜式，其用心可谓广矣。故以遗之而纪于后。淳熙十二年十月一日，东里周某谨记。"（《文忠集》卷二十《省斋文稿二十》）

李之亮《宋两江郡守易替考》："太平州。……淳熙十二年乙巳（1185）。陈骙。《会要·职官》七二之四一：'（淳熙十二年三月二十六日）知太平州陈骙放罢。'张子颜。《太平府志》：'张子颜，以降授敷文阁直学士、大中大夫知。'在陈骙后一人。"

郭黎安《宋史地理志汇释》："太平州，上，军事。开宝八年，改南平军。……太平兴国二年，升为州。崇宁户五万三千二百六十一，口八万一百三十七。贡纱。……治当涂（今县）。"

按：苏颂（1020—1101），泉州南安人，徙居丹阳。仁宗庆历二年（1042）进士。官至右仆射同中书门下平章事，为哲宗朝贤相。徽宗立，进太子太保，累爵赵郡公。卒赠司空、魏国公。有《苏魏公集》七十二卷。

《宋史》卷三百四十《列传第九十九·苏颂传》："苏颂字子容，泉州南安人。父绅，葬润州丹阳，因徙居之。第进士，历宿州观察推官、知江宁县。……调南京留守推官，留守欧阳修委以政，曰：'子容处事精审，一经阅览，则修不复省矣。'时杜衍老居睢阳，见颂，深器之，曰：'如君，真所谓不可得而亲疏者。'衍又自谓平生人罕见其用心处，遂自小官以至为侍从、宰相所以施设出处，悉以语颂，曰：'以子相知，且知子异日必为此官，老夫非以自矜也。'故颂后历政，略似衍云。皇祐五年，召试馆阁校勘，同知太常礼院。迁集贤校理，编定书籍。颂在馆下九年，奉祖母及母，养姑姊妹与外族数十人，甘旨融怡，昏嫁以时。妻子衣食常不给，而处之晏如。富弼常称颂为古君子，及与韩琦为相，同表其廉退，以知颍州。……元祐初，拜刑部尚书，迁吏部兼侍读。……颂每进可为规戒、有补时事者，必述己意，反复言之。……迁翰林学士承旨。五年，擢尚书左丞。……七年，拜右仆射兼中书门下侍郎。颂为相，务在奉行故事，使百官守法遵职。量能受任，杜绝侥幸之原，深戒疆场之臣邀功生事。论议有未安者，毅然力争之。……绍圣四年，拜太子少师致仕。方颂执政时，见哲宗年幼，诸臣太纷纭，常曰：'君长，谁任其咎耶？'每大臣奏事，但取决于宣仁后，哲宗有言，或无对者。惟颂奏宣仁后，必再禀哲宗；有宣谕，必告诸臣以听圣语。及贬元祐故臣，御史周秩劾颂。哲宗曰：'颂知君臣之义，无轻议此老。'徽宗立，进太子太保，爵累赵郡公。建中靖国兀年夏至，自草遗表，明日卒，年八十二。诏辍视朝二日，赠司空。颂器局闳远，不与人校短长，以礼法自持。虽贵，奉养如寒士。自书契以来，经史、九流、百家之说，至于图纬、律吕、星官、算法、山经、本草，无所不通。尤明典故，喜为人言，亹亹不绝。朝廷有所制作，必就而正焉。"

《四库全书总目》卷一百五十二《集部五·别集类五》："《苏魏公集》七十二卷，宋苏颂撰。……集为其子携所编。《宋史·艺文志》、陈振孙《书录解题》皆作七十二卷。今本与之相合，盖犹原帙。惟《艺文志》尚载有外集一卷，而今本无之，则其书已佚也。史称颂天性仁厚，宇量恢廓，在哲宗时称为贤相。平生嗜学，自书契以来，经史九流百家之说，至于图纬阴阳五行律吕星宫等法，山经本草，无所不通。叶梦得《石林燕语》亦载颂为试官，因神宗问暨陶之姓，颂引《三国志》证其当从入声，不当从洎音。神宗甚喜。是其学本博洽，故发之于文，亦多清丽雄赡，卓然可为典则。《石林燕语》又称神宗用吕公著为中丞，召颂使就曾公亮第中草制。又称颂为晏殊谥议，以其能荐范仲淹、富弼，比之胡广、谢安。又称颂过省时，以历者天地之大纪赋为本场魁。既登第，遂留意天文术数之学。陆游《老学庵笔记》又引颂‘起草才多封卷速，把麻人众引声长’之句，以证当时宣麻之制。徐度《却扫编》又称颂奉使契丹，文彦博留守北京，与之宴。问魏收‘逋峭难为’之语何谓。颂言：‘梁上小柱名，取曲折之义。’因即席作诗以献。今检是集，凡诸家所举各篇，悉在其中。足知完本尚存，无所阙佚。而颂文翰之美，单词只句，脍炙人口，即此亦可见其概矣。”

淳熙十三年丙午（1186）　三十四岁

春，张镃在通判临安、直秘阁任上。陆游除朝请大夫，知严州，赴行在，馆于西湖上。时杨万里（字廷秀）在朝，官枢密院检详诸房文字。杨万里访陆游于西湖之上，适张镃在焉。杨万里因之与张镃相识，并恨识之之晚。自此，二人彼此常有诗函往来，结为挚友。

杨万里《约斋南湖集序》："初，予因里中浮屠德璘，谈循王之曾孙约斋子有能诗声，余固心慕之。然犹以为贵公子，未敢即也。既而访陆务观于西湖之上，适约斋子在焉。则深目颧颊，寒眉臞膝，坐于一草堂之下，而其意若在岩壑云月之外者。盖非贵公子也，始恨识之之晚。既而又从尤延之、京仲远过其所居曰桂隐者，于是尽出其平生之诗，盖诗癯又甚于其貌之癯也。大抵祖黄、陈，自徐、苏而下不论也。延之、仲远退而深嘉之，余笑而不言。二君曰：'子奚笑约斋子？'余曰：'彼其先王翼真主，以再造王家。大忠高勋，塞两仪而贯三光。为之子若孙者，谓宜掉马棰，鸣孤剑，略中原以还于天子。若夫面有敲推之容，而吻秋虫之声，与阴何、郊、岛先登，优入于饥冻穷愁之域，此我辈寒士事也。顾汲汲于此而于彼乎悠悠尔，此余之所以笑约斋子也。'二君曰：'子之笑约斋子，只所以嘉约斋子欤？'"（《杨万里集笺校》卷八〇）

于北山《陆游年谱》载：淳熙十三年丙午（1186），陆游"除朝请大夫（从六品），知严州。赴行在，馆于西湖上。"

于北山《杨万里年谱·卒后有关资料系年》："诚斋与（张）镃相识于陆游处（见集卷八十《约斋南湖集序》），时在淳熙十三年丙午（一一八六），是年诚斋在朝，先后官枢密院检详、右司郎中、左司郎中。自此，彼此常有诗函往来。诚斋晚年对其诗尤致赞许：'近代风骚四诗将，非君摩垒更何人！'（集卷三十九《谢张功父送近诗集》）又谓：'尤萧范陆四诗翁，此后谁当第一功？新拜南湖为上将，更推白石作先锋。'（集卷四十一《进退格寄张功父姜尧章》）今诚斋集中所存与镃诗尚不少。"

按：杨万里（1127—1206），吉州吉水人。号诚斋。高宗绍兴二十四年（1154）进士。孝宗朝召为国子博士，迁太常博士，转将作少监，提举广东常平茶盐，除太子侍读、枢密院检详、右司郎中、左司郎中、秘书少监等。光宗即位，除秘书监。宁宗嗣位，升焕章阁待制，提举兴国宫，进宝文阁待制致仕。立朝多大节，韩侂胄尝召之，不起。开禧间闻韩侂胄启兵北伐，忧愤不食而卒，谥文节。有《诚斋集》一百三十三卷。与尤衮、范成大、陆游等并称南宋中兴四大诗人。

《宋史》卷四百三十三《列传第一百九十二·儒林三·杨万里传》："杨万里字廷秀，吉州吉水人。中绍兴二十四年进士第，为赣州司户，调永州零陵丞。时张浚谪永，杜门谢客，万里三往不得见，以书力请始见之。浚勉以正心诚意之学，万里服其教终身，乃名读书之室曰'诚斋'。浚入相，荐之朝。除临安府教授，未赴，丁父忧。改知隆兴府奉新县，戢追胥不入乡，民逋赋者揭其名市中，民欢趋之，赋不扰而足，县以大治。会陈俊卿、虞允文为相，交荐之，召为国子博士。侍讲张栻以论张说出守袁，万里抗疏留栻，又遗允文书，以和同之说规之，栻虽不果留，而公论伟之。迁太常博士，寻升丞兼吏部右侍郎官，转将作少监，出知漳州，改常州，寻提举广东常平茶盐。盗沈师犯南粤，帅师往平之。孝宗称之曰'仁者之勇'，遂有大用意，就除提点刑狱。请于潮、惠二州筑外砦，潮以镇贼之巢，惠以扼贼之路。俄以忧去。免丧，召为尚左郎官。……东宫讲官阙，帝亲擢万里为侍读。宫僚以得端人相贺。他日读《陆宣公奏议》等书，皆随事规警，太子深敬之。王淮为相，一日问曰：'宰相先务者何事？'曰：'人才。'又问：'孰为才？'即疏朱熹、袁枢以下六十人以献，淮次第擢用之。历枢密院检详，守右司郎中，迁左司郎中。十四年夏旱，万里复应诏，言：'旱及两月，然后求言，不曰迟乎？上自侍从，下止馆职，不曰隘乎？今之所以旱者，以上泽不下流，下情不上达，故天地之气隔绝而不通。'因疏四事以献，言皆恳切。迁秘书少监。会高宗崩，孝宗欲行三年丧，创议事堂，命皇太子参决庶务。万里上疏力谏，且上太子书，言：'天无二日，民无二王。一履危机，悔之何及？与其悔之而无及，孰若辞之而不居。愿殿下三辞五辞，而必不居也。'太子悚然。高宗未葬，翰林学士洪迈不俟集议，配飨独以吕颐浩等姓名上。万里上疏诋之，力言张浚当预，且谓迈无异指鹿为马。孝宗览疏不悦，曰：'万里以朕为何如主！'由是以直秘阁出知筠州。光宗即位，召为秘书监。……绍熙元年，借焕章阁学士为接伴金国贺正旦使兼实录院检讨官。会《孝宗日历》成，参知政事王蔺以故事俾万里序之，而宰臣属之礼部郎官傅伯寿。万里以失职力丐去，帝宣谕勉留。会进《孝宗圣政》，万里当奉进，孝宗犹不悦，遂出为江东转运副使，权总领淮西、江东军马钱粮。朝议欲行铁钱于江南诸郡，万里疏其不便，不奉诏，忤宰相意，改知赣州，不赴。乞祠，除秘阁修撰、提举万寿宫，自是不复出矣。宁宗嗣位，召赴行在，辞。升焕章阁待制、提举兴国宫。引年乞休致，进宝文阁待制，致仕。嘉泰三年，诏进宝谟阁直学士，给赐衣带。开禧元年召，复辞。明年，升宝谟阁学士。卒，年八十三，赠光禄大夫。万里为人刚而褊。孝宗始爱其才，以问周必大，必大无善语，由此不见用。韩侂胄用事，欲网罗四方知名士相羽翼，尝筑南园，属万里为之记，许以掖垣。万里曰：'官可弃，记不可作也。'侂胄恚，改命他人。卧家十五年，皆其柄国之日也。侂胄专僭日益甚，万里忧愤，怏怏成疾。家人知其忧国也，凡邸吏之报时政者皆不以告。忽族子自外至，遽言侂胄用兵事。万里恸哭失声，亟呼纸书曰：'韩侂胄奸臣，专权无上，动兵残民，谋危社稷。吾头颅如许，报国无路，惟有孤愤！'又书十四言别妻子，笔落而逝。万里精于诗，尝著《易传》行于世。光宗尝为书'诚斋'二字，学者称诚斋先生。赐谥文节。"

《直斋书录解题》卷十八《别集类下》："《诚斋集》一百三十三卷。宝谟阁学士文节公庐陵杨万里廷秀撰。当淳熙末为大蓬，论思陵配飨不合，去。及韩侂胄用事，召之，卒不至。自次对迁至学士，闻开禧出师，不食而死。自作《江湖集序》曰：'予少作有诗千余篇，至绍兴壬午皆焚之。'大概江西体也。今所存曰《江湖集》者，盖学后山及半山及唐人者也。"

《四库全书总目》卷一百六十《集部十三·别集类十三》："《诚斋集》一百三十二卷，宋杨万里撰。万里有《诚斋易传》，已著录。此集则嘉定元年其子长孺所编也。万里立朝多大节。若乞留张栻，力争吕颐浩等配享，及裁变应诏诸奏，今具载集中，丰采犹可想见。然其生平乃特以诗擅名。有《江湖集》七卷，《荆溪集》五卷，《西归集》二卷，《南海集》四卷，《朝天集》六卷，《江西道院集》二卷，《朝天续集》四卷，《江东集》五卷，《退休集》七卷，今并在集中。方回《瀛奎律髓》称其一官一集，每集必变一格。虽沿江西诗派之末流，不免有颓唐粗俚之处。而才思健拔，包孕富有，自为南宋一作手，非后来四灵、江湖诸派可得而并称。周必大尝跋其诗曰：'诚斋大篇短章，七步而成，一字不改。皆扫千军，倒三峡，穿天心，出月胁之语。至于状物姿态，写人情意，则铺叙纤悉，曲尽其妙。笔端有口，句中有眼'云云。是亦细大不捐，雅俗并陈之一证也。南宋诗集传于今者，惟万里及陆游最富。游晚年隳节，为韩侂胄作《南园记》，得除从官。万里寄诗规之，有'不应李杜翻鲸海，更羡夔龙集凤池'句。罗大经《鹤林玉露》尝记其事。以诗品论，万里不及游之锻炼工细。以人品论，则万里偶乎远矣。"

在张镃之交游中，关系尤密，并对张镃一生诗学影响至为深远者，以杨万里为最。故于此详述之。

寒食清明之际，陆游于赴严州任前饮于张镃南湖园，有《饮张功父园戏题扇上》诗。

陆游《饮张功父园戏题扇上》："寒食清明数日中，西园春事又匆匆。梅花自避新桃李，不为高楼一笛风。"（《剑南诗稿校注》卷十七）

周密《浩然斋雅谈》卷中："放翁在朝日，尝与馆阁诸人会饮于张功父南湖园。酒酣，主人出小姬新桃者，歌自制曲以侑尊，以手中团扇求诗于翁，翁书一绝云：'寒食清明数日中，西园春事又忽忽。梅花自避新桃李，不为高楼一笛风。'盖戏寓小姬名于句中，以为一笑。当路有恚之者，遽指以为所讥，竟以此去。"

钱仲联为陆游《饮张功父园戏题扇上》作"题解"云："此诗淳熙十三年春作于临安。……游为此诗，正当奉严州新命之后，至七月即到任。"（《剑南诗稿校注》卷十七）

于北山《陆游年谱》载：淳熙十三年丙午（1186），陆游除朝请大夫，知严州。赴行在，馆于西湖上。"饮于张镃园中，有《戏题扇上》诗"。按云："考务观此诗正作于严州新命之际，非因谗去国甚明。盖务观喜谈恢复，坚主抗金，为当道所不容，故时遭谗毁；他人即常据其诗句衍为附会之说，此亦一例也。"

按：淳熙十二年乙巳（1185），王淮为相，周必大为枢密使。淳熙十三年丙午（1186），右丞相梁克家罢为观文殿大学士、醴泉观使兼侍读。十二月，少师致仕陈俊卿卒。可见，在孝宗中后期，朝中保守势力抬头。喜论恢复的陆游在此时被朝廷疏远，事在情理之中。

九月，张镃赠《约斋诗乙稿》于杨万里。杨万里赋《跋张功父通判直阁所惠约斋诗乙稿》诗，称"孤芳后山种，一瓣放翁香"，指出张镃瓣香陈师道和师承陆游的诗学取向；并和张镃玉照堂之作，有《走笔和张功父玉照堂十绝句》，其十称"老懒狂吟不要工，爱君七字晋唐风"，指出张镃诗作颇具晋唐风韵的又一特色。

杨万里《跋张功父通判直阁所惠约斋诗乙稿》诗："句里勤分似，灯前得细尝。孤芳后山种，一瓣放翁香。苦处霜争涩，臞来鹤校强。不应穷活计，公子也忙忙。"（《杨万里集笺校》卷二一）

杨万里《走笔和张功父玉照堂十绝句》其一："健青新走一梢长，外日东风引得狂。定自今番春色里，新枝别样占年光。"

其二："年年春信遣人疑，赚出诗人枉觅诗。著意探梅偏不发，月斜偶见一横枝。"

其三："骁女痴儿总爱梅，道人衲子亦争栽。何如雪后琼瑶迹？印记诗人独自来。"

其四："梅诗脱口已流传，要趁梅前更雪前。唤醒诚斋山里梦，落英如雪枕砖眠。"

其五："红红紫紫尽纭纭，韵处终输庾岭君。未说玉花冰雪骨，新阴先绿半春云。"

其六："常年十月未花开，雪片今年九月回。便有早梅随早雪，一枝笑看万花催。"

其七："今岁略无霜报寒，忽然一夜雪漫漫。雪花要作梅花地，十月早梅和雪看。"

其八："老见千花眼便昏，忆梅长为赋《招魂》。只今身住西湖上，不羡淮南岭上邨。"

其九："玉照堂中瀹早茶，下临溪水织纹纱。十诗小试春风手，催发溪梅两岸花。"

其十："老懒狂吟不要工，爱君七字晋唐风。更烦传语梅花道，火急齐开小至中。"（《杨万里集笺校》卷二一）

《杨万里年谱》载：淳熙十三年丙午（1186）九月，"赋诗跋张镃（时可、功父）《约斋诗乙稿》，又有诗赠之，并和其玉照堂之作"。

按：张镃《俞玉汝以诗编来因次卷首韵》尝云："我生癖耽诗，极力参古意。寥寥千百年，所取仅三四。此言或是痴，的确有见地。大雅既不作，少陵得深致。楚骚久寂寞，太白重举似。堂堂豫章伯，与世不妩媚。峭峭后山老，深古复静丽。长篇杂短章，末学敢睥睨。傥非四公者，孰毕此能事？"（《南湖集》卷一）确如杨万里《跋张功父通判直阁所惠约斋诗乙稿》诗"孤芳后山种"句所云，张镃甚为称许陈师道诗"深古"与"静丽"的特色。而杨万里所谓"一瓣放翁香"，论张镃此期诗风亦甚为中的。如张镃尝赠约斋诗甲、乙稿于杨简，杨简有《张时可惠示甲乙稿》诗称："凌晨带月上竹舆，荷君封送两卷书。朦胧未省何文字，中道晓色来徐徐。乃是约斋甲乙稿，惊喜遽读味新好。一篇一篇奇益奇，闲姿雅态云生岛。石泉竹月风萧萧，斗牛剑气秋空高。意度横出不可速，洒洒落落真诗豪。"（《慈湖遗书》卷六）方回《读张功父南湖集》亦云："生长勋门富贵中，粃糠将相以诗雄。端能活法参诚叟，更觉豪才类放翁。"（《桐江续集》卷八）考张镃现存文集中豪夸放纵的诗篇，与陆游诗确有神似之处。

据张镃淳熙十三年赠《约斋诗乙稿》于杨万里，及杨简《张时可惠示甲乙稿》诗推断，前述淳熙八年张镃赠于陆游的千首诗编，当为《约斋诗甲稿》。

张镃又有《次韵杨廷秀左司见赠》，次杨万里《跋张功父通判直阁所惠约斋诗乙稿》之韵，表示愿意瓣香杨万里的诗学立场。

张镃《次韵杨廷秀左司见赠》："愿得诚斋句，铭心只旧尝。一朝三昧手，五字百般香。弦绝今何苦，衣传拟自强。草玄非近效，举世漫匆忙。"（《南湖集》卷四）

按：《杨万里年谱》载：淳熙十三年丙午（1186）正月十八日，"迁枢密院检详诸房文字"；五月二十六日，"由朝散郎授朝请郎；旋有右司郎中之命"；"十一月二十五日除左司郎中"；淳熙十四年丁未（1187）十月"除秘书少监"。张镃诗称杨万里为"左司"，则其诗当作于淳熙十三年丙午（1186）十一月至淳熙十四年丁未（1187）十月间。以张镃与杨万里之交游唱和诗推断，当在淳熙十三年。

十二月立春日，张镃初编丁稿诗数首。有《立春日园梅未花，书呈尤检正》赠尤袤（字延之）。

张镃《立春日园梅未花，书呈尤检正》诗："冻禽先自起多时，暖恋衾重晓不知。栩栩梦回思树绕，绵绵息动离床支。十行犹用午年历，数首初编丁稿诗。腊雪已多春定好，愿求名句橄南枝。"（《南湖集》卷五）

吴洪泽《尤袤年谱》载：淳熙十三年，"除左司郎中，兼国史院编修。迁中书门下检正诸房公事，兼太子侍讲（《东宫官僚题名》、《馆阁续录》卷九）。"

按：尤袤（1127—1194），常州无锡人。号遂初。高宗绍兴十八年（1148）进士，与朱熹、张镃父张宗元等为同年。孝宗朝历官将作监簿、大宗正丞、秘书丞、国史院编修、实录院检讨官、著作郎、太子侍读、直秘阁、太常少卿、权中书舍人、直学士院。光宗朝知婺州，改太平州，除焕章阁待制、给事中、礼部尚书、兼侍读，转正奉大夫致仕。有《遂初小稿》六十卷、《内外制》三十卷、《遂初堂书目》一卷。前二种书久佚。清康熙中翰林院侍讲尤侗辑其遗诗，编为《梁溪遗稿》二卷。乃程颐三传弟子，道学精深。与杨万里、范成大、陆游等并称南宋中兴四大诗人。

《宋史》卷三百八十九《列传第一百四十八·尤袤传》："尤袤字延之，常州无锡人。少颖异，蒋偕、施垌呼为奇童。入太学，以词赋冠多士，寻冠南宫。绍兴十八年，擢进士第。尝为泰兴令，问民疾苦……吏民罗拜曰：'此吾父母也。'为立生祠。注江阴学官，需次七年，为读书计。从臣以靖退荐，召除将作监簿。大宗正阙丞，人争求之，陈俊卿曰：'当予不求者。'遂除袤。虞允文以史事过三馆，问谁可为秘书丞者，金以袤对，亟授之。张栻曰：'真秘书也。'兼国史院编修官、实录院检讨官，迁著作郎兼太子侍读。……朱熹知南康，讲荒政，下五等户租五斗以下悉蠲之，袤推行于诸郡，民无流殍。进直秘阁，迁江西漕兼知隆兴府。屡请祠，进直敷文阁，改江东提刑。……高宗崩前一日，除太常少卿。自南渡来，恤礼散失，事出仓卒，上下罔措，每有讨论，悉付之袤，斟酌损益，便于今而不戾于古。……孝宗尝论人才，袤奏曰：'近召赵汝愚，中外皆喜，如王蔺亦望收召。'上曰：'然。'一日论事久，上曰：'如卿才识，近世罕有。'次日语宰执曰：'尤袤甚好，前此无一人言之，何也？'兼权中书舍人，复诏兼直学士院，力辞，且荐陆游自代，上不许。……绍熙元年，起知婺州，改太平州，除焕章阁待制，召除给事中。……韩侂胄以武功大夫、和州防御使用应办赏直转横行，袤缴奏，谓：'正使有止法，可回授不可直转。侂胄勋贤之后，不宜首坏国法，开攀援之门。'……命遂格。……除礼部尚书……兼侍读……时上已属疾，国事多舛，袤积忧成疾，请告，不报。疾笃乞致仕，又不报，遂卒，年七十。遗奏大略劝上以孝事两宫，以勤康庶政，察邪佞，护善类。又口占遗书别政府。明年，转正奉大夫致仕。赠金紫光禄大夫。袤少从喻樗、汪应辰游。樗学于杨时，时，程颐高弟也。……尝取孙绰《遂初赋》以自号，光宗书扁赐之。有《遂初小稿》六十卷、《内外制》三十卷。嘉定五年，谥文简。"

《四库全书总目》卷一百五十九《集部十二·别集类十二》："《梁溪遗稿》一卷，宋尤袤撰。袤有《遂初堂书目》，已著录。《宋史》袤本传载所著《遂初小稿》六十卷，内、外制三十卷。陈振孙《书录解题》载《梁溪集》五十卷。今并久佚。国朝康熙中，翰林院侍讲长洲尤侗，自以为袤之后人，因裒辑遗诗，编为此本。盖百分仅存其一矣。……方回尝作袤诗跋，称：'中兴以来，言诗必曰尤、杨、范、陆。诚斋时出奇峭。放翁善为悲壮。公与石湖，冠冕佩玉，端庄婉雅。'则袤在当时，本与杨万里、陆游、范成大并驾齐驱。今三家之集皆有完本，而袤集独湮没不存。盖文章传不传，亦有幸不幸焉。然即今所存诸诗观之，残章断简，尚足与三家抗行。以少见珍，弥增宝惜，又乌可以残剩弃欤。"

立春后一日，杨万里和张镃《立春日园梅未花，书呈尤检正》之作，有《立春后一日和张功父园梅未花之韵》。

杨万里《立春后一日和张功父园梅未花之韵》："前夕三更月落时，东风已动万花知。江梅端合先交割，春色如何未探支？只欠梁溪冰柱句，追还和靖暗香诗。张家剩有葱根指，不把琼酥滴一枝。"（《杨万里集笺校》卷二一）

《杨万里年谱》载：淳熙十三年丙午（1186），"十二月……立春后一日，有诗和张镃"。

十二月二十九壬寅晦日，张镃有《丙午十二月晦日雪霁》诗，于送腊迎年之际，表达期盼仁政和丰时的愿望。

张镃《丙午十二月晦日雪霁》诗："晓爱晴晖万瓦融，近山春意便葱茏。敲冰踏雪三旬里，送腊迎年此夜中。仁政果能销运厄，（自注：皇上以积雪苦寒，释囚犒师，穷民家给锱米，欢声沸动，和气充格，阴曀顿解。）闲家何幸乐时丰。明朝扫径看桃柳，要识天公两样风。"（《南湖集》卷五）

是年，洪迈（字景卢）除翰林学士知制诰，兼修国史。约在是年，张镃于玉照堂赏梅，赋《满江红·小圃玉照堂赏梅呈洪景卢内翰》词致洪迈。即席又作《谒金门·赏梅即席和洪内翰韵》词。

张镃《满江红·小圃玉照堂赏梅呈洪景卢内翰》："玉照梅开，三百树，香云同色。光摇动，一川银浪，九霄珂月。幸遇勋华时世好，欢娱况是张灯夕。更不邀、名胜赏东风，真堪惜。　盘诘手，春秋笔。今内相，斯文伯。肯闲纤轩盖，远过泉石。奇事人生能几见，清罇花畔须教侧。到凤池、却欲醉鸥边，应难得。"（《南湖集》卷十）

张镃《谒金门·赏梅即席和洪内翰韵》："何许住。不属西湖烟雨。雪后偏怜香猛处。全胜开半树。试倩暖云收贮。桃杏尽教羞妒。只把新词林下去。一春休著雨。"（《南湖集》卷十）

凌郁之《洪迈年谱》卷五载：淳熙十三年丙午（1186），"友人张镃玉照堂赏梅，作《满江红》词致迈。……《王谱》（王德毅《洪容斋先生年谱》）按云：'细玩此诗文句，当系先生为翰林学士修国史日所呈者。郑因百教授见告：功甫，俊之后，始终居杭州，未他迁。玉照堂乃功甫家园庭之一堂也。故此词必在先生官杭州为翰林学士日。且梅花盛开，当在冬季。先生后年四月即出守镇江，姑系于是年。'张镃即席又作《谒金门》赏梅词，和迈韵。"

按：洪迈（1123—1202），鄱阳人。洪皓第三子。号容斋。高宗绍兴十五年（1145）进士。授两浙转运司干办公事、除敕令所删定官、福州教授、吏部郎、枢密检详文字、左司员外郎、起居舍人等。孝宗朝除起居郎、中书舍人、兼侍读，进敷文阁直学士、直学士院，拜翰林学士。光宗时知绍兴府，进龙图阁学士，以端明殿学士致仕。迈尤以博洽受知孝宗，文备众体。有《容斋随笔》、《夷坚志》、《文敏文集》、《野处类稿》等著述多种。

《宋史》卷三百七十三《列传第一百三十二·洪迈传》："迈字景卢，皓季子也。幼读书日数千言，一过目辄不忘，博极载籍，虽稗官虞初，释老傍行，靡不涉猎。从二兄试博学宏词科，迈独被黜。绍兴十五年始中第，授两浙转运司干办公事，入为敕令所删定官。皓忤秦桧投闲，桧憾未已，御史汪勃论迈知其父不靖之谋，遂出添差教授福州。累迁吏部郎兼礼部。上居显仁皇后丧，当孟飨，礼官未知所从，迈请遣宰相分祭，奏可。除枢密检详文字。建议令民入粟赎罪，以纾国用，又请严法驾出入之仪。三十一年……知枢密院事叶义问出视师，奏以迈参议军事，至镇江，闻瓜洲官军与金人相持，遑遽失措。会建康走驿告急，义问遽欲还，迈力止之曰：'今退师，无益京口胜败之数，而金陵闻返旆，人心动摇，不可。'迁左司员外郎。三十二年春，金主襃遣左监军高忠建来告登位，且议和，迈为接伴使，知阁门张抡副之。……进起居舍人。时议遣使报金国聘，三月丁巳，诏侍从、台谏各举可备使命者一人。初，迈之接伴也，既持旧礼折伏金使，至是，慨然请行。于是假翰林学士，充贺登位使，欲令金称兄弟敌国而归河南地。夏四月戊子，迈辞行，书用敌国礼。高宗亲札赐迈等曰：'祖宗陵寝，隔阔三十年，不得以时洒扫祭祀，心实痛之。若彼能以河南地见归，必欲居尊如故，正复屈己，亦何所惜。'迈奏言：'山东之兵未解，则两国之好不成。'至燕，金阁门见国书，呼曰：'不如式。'抑令使人于表中改陪臣二字，朝见之仪必欲用旧礼。迈初执不可，既而金锁使馆，自旦及暮水浆不通，三日乃得见。金人语极不逊，大都督怀忠议欲质留，左丞相张浩持不可，乃遣还。七月，迈回朝，则孝宗已即位矣。殿中侍御史张震以迈使金辱命，论罢之。明年，起知泉州。乾道二年，复知吉州。入对，遂除起居舍人。……三年，迁起居郎，拜中书舍人兼侍读、直学士院，仍参史事。父忠宣、兄适、遵皆历此三职，迈又蹑之。……六年，除知赣州，起学宫，造浮梁，士民安之。……寻知建宁府。……

（淳熙）十一年，知婺州，奏：'金华田多沙，势不受水，五日不雨则旱，故境内陂湖最当缮治。命耕者出力，田主出谷，凡为公私塘堰及湖，总之为八百三十七所。'婺军素无律，春给衣，欲以缯易帛，吏不可，则群呼啸聚于郡将之治，郡将惴恐，姑息如其欲。迈至，众狃前事，至以飞语牓谯门。迈以计逮捕四十有八人，置之理，党众相嗾，哄拥迈轿。迈曰：'彼罪人也，汝等何预？'众遂逡巡散去。迈戮首恶二人，枭之市，余黥挞有差，莫敢哗者。事闻，上语辅臣曰：'不谓书生能临事达权。'特迁敷文阁待制。明年，召对……上嘉之，以提举佑神观兼侍讲、同修国史。迈初入史馆，预修《四朝帝纪》，进敷文阁直学士、直学士院。讲读官宿直，上时召入，谈论至夜分。十三年九月，拜翰林学士，遂上《四朝史》，一祖八宗百七十八年为一书。绍熙改元，进焕章阁学士、知绍兴府。过阙奏事，言新政宜以十渐为戒。上曰：'浙东民困于和市。卿往，为朕正之。'迈再拜曰：'誓尽力。'迈至郡，核实诡户四万八千三百有奇，所减绢以匹计者，略如其数。提举玉隆万寿宫。明年，再上章告老，进龙图阁学士。寻以端明殿学士致仕，是岁卒，年八十。赠光禄大夫，谥文敏。迈兄弟皆以文章取盛名，跻贵显，迈尤以博洽受知孝宗，谓其文备众体。迈考阅典故，渔猎经史，极鬼神事物之变，手书《资治通鉴》凡三。有《容斋五笔》、《夷坚志》行于世，其它著述尤多。"

《直斋书录解题》卷十八《别集类下》："《野处类稿》一卷（案：《文献通考》作二卷），翰林学士文敏公洪迈景卢撰。其全集未见。"

《四库全书总目》卷一百六十《集部十三·别集类十三》："《野处类稿》二卷，宋洪迈撰。迈有《容斋随笔》，已著录。《宋史·艺文志》载迈《野处猥稿》一百四卷，《琼野录》三卷。而陈振孙《书录解题》只载有此集二卷，且云前集未见。则当时传播已稀。观马端临《经籍考》以别集、诗集分类，而收此稿于别集中，不知其为诗集，则亦未见其本而循名误载者矣。惟《内阁书目》有《野处》内、外集九册，不著卷数，当即《猥稿》之残本。今亦未见有传录者。世所行迈集，独有此本而已。

集前有迈自序，称'甲戌之春，家居卧病。作诗若干首，以自当缓忧之一物。遂取曩时所存而未弃者，录为二卷。'甲戌为高宗绍兴二十四年，盖迈退居鄱阳时所作。而集中《谒普照塔》诗又有庚戌纪年，当在建炎三年。相去已二十四五岁，仅得诗八十余首。又《容斋三笔》纪绍兴十九年在福建贡院，与叶晦叔所作诗，正在甲戌之前，而集中并未载。疑本就箧笥所贮，偶然裒辑，故所录阙略如此。然其生平韵语，惟藉此以考见大概。则零珪断璧，未尝不足珍惜也。"

洪迈《野处类稿》自宋以来广为流传，为诸种文献书目所著录，多种诗文总集所收编，然除其中二首诗歌外，其余八十二首诗歌与朱松《韦斋集》卷一、卷二中的作品重出互见。清洪汝奎曾注意到《野处类稿》之伪（参钱大昕编；洪汝奎增订；张尚英校点《洪文敏公年谱》，《宋人年谱丛刊》第九册，成都：四川大学出版社，2003年，第5567—5568页）。陆心源亦指出："此书之所出，卷上各诗见《韦斋集》卷一，卷下各诗见《韦斋集》卷二。"（见陆心源撰《仪顾堂集》卷十五《野处类稿书后》，清同治十三年（1874）福州刊本）。钱钟书先生也曾提到这一问题（参《宋诗选注》，北京：人民文学出版社，1958年，第97页）。惜均未予以考辨证实，亦未引起世人注意和重视。王德毅先生重编《洪容斋先生年谱》时，关于《野处类稿》的真伪问题，认为洪汝奎"所言近于武断"（参王德毅《洪容斋先生年谱》，《宋人年谱丛刊》第九册，第5644页）。后世各种文学史与诗文总集亦仍然相沿为误，讹误流传至今而未止（如程千帆、吴新雷著《两宋文学史》称洪迈"生平撰述宏富，有《容斋五笔》、《夷坚志》和《野处类稿》等，以博洽著称。洪氏三兄弟都以词科起家……如果从文学创作的总体来说，洪迈当首屈一指"（上海：上海古籍出版社，1991年，第550页）；孙望、常国武主编《宋代文学史》（下册）称洪迈"文集有《文敏文集》，诗集有《野处类稿》"（北京：人民文学出版社，1996年，第190页）；北京大学古文献研究所编《全宋诗》将《野处类稿》中八十余首诗歌全数收录于洪迈名下，与《全宋诗》中朱松诗歌仍然重出互见（参《全宋诗》卷一八五三至一八五四、卷二一二一至二一二三，北京：北京大学出版社，1998年，第20691—20715、23983—24012页）；四川大学古籍整理研究所编《宋集珍本丛刊》亦收录洪迈《野处类稿》二卷（《宋集珍本丛刊》第四六册，北京：线装书局，2004年，第1—18页））。鉴于此，笔者曾与铁爱花博士合撰《洪迈〈野处类稿〉辨伪》一文，从今存《野处类稿》作品中交游唱和之人物，作品中作者活动之地名，朱松、洪迈重出诗之外的诗文等方面，论证了今存洪迈《野处类稿》系抄录朱松《韦斋集》而成的一部伪书，并对其作伪者、作伪时间与作伪原因进行了蠡测（参见《文献》2006年第3期）。

淳熙十四年丁未（1187）　　三十五岁

二月十五日丁亥，周必大除右丞相。张镃造东阁访之。周必大盛赞张镃玉照堂梅花之神奇，众客相与歆艳。于是游玉照者，必求观焉。

张镃《玉照堂梅品》序："梅花为天下神奇，而诗人尤所酷好。淳熙岁乙巳，予得曹氏荒圃于南湖之滨，有古梅数十，散漫弗治。爰辍地十亩，移种成列，增取西湖北山别圃江梅，合三百余本，筑堂数间以临之。又挟以两室，东植千叶缃梅，西植红梅各一二十章。前为轩楹如堂之数。花时居宿其中，环洁辉映，夜如对月，因名曰玉照。复开涧环绕，小舟往来，未始半月舍去，自是客有游桂隐者，必求观焉。顷亚太保周益公秉钧，予尝造东阁，坐定者首顾予曰：'一棹径穿花十里，满城无此好风

光。'人境可见矣！盖予旧诗尾句，众客相与歆艳，于是游玉照者，又必求观焉。"（《齐东野语》卷十五；《南湖集·附录上》）

《宋宰辅编年录校补》卷十八："淳熙十四年……二月丁亥，周必大右丞相。自枢密使迁光禄大夫除。"

四月，张镃编成《约斋诗丙稿》。又索诗于时在杭州的杨万里。杨万里示以《南海》、《朝天》二集。张镃有《诚斋以南海朝天两集诗见惠，因书卷末》，称赞杨万里诗之活法妙悟。杨万里则有《张功父索余近诗，以南海、朝天二集示之，蒙题七字》，对张镃丙稿诗甚为称许。

张镃《诚斋以南海朝天两集诗见惠，因书卷末》："笔端有口古来稀，妙悟奚烦用力追。南纪山川题欲遍，中朝文物写无遗。后山格律非穷苦，白傅风流造坦夷。霜鬓未闻登翰苑，缓公高步或因诗。"（《南湖集》卷六）

杨万里《张功父索余近诗，以南海、朝天二集示之，蒙题七字》："作者于今星样稀，凄其望古驷难追。空桑孤竹陶元亮，玉佩琼琚杜拾遗。自笑吟秋如懒妇，（自注：蟋蟀也，见《古今注》），可能击鼓和冯夷？报章不作南金直，惭愧君家丙稿诗。"（《杨万里集笺校》卷二二）

《杨万里年谱》载：淳熙十四年丁未（1187）四月，"张镃索诗，示以《南海》、《朝天》二集"。

四月四日乙亥，张镃叔祖张子颜在知太平州任上，言事。

《宋会要辑稿·食货》八之四四："淳熙十四年四月四日，知太平州张子颜言：'本州管下圩田，除繁昌县，并是私圩，江湖隔远。外所是当涂、芜湖两县诸圩，当涂受水特甚。至于斗门水函，多以竹木为之，间用砖石，往往不牢，致有损坏。今当涂县重新改造斗门一十三所，石卷砌四所，水函八所，修砌旧系砖石斗门五所，水函一十所。芜湖县重新改造斗门八所，用砖石卷砌。今后每岁冬间农隙之时，先次增修大埝。今来具修内埝二十段，共长三万二千三百八十二丈，计一百七十九里一百六十二丈，并已了毕。'诏令守臣以时检察，务为久远之利。"

李之亮《宋两江郡守易替考》："太平州。……淳熙十四年丁未（1187）。张子颜。"

四月上澣日，张镃已移居南湖别业。与同寮约游西湖，有《四月上澣日，同寮约游西湖，十绝》。是夏，姜特立（字邦杰）访张镃旧居，次张镃游西湖十绝句之韵，有《和张倅湖上十绝》。

张镃《四月上澣日，同寮约游西湖，十绝》其一："自得城隅水北居，西湖幽讨句全疏。今朝掩簿抽身出，更向谁边不一书。"

其二："清晓溟蒙雨气浓，出关晴色便葱茏。层云特为诗人喜，添起山头四五峰。"

其三："卖龟船小漾漪涟，折得蘋花亦当钱。我自沧洲隔三载，此花风调只依然。"

其四："饭余飞盖北山来，上苑虚堂柳际开。系马林间宁复散，却容挂杖卓青苔。"

其五："赐沐山行策最长，游人此日却相妨。洞天只得东边赏，开过灯花断杀肠。"

其六："夹堤全少露桃红，独许垂杨翠拂空。千古苏仙几曾死，骑鲸时或下亭中。"

其七："菱莩茸茸展翠毡，六桥分舞燕翎纤。撑船捷出苍湾去，要看山围玉镜奁。"

其八："喜逐刍荛禁苑东，舜弦调处剩熏风。戎葵学得宫衣缬，不作人间锦样红。"

其九："寮寀招邀胜引多，旷怀真语当弦歌。联翩逸驾知难及，乞我

88

扁舟著钓蓑。"

其十："丰乐楼前未夕晖，可堪鱼钥限城扉。诗成快向归时写，丹墨明朝与兴违。"（《南湖集》卷八）

姜特立《和张倅湖上十绝》其一："曾访高人旧隐居，诗情平澹宦情疏。缇屏今日虽泥轼，芸阁它时合校书。"

其二："旷士同游兴自浓，那堪雾景上瞳昽。忽惊画手开千嶂，不见愁眉蹙两峰。"

其三："湖边柳色媚清涟，湖上新荷叠绮钱。料得高人初出郭，眼中风物一醒然。"

其四："仙山那许世人来，有底今朝洞户开。青鸟想传佳客至，不须惊汝问莓苔。（自注：是日游真珠园。）"

其五："休日吟边引兴长，岂容簿领更相妨。怪君诗思如河决，曾梦西江水涤肠。"

其六："宝叔祠前落照红，平湖万顷碧涵空。个中有景君能道，添入三贤诗句中。"

其七："群彦俱堪议相毡，小诗聊尔出秾纤。梅山老子何多幸，收得连珠归玉奁。"

其八："尽将邱壑卷胸中，醉帽归时御晚风。明日府公催吏牍，可堪骑马踏香红。"

其九："两山胜处古坟多，多少英贤发咏歌。它日浮家钓清濑，腰章吾欲换渔蓑。"

其十："夕寒山水闭清晖，归到华堂月半扉。倾倒锦囊无剩语，风光那得更相违。"（《梅山续稿》卷一）

按：前揭淳熙十四年（1187）七月张镃撰《舍宅誓愿疏文》云："昨倦处于旧庐，遂更谋于别业。园得百亩，地占一隅。幽当北郭之邻，秀踞南湖之上。虽混京尘，而有山林之趣。虽在人境，而无车马之喧。爱剪荆榛，式营栋宇。劳一心而经始，历二岁而落成。念胜处可作精蓝，而薄德岂宜于大厦。顾栖身之尚赖，姑假舍而寓居。……淳熙十四年，岁次丙午，七月初七日。大乘菩萨戒弟子：承事郎、直秘阁、新权通判临安军府事、兼管内劝农事，张镃，疏。"（《南湖集·附录中》）知张镃始建南湖园，事在淳熙十二年（1185），但南湖园初成及张镃移居其中，则为淳熙十四年事。考张镃《四月上澣日，同寮约游西湖，十绝》其一有"自得城隅水北居，西湖幽讨句全疏"，知其时张镃已移居南湖。又考姜特立《和张倅湖上十绝》，诗题以"张倅"称张镃，与《舍宅誓愿疏文》所揭张镃淳熙十四年任临安通判之职合，知是时张镃尚在临安通判任上。张镃于淳熙十四年秋以疾辞临安通判。据上考述，张镃与姜特立唱和之际，已移居南湖，又尚在临安通判任上，事必在淳熙十四年春夏。又考《宋会要辑稿·职官》七之三三："（淳熙十一年）十一月二十二日，以武德郎、阁门舍人姜特立充皇太子宫左右春坊。"自淳熙十一年至淳熙十四年，姜特立均在朝中任职，适在临安。清四库馆臣考证，今姜特立《梅山续稿》所收诗，皆官春坊以后之作。考姜特立《和张倅湖上十绝》其一有"曾访高人旧隐居，诗情平澹宦情疏。"其四有"青鸟想传佳客至，不须惊汝问莓苔。（自注：是日游真珠园。）"据《咸淳临安志》卷八十六《园亭》："真珠园，在雷峰北，张循王园内。有真珠泉，故以名。"周密《武林旧事》卷五"湖山胜概"条亦云："真珠园，有真珠泉、高寒堂、杏堂、水心亭、御港。曾经临幸。今归张循王府。"可知姜特立诗中所言之真珠园，乃张镃曾祖张俊宅园，正是张镃旧居。而姜特立《和张倅湖上十绝》其三有"湖边柳色媚清涟，湖上新荷叠绮钱"，亦可证姜特立游张镃旧宅事，在淳熙十四年夏季无疑。

姜特立（1125—?），丽水人。以父绶靖康中殉难恩，补承信郎。孝宗淳熙中累官福建路兵马副都监、阁门舍人、太子宫左右春坊等。光宗即位，以潜邸旧臣除知阁门事，复除浙东马步军副总管。宁宗受禅，迁和州防御使，拜庆远军节度使卒。能诗。有《梅山诗》，已佚。今传《梅山续稿》十七卷。

《宋史》卷四百七十《列传第二百二十九·姜特立传》："姜特立字邦杰，丽水人。以父绶恩，补承信郎。淳熙中，累迁福建路兵马副都监。海贼姜大獠寇泉南，特立以一舟先进，擒之。帅臣赵汝愚荐于朝，召见，献所为诗百篇，除阁门舍人，命充太子宫左右春坊兼皇孙平阳王伴读，由是得幸于太子。太子即位，除知阁门事，与谯熙载皆以春坊旧人用事，恃恩无所忌惮，时人谓曾、龙再出。留正为右相，执政尚阙人，特立一日语正曰：'帝以丞相在位久，欲迁左揆，就二尚书中择一人执政，孰可者？'明日，正论其招权纳贿之状，遂夺职与外祠。帝念之，复除浙东马步军副总管，诏赐钱二千缗为行装。正引唐宪宗召吐突承璀事，乞罢相，不许。正复言：'臣与特立势难两立。'帝答曰：'成命已班，朕无反汗，卿宜自处。'正待罪国门外，帝不复召，而特立亦不至。宁宗受禅，特立迁和州防御使，再奉祠，俄拜庆远军节度使，卒。"

《四库全书总目》卷一百六十一《集部十四·别集类十四》："《梅山续稿》十七卷。宋姜特立撰。特立字邦杰，丽水人。父绶，靖康中殉难。南渡后荫补承信郎。孝宗召为太子春坊，累官浙东马步军副总管、庆远军节度使。事迹具《宋史·佞幸传》。陈振孙《书录解题》载《梅山稿六卷》、《续稿》十五卷，列之诗集类中。则两集皆有诗无文。此本出休宁汪森家，附以杂文及诗余共为十七卷，不知何人所增辑。森序称其流传绝少，故缮写以传。则亦罕觏之本。其正稿六卷，藏书家皆不著录。意其散佚已久矣。特立在当时，恃光宗藩邸之旧，颇揽权势，屡为廷臣所纠。其人殊不足道。……然论其诗格，则意境特为超旷，往往自然流露，不事雕琢。同时韩元吉、陆游皆爱之，亦有由矣。其《上梁文引》自述其生平最悉，有云：'百首之清诗夜上，九重之丹诏晨颁。'今考此集所载，皆官春坊以后之作。而所云百首者，集中不载。或在所佚之数欤。"

张镃与姜特立交游唱和之作甚多。除上述次韵唱和诗作外，还可考见如：姜特立《访约斋三绝》其一："满城车马隘如云，百万人家暗市尘。忽到南湖湖上看，始知物外有高人。"其二："云镜亭前水满陂，渚沤堤上翠成帷。烦君为我买笭箸，去作南湖踏浪儿。"其三："城中不异在郊坰，百亩园池夏木清。若为借我三间屋，相伴哦诗过一生。"（《梅山续稿》卷一）张镃与之次韵，有《次韵姜邦杰见访留赠三诗》其一："饱看朝霞与暮云，一丘一壑大无尘。关门果是倦迎客，倒屣还因有句人。"其二："绕林游遍更沿陂，薄暑车行不下帷。最喜竹君相伴久，见渠生子子生儿。"其三："何曾一事扰中扃，醉便投床梦亦清。书卷犹嫌旧时习，未能熟处放教生。"（《南湖集》卷八）姜特立又有《特立夜直读荆公客至当饮酒篇感而有赋》："客至当饮酒，客去合如何。人生无根蒂，何必客经过。有客固当饮，无客饮自歌。有客与无客，颓然同一科。昔人秉烛游，正尔畏蹉跎。粤余生多艰，一官剧奔波。读书四十年，铁砚空研磨。粝食岂有肉，菜羹或无瘥。一衣递单夹，折制屡舛讹。六十始小遇，鬓毛已双皤。屈指从心年，光阴苦无多。酒虽非所嗜，不饮意不佳。一盏助朝气，三杯养天和。放浪风月夕，留连四时花。以此毕吾生，无愧亦无嗟。寻思百岁后，有酒如倾河。一滴不入唇，谁见此颜酡。作诗广前贤，闻者且勿呵。"（《梅山续稿》卷二）张镃亦与之唱和，有《王荆文公有客至当饮酒篇，姜邦杰广其意，赋诗见示，有云："有客固当饮，无客饮更歌。有客与无客，颓然同一科。"仆因和答一首》："客至当饮酒，客去亦饮酒。有客与无客，酒杯不离手。昔贤立意固可嘉，今贤广之尤足夸。人生都无四万日，炊黍未办鬓已华。功名富贵软铁汉，四万日中先太半。羸衰忧病睡工夫，余剩不能供瓮算。何当筊笼罩住兔与乌，请渠同道黄金壶。皇王帝霸果事事，醉眼一觑皆虚无。春风今年春雨粗，池中水通门前湖。垂杨洲旁系板舫，艳杏桥上行巾车。才晴肯放此乐缓，客有与无俱不管。诗成书纸或书墙，后五十年坟草长。"（《南湖集》卷二）据张镃与姜特立唱和诗作，可见二人关系甚密。

七月七日丙午，张镃在承事郎、直秘阁、权通判临安军府事、兼管内劝农事任上，捐临安北郊南湖东旧宅为禅寺，有《舍宅誓愿疏文》。

张镃《舍宅誓愿疏文》："大乘菩萨戒弟子：承事郎、直秘阁、新权通判临安军府事、兼管内劝农事、张镃。右镃一心归命本师释迦牟尼佛，当来下生弥勒尊佛，西方极乐世界阿弥陀佛，十方法界诸佛，诸大菩萨，缘觉声闻大梵天王，帝释尊天，四大天王，韦陀尊天，守护正法天龙八部大权圣众，五岳四渎名山大川祠庙神祇，伏望不离真际，普赐证明。镃恭以欲导群迷，必阐扬于佛道；将兴遗教，宜建立于僧坊。胜福难思，契经具载。镃生佛灭后，值法住时，幸发无上心，愿学第一义。念真乘难逢于旷劫，思慧命常续于未来。助行欲妙于庄严，随力当施于利益。深心所在，至愿方陈。阎浮乃众生选佛之场，震旦多大乘得道之器。教法东渐，而独此为盛；祖师西来，而其传不穷。由是众多之伽蓝，徧我清净之国土。或据名山胜地，或居赤县神州。皆古德之所兴，实檀那之自创。伏遇主上体佛心而治天下，崇祖道而护宗门。惟钱塘驻跸之方，乃寰宇观光之地。昔相国曾闻十禅之建，今在所未见一刹之隆。如来演教于王城，盖居精舍；宗师接人于闹市，可乏丛林。都民胶扰，而罕闻说法之音；衲子往来，而靡有息肩之处。慨斯阙典，久矣经怀。昨倦处于旧庐，遂更谋于别业。园得百亩，地占一隅。幽当北郭之邻，秀踞南湖之上。虽混京尘，而有山林之趣。虽在人境，而无车马之喧。爰剪荆榛，式营栋宇。劳一心而经始，历二岁而落成。念胜处可作精蓝，而薄德岂宜于大厦。顾栖身之尚赖，姑假舍而寓居。浮生自叹于艰虞，幻质累萦于疾疢。求佛祖之加被，祈天龙之护持。增长善根，销除宿业。年得逾于知命，运获度于多灾。必法尊经，变秽方而成净域。定依前哲，舍居宅而为梵宫。用分常产之田，永作香厨之供。愿主席者皆有道行，使挂锡者咸悟心源。为东方立光明幢，与末世洒甘露雨。插草不离于当念，布金何借于他缘。言弗苟陈，誓无终悔。镃切虑事有多障，时不待人。先期或至于报终，异议恐纷于身后。宗族长幼，朋友亲姻。或称乱命之难从，或谓名教之有害。引屈到嗜芰之说，诮王旦削发之言。坏我良因，夺我素志。以至恃势力而求指占，由贿赂而请住持。辄污招提，妄谈般若。是出佛身之血，是断正法之轮。死当堕于阿鼻，生亟遭于奇祸。特将此誓，痛警若人。俾革一时之狂心，勿受历劫之极苦。盖念起立塔庙，饭食沙门。流通大事之缘，成就圆机之善。恭愿皇图巩固，睿算增延。期永措于兵刑，庶宏持于像教。上荐祖先父母，次及知识冤亲。八难三涂，四生九类。悉资熏而获益，总解脱以超轮。广此愿心，周乎法界。作菩提之妙行，为净业之正因。佛国俱空，毕竟首登于极乐。法身非有，不妨面奉于弥陀。普与有情，同成此道。谨疏。淳熙十四年，岁次丙午，七月初七日。大乘菩萨戒弟子：承事郎、直秘阁、新权通判临安军府事、兼管内劝农事，张镃，疏。"（《南湖集·附录中》）

张镃《庄器之贤良，居镜湖上，作吾亦爱吾庐六诗见寄，因次韵述桂隐事报之，兼呈同志》其五："吾亦爱吾庐，精舍出其右。（自注：'仆舍园东旧宅为禅寺。'）南山祝吾君，身自乐畎亩。福田非住相，初不藉耕耨。众生睹善法，政合远奔走。谁知在家僧，特未断荤酒。更有一般呆，望南看北斗。"（《南湖集》卷一）

七月，张镃与杨万里、尤袤、京镗（字仲远）续有唱和。

杨万里《木犀初发，呈张功父》："尘世何曾识桂林？花仙夜入广寒深。移将天上众香国，寄在梢头一粟金。露下风高月当户，梦回酒醒客闻砧。诗情恼得浑无那，不为龙涎与水沉。"（《杨万里集笺校》卷二三）

张镃《桂隐花正开，得诚斋木樨七言，次韵奉酬》："未说香高众卉林，清名先已入人深。衣青萼绿不见佩，屋贮阿娇纯用金。久恨酒肠悭似璬，更输诗字响如砧。公能为办归休计，肯向花前叹陆沉。（自注：《真诰》载：'萼绿华，著青衣，而不言佩玉。'）"（《南湖集》卷五）

杨万里《又和》六首，其一："诗人家在木犀林，万顷湖光一径深。夹路两行森翠盖，西风半夜散麸金。邀宾把酒杯浮玉，擘水庖霜脍落砧。掇取仙山入京洛，不妨冷眼看升沉。"

其二："分得吴刚斫处林，鹅儿酒色不须深。系从犀首名干木，派别黄香字子金。衣溅蔷薇兼冰麝，韵如月杵应霜砧。余芬薰入旃檀骨，从此人间有桂沉。"

其三："端能小脱簿书林，招换诗流卜夜深。老我愁陪半山玉，凭君浅酌一荷金。水边赏桂秋围坐，雨后摘蔬香满砧。乘醉却来湖上戏，手翻波月看浮沉。"

其四："约斋诗客坐诗林，派入江西彻底深。缝雾裁云梭织锦，明堂清庙玉拟金。已呼毛颖哦鏖臼，更约姮娥聘槁砧。细咏新来木犀句，一灯明灭夜沉沉。"

其五："老子江西有故林，万松围里桂花深。忆曾风露飘寒粟，自领儿童拾落金。割蜜旋将揉作饼，捣香须记不经砧。一枝未觉秋光减，灯影相看万籁沉。"

其六："帝城底里有山林，桂树团团烟雾深。玉臂折来数枝月，银髯羞插满头金。谈间千首有此客，空外一声何处砧？酒亦销愁亦生病，不须不醉不须沉。"（《杨万里集笺校》卷二三）

张镃《诚斋再韵见遗，走笔复和，并邀尤检正京右司观花》："要趁清霜未染林，小山同赏桂丛深。已拼醉后缠头锦，莫待风前布地金。兰桨溯流歌客棹，麝材匀捣付香砧。戈挥就借如椽笔，不信湖边日易沉。"（《南湖集》卷五）

张镃《诚斋三用韵，因更和呈，以坚顾临之约》："不比先贤傲竹林，鸣驺许过径蓬深。瑰词走送同联璧，钝思追酬漫注金。岩底幽人矜社瓮，闺中幼妇感秋砧。何如醉袖淋漓墨，一笑人间百虑沉。"（《南湖集》卷五）

张镃《尤丈、京丈、和篇杳至，四用前韵为谢》："江南从识桂花林，岁岁逢秋属意深。夜气未添承露掌，晓光先上辟寒金。玉笙殿迥应留月，铁杵岩高不用砧。争似吾家种流水，拥香亭榭绿沉沉。（自注：李卫公乐府：'桂殿夜凉吹玉笙'。《衡山记》载：'桂英岩上，凿石为臼，有铁杵

倚岩畔。')"(《南湖集》卷五)

张镃《五用前韵咏丹桂花》："遍看韶淑万花林，谁似秋风巧力深。点注红泥千日酒，剪裁紫磨十分金。色迷仙令疑勾漏，香醉姮娥忘槁砧。莫把钓竿烟外去，珊瑚休道海中沉。"(《南湖集》卷五)

《杨万里年谱》载：淳熙十四年丁未（1187）七月，"与姜特立、张镃续有唱和。"注云："集（《诚斋集》）卷二十三《木犀初发呈张功父》七律一首，不录。［按］此篇张镃有和作。诚斋继此有《又和》六首；张镃复有《诚斋再韵见遗走笔复和并邀尤检正京右司观花》、《诚斋三用韵因更和呈以坚顾临之约》、《尤丈京丈和篇沓至四用前韵为谢》诸作"。

吴洪泽《尤袤年谱》载：淳熙十四年，"正月，以中书门下检正诸房公事兼国史院编修官兼太子侍讲，差别试所考试。"

按：京镗（1138—1200），豫章人。高宗绍兴二十七年（1157）进士。孝宗朝历官监察御史、右司郎、中书门下省检正诸房公事、权工部侍郎、四川安抚制置使，知成都府。光宗时除刑部尚书、参知政事。宁宗朝官至左丞相。有《松坡集》七卷、《乐府》一卷。《松坡集》已佚。《全宋诗》录诗二首。

《宋史》卷三百九十四《列传第一百五十三·京镗传》："京镗字仲远，豫章人也。登绍兴二十七年进士第。龚茂良帅江西，见之曰：'子庙廊器也。'及茂良参大政，遂荐镗入朝。孝宗诏侍从举良县令为台官，给事中王希吕曰：'京镗蚤登儒级，两试令，有声。陛下求执法官，镗其人也。'上引见镗，问政事得失。时上初统万机，锐志恢复，群臣进说，多迎合天子意，以为大功可旦暮致。镗独言：'天下事未有骤如意者，宜舒徐以图之。'上善其言。镗于是极论今日民贫兵骄，士气颓靡，言甚切至。上悦，擢为监察御史，累迁右司郎官。金遣贺生辰使来，上居高宗丧，不欲引见，镗为傧佐，以旨拒之。使者请少留阙下，镗曰：'信使之来，以诞节也。诞节礼毕，欲留何名乎？'使行，上嘉其称职。转中书门下省检正诸房公事。金人遣使来吊，镗为报谢使。金人故事，南使至汴京则赐宴。镗请免宴，郊劳使康元弼等不从，镗谓必不免宴，则请彻乐……相持甚久。镗即馆，相礼者趣就席，镗曰：'若不彻乐，不敢即席。'金人迫之，镗弗为动，徐曰：'吾头可取，乐不可闻也。'乃帅其属出馆门，甲士露刃向镗，镗叱退之。金人知镗不可夺，驰白其主，主叹曰：'南朝直臣也。'特命免乐。自是恒去乐而后宴镗。孝宗闻之喜，谓辅臣曰：'士大夫平居孰不以节义自许，有能临危不变如镗者乎？'使还，入见，上劳之曰：'卿能执礼为国家增气，朕将何以赏卿？'镗顿首曰：'北人畏陛下威德，非畏臣也。正使臣死于北庭，亦臣子之常分耳，敢言赏乎！'故事，使还当增秩。右相周必大言于上曰：'增秩常典尔，京镗奇节，今之毛遂也，惟陛下念之。'乃命镗权工部侍郎。四川阙帅，以镗为安抚制置使兼知成都府。镗到官，首罢征敛，弛利以予民。泸州卒杀太守，镗擒而斩之，蜀以大治。召为刑部尚书。宁宗即位，甚见尊礼，由政府累迁为左丞相。当是时，韩侂胄权势震天下，其亲幸者由禁从不一二岁至宰辅；而不附侂胄者，往往沉滞不偶。镗既得位，一变其素守，于国事漫无所可否，但奉行侂胄风旨而已。又荐引刘德秀排击善类，于是有伪学之禁。后宦者王德谦除节度使，镗乃请裂其麻，上曰：'除德谦一人而止可乎？'镗曰：'此门不可启。节钺不已，必及三孤；三孤不已，必及三公。愿陛下以真宗不予刘承规为法，以大观、宣、政间童贯等冒节钺为戒。'上于是谪德谦而黜词臣吴宗旦，或曰，亦侂胄意也。居无何，以年老请免相，薨，赠太保，谥文忠。后以监察御史倪千里言，改谥庄定。"

《直斋书录解题》卷二十《诗集类下》："《松坡集》七卷、《乐府》一卷。丞相豫章京镗仲远撰。镗使金执节，骤用。其在相位，当韩侂胄用事，无所立。"

秋，张镃以疾辞临安通判，得祠禄，归桂隐。复指新舍为西宅，南湖以经其前，北园以莫其后，因枚立堂、宇、桥、舟诸名，各赋小诗一篇，缘题述兴，不拘一律，成《桂隐纪咏》组诗，总八十余首。

张镃《桂隐百课》序："淳熙丁未秋，余舍所居为梵刹，爰命桂隐堂馆桥池诸名，各赋小诗，总八十余首。逮庆元庚申，历十有四年之久，匠生于心，指随景变，移徙更葺，规模始全。因删易增补，得诗凡数百。纲举而言之，东寺为报上严先之地，西宅为安身携幼之所，南湖则管领风月，北园则娱宴宾亲，亦庵晨居植福，以资静业也，约斋昼处观书，以助老学也。至于畅怀林泉，登赏吟啸，则又有众妙峰山，包罗幽旷，介于前六者之间。区区安恬嗜静之志，造物亦不相负矣。"（《武林旧事》卷十；《南湖集·附录上》）

张镃《桂隐纪咏》诗序："淳熙丁未秋，仆自临安通守，以疾丐祠。既归桂隐，遂捐故庐为东寺，指新舍为西宅，南湖以经其前，北园以奠其后，因枚立堂、宇、桥、舟诸名，各赋小诗一篇，缘题述兴，不拘一律。区区乐闲之心，聊用以自见云。"（《南湖集》卷七）

《桂隐》："未说花开好，团看叶自奇。明朝非愿避，爱树恐相离。"

《东寺》："数举营巢债，才成作佛庐。随堂展单钵，均是道人居。"

《北园》："地势本居中，因湖别南北。三十六计中，吾今计为得。"

《山堂》："谁无数椽屋，盖成多是俗。如此乱山中，非关松石竹。"

《高寒堂》："下瞰东邻寺，钟声殷两山。贪吟尝忍冷，薄夜不知还。"

《安闲堂》："不作风波民，已铸赫胥印。同好岂无人，望崖行少进。"

《翠樾堂》："宝画光腾处，乔林更碧峦。权衡主人福，压尽世间官。"

《清夏堂》："夜月三杯色，晴荷十亩香。若教兴世念，不甚觉风凉。（自注：在锦池边。）"

《尚友轩》："相别音书断，相逢语话稀。平生胶漆处，正要世情疑。"

《煨芋轩》："暖坐无寒涕，窗油雪酿明。地炉糠火熟，饱听乱松声。"

《殊胜轩》："杜老诗中佛，能言竹有香。欲知殊胜处，说著早清凉。"

《传经轩》："香炷对清晨，微言得问津。所师非传癖，手泽仰如新。"

《读易轩》："大易缘何有，难逃此问中。不从横画会，爻象总能通。

《咏老轩》："因看上下经，便无烦恼事。慈俭不为先，躬行五个字。"

《真如轩》（窗外植巨竹）："翠竹是真如，目前须荐取。怎么做禅和，被人鞭似鼓。"

《易容轩》："世界无非我，心怀即是天。玉堂并草舍，何地不安然。"

《泰定轩》："触处天光发，何尝离定中。问云谁散乱，又道主人公。"

《玩芝轩》："阴洞亲寻遍，灯惊蝙蝠飞。坚明敲紫玉，一似采时肥。"

《石林轩》："濯濯何年有，先公手种成。至今揩痒虎，来认读书声。"

《俯巢轩》："化国舒长日，林限分外知。年年庭荫匝，数遍鹊寻儿。"

《书叶轩》："抛絮轻于柳，栖禽不待凰。题诗非胜纸，留咏托枝凉。

《静赏亭》："皂隶百轻肥，金朱弹丸篚。君方踞胡床，风掀缃册叶。

《拥山亭》："擎抱复回环，亭居紫翠间。思量天下物，谁更好如山。"

《抚鹤亭》："立缟芳桂阴，置汝固已当。他年莫姓丁，止厕子侄行。"

《俯镜亭》："唤作大圆镜，波文从此生。何妨云影杂，榜样自天成。"

《依绿亭》："月出烟暝时，水调谁家唱。短棹欲相寻，先经此亭上。"

《云外亭》："芒屦方疑湿，天晴迳又乾。由来云在下，木杪是栏干。"

《沙际亭》："小楫轻划去，无人伴此翁。午烟青一点，鱼虎出深丛。"

《鲈乡亭》："溪叟挈笒箵，曾来候此亭。未知余不杀，刚要著鱼经。"

《摘霞亭》（霞即杏也）："一片吹来锦，人言是杏花。倚栏堪把玩，胜似日边霞。"

《琼荂亭》："莫羡海棠色，听言著子时。骊珠千万颗，撒向嫩桑枝。

《粲金亭》（枇杷）："柘弹黄金子，谁将满树装。珍禽来往惯，风落不惊忙。"

《满霜亭》（霜即橘也）："疑驾洞庭帆，累累看绕山。花时芳气洁，伯仲素馨间。"

《听莺亭》："不向他园去，能来共竹林。故乡知我念，特地奏秦音。"

《松桥》："欲向松间去，梅西竹坞穿。莫言吟兴在，风雪灞桥边。"

《竹桥》："新篁故蒙丛，恶草刚荟蔚。删薙似少恩，成渠玉无际。"

《柳桥》："初因桥种柳，却用柳名桥。桂隐从兹入，春风莫浪招。"

《平桥》："桥向平边度，风从阔处来。泠然旬五日，无去亦无回。"

《兴远桥》："窈窕或崎岖，不是邯郸步。因来此凭栏，又送孤鸿去。"

《归喜桥》："半岁吏尘役，天书教放归。思量难报称，安稳饭和衣。"

《静乐庐》："城市非无地，如何此结庐。一家耽静乐，两个水边居。"

《心足寮》："闻道华胥国，依稀似醉乡。近来参得透，睡稳不因床。"

《茂光台》："风日清美时，月露澄爽际。能来此徜徉，扫除闻见翳。"

《安乐泉》："潜通大墼水，一杯千虑散。只因都放下，如热病得汗。"

《鹊泉》："鹊饮树底泉，人立石边路。相亲不相疑，所性平等故。"（《南湖集》卷七）

按：张镃《桂隐纪咏》序称得诗总八十余首，今《南湖集》中仅存四十余首，余作已佚。然仅以半存之作观之，亦足见张镃辞临安通判后，在其南湖、桂隐沉潜风月、以诗禅自娱的生活及心态。

又有《归南湖喜成》诗，自述辞归之乐。

张镃《归南湖喜成》："路转斜桥似梦醒，拥衾摇兀亦身轻。知期岸鹊如相语，匿笑邻翁欲斗迎。见处青山还委么，遮回居士太呆生。矮篱半路寒球树，新种浑如旧种成。"（《南湖集》卷六）

张镃辞临安通判后，杨万里为诗赠之，有《张功父请祠甚力，得之，简以长句》。

杨万里《张功父请祠甚力，得之，简以长句》："老夫不及朱师古，纳却太常少卿得潼府。老夫不及张约斋，乞得华州仙观名。云台金印如斗床满笏，富贵何曾膏白骨？一世穷忙为阿谁，终日逢人皱两眉。卖身长须仍赤脚，忍面墙间乞东郭。添丁德曜喜欲颠，孤竹一箪真个错。张君有宅复有田，朱君归去无一钱。老夫老矣不归去，五柳先生应笑汝。"（《杨万里集笺校》卷二三）

《杨万里年谱》载：淳熙十四年丁未（1187），"张镃得祠禄，寄以长句。"注云："集（《诚斋集》）卷二十三《张功父请祠甚力得之简以长句》……张氏力辞临安通判，得祠禄，为本年秋季事。"

张镃又致书时在严州的陆游，谓已得祠禄。陆游赋诗贺之，有《张时可直阁书报已得请奉祠云台作长句贺之》。

陆游《张时可直阁书报已得请奉祠云台作长句贺之》："灯前一笑拆书开，喜见冰衔洗俗埃。丞相苦留犹不住，诸公欲挽固难回。玩鸥有约间何阔，敛版无聊归去来。千载伏波应太息，输君谈笑上云台。"（《剑南诗稿校注》卷十九）

钱仲联为陆游《张时可直阁书报已得请奉祠云台作长句贺之》作"题解"云："此诗淳熙十四年秋作于严州任所。"（《剑南诗稿校注》卷十九）

于北山《陆游年谱》载：淳熙十四年丁未（1187），陆游在严州任，"张镃书至，谓已得祠禄，赋诗贺之。"

张镃辞归，许及之赋诗赠之，有《呈张功甫》三首。

许及之《呈张功甫》其一："乞得云台散吏归，园亭物物有光辉。临湖更要波光阔，付与沙鸥自在飞。"

其二："插来杨柳已梳风，乞与渔师泊短篷。岁晚芦林总摇落，隔湖认得老邻翁。"

其三："篮舆轧轧上梅桥，玉照峻嶒入望遥。梅与主人俱旧识，一年诗兴又相撩。"（《涉斋集》卷九）

按：以前述淳熙七年（1180）许及之赴知袁州分宜县之际张镃所作《许深甫宰分宜》诗，及许及之此三首绝句观之，张镃与许及之乃关系甚为密切的邻友。二人交游唱和的诗作，除上述作品外，还有张镃《许深父送日铸茶》："短笺欣见小龙蛇，谏省初颁越岭茶。瓷缶秘香蒙翠箬，

101

蜡封承印湿丹砂。清风洒落曾谁比，正味森严更可嘉。堪笑云台方忍睡，强行松径嚼新芽。"（《南湖集》卷六）以张镃诗意，知是时许及之在台谏任上。据《宋史·许及之传》，乾道元年（1165）林栗请增置谏员，乃效唐制置拾遗、补阙之制，以许及之为拾遗，班序在监察御史之上，光宗受禅，许及之除军器监。佚名编；汝企和点校《续编两朝纲目备要》卷一亦载："（淳熙十六年）三月，左补阙薛叔似迁将作监，右拾遗许及之迁军器监。于是遗、补之官又废。"可见许及之除拾遗事在孝宗乾道、淳熙之间。张镃作《许深父送日铸茶》亦当在孝宗朝。

张镃乞闲后，杨长孺（字伯子）过南湖见访。张镃有《次韵酬杨伯子兼呈诚斋》二首。

张镃《次韵酬杨伯子兼呈诚斋》其一："我固有诗癖，怜君尤苦心。自闻非为俗，异处却同音。病后闲方乞，湖边秋渐深。排门听车骑，相与话幽襟。"

其二："见说聪明早，童年便与元。细看今日句，宛似乃翁篇。家谱无他姓，文星聚此边。何须待千首，一首已堪传。"（《南湖集》卷四）

按：张镃《次韵酬杨伯子兼呈诚斋》其一有"病后闲方乞，湖边秋渐深"句，所言正是张镃以疾辞临安通判而归南湖事，时在淳熙十四年丁未秋。

杨长孺（1157—1236），吉州吉水人。杨万里长子。旧名寿仁，号东山潜夫。以荫补永州零陵主簿。宁宗嘉定中守湖州，除浙东提刑，累官至广东经略安抚使、知广州事，改安抚福建。理宗端平中，以忤权贵劾去，加集英修撰致仕。绍定元年起判江西宪台，寻以敷文阁直学士致仕。长孺深得其父杨万里教诲，时称廉吏。有《东山集》，已佚。《全宋诗》录诗十九首。

《氏族大全》卷八"留俸代租"条："杨长孺字伯子，号东山潜夫。帅番禺，将受代，有俸钱七千缗，悉以代下户输租。有诗云：'两年枉了

102

鬓霜华，照管南人浅一些。七百万钱都不要，脂膏留放小民家。'每对客曰：'士大夫清廉，便是七分人了。'……绍定元年以敷文阁直学士致仕。年七十九薨。"

董斯张撰《吴兴备志》卷五："杨长孺字伯子，秀水人，万里子，以荫补知湖州。清讼狱，折强横，人称神明。与秀邸相持，谮之，问要钱否。曰：'不要。'宁宗曰：'不要钱，是好官。'真德秀入对，宁宗问当今廉吏。对曰：'杨长孺当今廉吏也。'寻改赣州。端平中，以理宗之立非正，累召不起。以集贤殿修撰、守中大夫致仕。号东山潜夫。有《东山集》。"

陆心源《宋史翼》卷二十二《列传第二十二·循吏五》："杨长孺字子伯，别号东山潜夫。以荫补永州零陵主簿。嘉定四年守湖州，弹压豪贵，牧养小民，政声赫然，郡之士相与画像祠于学宫。除浙东提刑，累官至广东经略安抚使、知广州事。每对客曰：'士大夫清廉，便是七分人矣。'岭南群吏独有长孺清白著于时。有诏奖谕，谓其清似隐之。故长孺赋诗，有'诏谓臣清似隐之，臣清原不畏人知'之句，改安抚福建。真德秀入对，宁宗问当今廉吏，德秀以长孺对。端平中，以忤权贵劾去，加集英修撰致仕。绍定元年起判江西宪台，寻以敷文阁直学士致仕。年七十九卒，郡人立像，与吴隐之合祠。"

清光绪《吉水县志》亦有杨长孺传，不录。

关于杨长孺之生卒年，于北山《杨万里年谱·杨长孺行实系年》称，"绍兴二十九年己卯（1159）一岁。长孺本年生"，注云"此据周必大函（《省斋文稿》卷二十五《答杨寿仁谢解启》）推算"；"宋理宗嘉熙元年丁酉（1237）七十九岁。本年卒"。此说当误。

据《忠节杨氏总谱·涩塘延宗公派总图》："长孺，行八二，一名寿仁，字伯子，号东山，晚号农圃老子。……生于绍兴二十七年丁丑（1157），至理宗端平三年丙申（1236）十月二十六日，享年八十而薨，葬本县南十五里葛山沿江口。"（《杨万里集笺校·附录四》）是谱明确记载了杨长孺生卒年，当为可信。

是秋，张镃南湖园有新第落成。姜夔赋《喜迁莺慢·功父新第落成》词贺之。

姜夔《喜迁莺慢·功父新第落成》："玉珂朱组。又占了道人，林下真趣。窗户新成，青红犹润，双燕为君胥宇。秦淮贵人宅第，问谁记六朝歌舞。总付与。在柳桥花馆，玲珑深处。　　居士闲记取。高卧未成，且种松千树。觅句堂深，写经窗静，他日任听风雨。列仙更教，谁做一院，双成俦侣。世间住。且休将鸡犬，云中飞去。"（《白石道人歌曲》卷三）

马维新《姜白石先生年谱》载：淳熙十四年丁未（1187）"秋，张功甫新第落成，先生有《喜迁莺慢》"。

夏承焘《姜白石词编年笺校·词笺》卷五《喜迁莺慢·功父新第落成》笺："张镃居杭州北城之南湖，《齐东野语》称其'园池声妓服玩之丽甲天下'，其治宅年代可考者：淳熙十二年乙巳始为玉照堂，绍熙五年甲寅成，见《齐东野语》（十五）《玉照堂梅品》条及《癸辛杂志》后集；淳熙十四年丁未，始为桂隐，庆元六年庚申成，见《武林旧事》（十）《约斋桂隐百课》；《桂隐百课》，备载桂隐堂馆桥池之名，有写经寮，在亦庵，与姜词'写经窗静'句合；又桂隐北园有苍寒堂，注：'青松二百株。'……与姜词'种松'句合。此词当是贺桂隐落成。陈谱（陈思著《白石道人年谱》）定为淳熙十四年丁未功甫始舍宅为慧云寺时作，非也。"

按：据陈思《白石道人年谱》、马维新《姜白石先生年谱》，姜夔赋《喜迁莺慢·功父新第落成》词在淳熙十四年丁未。然据夏承焘《姜白石词编年笺校》，则在庆元六年庚申。

前揭张镃《玉照堂梅品》序云："淳熙岁乙巳（1185），予得曹氏荒圃于南湖之滨，有古梅数十，散漫弗治。爰辍地十亩，移种成列。增取西湖北山别圃江梅，合三百余本，筑堂数间以临之。又挟以两室，东植千叶缃梅，西植红梅各一二十章，前为轩楹如堂之数。花时居宿其中，环洁辉映，夜如对月，因名曰玉照。复开涧环绕，小舟往来，未始半月舍去，自是客有游桂隐者，必求观焉。"淳熙十四年丁未（1187）张镃撰《舍宅誓愿疏文》又云："昨倦处于旧庐，遂更谋于别业。园得百亩，地占一隅。幽当北郭之邻，秀踞南湖之上。……爰剪荆榛，式营栋宇。劳一心而经始，历二岁而落成。念胜处可作精蓝，而薄德岂宜于大厦。顾栖身之尚赖，姑假舍而寓居。"知淳熙十二年乙巳张镃在通判临安、直秘阁任上，于杭城北郭南湖之滨，始建以玉照堂为主的桂隐，经历二年营建之后，即淳熙十四年张镃捐南湖东旧宅为禅寺之际，张镃已有新第落成，并迁居其中。至于嘉泰二年壬戌（1202）张镃《桂隐百课》所序之桂隐，实非仅指桂隐，而是总称其居，《桂隐百课》序即称："淳熙丁未秋，余舍所居为梵刹，爰命桂隐堂馆桥池诸名……逮庆元庚申，历十有四年之久，匠生于心，指随景变，移徙更葺，规模始全。……纲举而言之，东寺为报上严先之地，西宅为安身携幼之所，南湖则管领风月，北园则娱宴宾亲，亦庵晨居植福，以资静业也，约斋昼处观书，以助老学也。至于畅怀林泉，登赏吟啸，则又有众妙峰山，包罗幽旷，介于前六者之间"。事实上，桂隐乃北园诸处总名，玉照堂即在其中。故不可分述为"淳熙十二年乙巳始为玉照堂，绍熙五年甲寅成……淳熙十四年丁未，始为桂隐，庆元六年庚申成"。并且，自淳熙十四年始，经历十四年修葺，至庆元六年规模始全之南湖、桂隐诸处堂馆桥池，实非新第，而是整体完成之南湖园。故姜夔《喜迁莺慢》词当系于淳熙十四年。

九月，张镃叔祖张子颜以显谟阁直学士、通奉大夫到知镇江府任。

史弥坚修；卢宪纂《嘉定镇江志》卷十五《宋润州太守》："张子颜，显谟阁直学士、通奉大夫。淳熙十四年九月到，绍熙元年三月被召户部侍郎。"

孟东十月初一戊辰开炉日，史浩（字直翁）时以致仕退居家乡四明。过竹院，僧宝昙（字少云）方为和诗以勉张镃得祠，诗有"神交已极天人际，玉立仍余国士风。……却应袖取经纶手，留待君王复沛丰"，对张镃甚为嘉许。史浩亦戏笔次韵，拟作示昙师。后数日，史浩乡友张尧臣（字以道）归四明，贻书于史浩，以张镃所寄诗求史浩跋。史浩方病，因以前和昙师韵跋之，诗有"英英尊府分符誉，烨烨先曾卫社功。寄语夫君当勉励，不耕何以望时丰"，勉励之意亦甚笃。

僧宝昙《和张寺簿功父得祠》："碧海鲸鱼快一逢，不为夜雨泣秋虫。神交已极天人际，玉立仍余国士风。故垒山川成旧恨，今年桃李着新功。却应袖取经纶手，留待君王复沛丰。"

《又和自官舍梦归南湖》："梦中身世亦间关，觉后悬知去不难。陶令归来犹有酒，子云老去不迁官。时供采撷花千树，醉共团栾竹万竿。想见春风更啼鸟，沉香庭院不胜寒。"

《又和祠禄未报》："黄金羁勒闲天闲，何似春山苜蓿间。白接离边余瓮蚁，乌皮几外即尘寰。龙蛇大泽公真是，虎豹重门孰可攀。示不忘君还有道，卧听人语趁朝班。"

《又和病中遣怀》："闻公多病正缘诗，酷似梅花太瘦时。故忆主人鸥去近，尚留宾客鹤归迟。把麾定复追苏子，鼓瑟无因见孺悲。已办扁舟轻似叶，明年真到习家池。"

《又和归南湖喜成》："吏退文书苦未醒，湖光醺面适全轻。风从北户来披拂，鹊傍南枝管送迎。许我杖藜来宿昔，观公诗律自前生。艺兰九畹辛夷百，续取离骚更老成。"（《全宋诗》卷二三六三）

史浩《跋张功父诗》："'纶言褒予正遭逢，底事思归作蠹虫。未信夏畦三日雨，能胜秋浦一丝风。英英尊府分符誉，烨烨先曾卫社功。寄语夫君当勉励，不耕何以望时丰。'淳熙丁未开炉日，予过竹院，昙师方摘

106

纸，为和章以勉临安通守张君功父。予亦戏笔，拟作示昙，发一笑掷去。后数日，乡友张以道贻书，以功父诗求予跋。予方病，未能也。乃索前稿，附之卷尾。真隐居士跋。"（《鄮峰真隐漫录》卷三十六）

按：史浩《跋张功父诗》所言"开炉日"，即孟冬十月初一朔日。吴自牧撰《梦粱录》卷六"十月"条："十月孟冬正小春之时，盖因天气融和，百花间有开一二朵者，似乎初春之意思，故曰小春。月中雨谓之液雨，百虫饮此水而藏蛰。至来春惊蛰，雷始发声之时，百虫方出蛰。朔日，朝家赐宰执以下锦，名曰授衣。且赐锦花色，依品从给赐，百官入朝起居，衣锦袄三日。士庶以十月节出郊扫松，祭祀坟茔。内庭车马差宗室南班往攒宫行朝陵礼，有司进暖炉炭，太庙享新，以告冬朔。诸大刹寺院，设开炉斋供，贵家新装暖阁，低垂绣帘，老稚团圞，浅斟低唱，以应开炉之序。"周密《武林旧事》卷三"开炉"条："是日，御前供进夹罗御服，臣僚服锦袄子，夹公服授衣之意也。自此御炉日设火，至明年二月朔止。皇后殿开炉节排当。是月遣使朝陵如寒食仪。都人亦出郊拜墓，用绵球楮衣之类。"曾几《十月一日》诗："屋角羲娥转两轮，今朝水帝又司辰。山家尝稻知良月，野径寻梅见小春。一岁坐看除得尽，百年正与死为邻。谁能思许无穷事，闭合开炉但饮醇。"（《茶山集》卷六）范成大《乙巳十月朔开炉三首》诗其三："石湖今日开炉，俗家恰似精庐。扰涕虽无情绪，吟诗却有工夫。"（《范石湖集·诗集》卷二十五）

史浩（1106—1194），明州鄞县人。自号真隐居士。高宗绍兴十五年（1145）进士。历官太学正、国子博士、建王府教授。孝宗即位，除中书舍人、翰林学士、知制诰、参知政事、尚书右仆射，淳熙中拜右丞相。以太保致仕，封魏国公，进太师。有《鄮峰真隐漫录》五十卷。

《宋史》卷三百九十六《列传第一百五十五·史浩传》："史浩字直翁，明州鄞县人。绍兴十四年登进士第，调绍兴余姚县尉，历温州教授，郡守张九成器之。秩满，除太学正，升国子博士。因转对，言：'普安、恩平二王宜择其一以系天下望。'高宗颔之。翌日，语大臣曰：'浩有用才也.'除秘书省校书郎兼二王府教授。三十年，普安郡王为皇子，进封建王，除浩权建王府教授。诏建王府置直讲、赞读各一员，浩守司封郎官兼直讲。一日讲《周礼》，言：'膳夫掌膳羞之事，岁终则会，惟王及后、世子之膳羞不会。至酒正掌饮酒之事，岁终则会，惟王及后之饮酒不会，世子不与焉。以是知世子膳羞可以不会，世子饮酒不可以无节也。'王作而谢曰：'敢不佩斯训。'三十一年，迁宗正少卿。会金主亮犯边，下诏亲征。时两淮失守，廷臣争陈退避计，建王抗疏请率师为前驱。浩为王力言：'太子不可将兵，以晋申生、唐肃宗灵武之事为戒。'王大感悟，立俾浩草奏，请扈跸以供子职，辞意恳到。高宗方怒，览奏意顿释，知奏出于浩，语大臣曰：'真王府官也。'……三十二年，上还临安，立建王为皇太子，浩除起居郎兼太子右庶子。孝宗受禅，遂以中书舍人迁翰林学士、知制诰。……荐枢密院编修官陆游、尹穑，召对，并赐出身。隆兴元年，拜尚书右仆射，首言赵鼎、李光之无罪，岳飞之久冤，宜复其官爵，禄其子孙。悉从之。……御史王十朋论之，出知绍兴。……遂与祠，自是不召者十三年。起知绍兴府、浙东安抚使。持母丧归，服阕，知福州。淳熙初，上问执政：'久不见史浩，无他否？'遂除少保、观文殿大学士、醴泉观使兼侍读。五年，复为右丞相。……寻求去，拜少傅、保宁军节度使，充醴泉观使兼侍读。……及自经筵将告归，乃于小官中荐江、浙之士十五人，有旨令升擢，皆一时选也。如薛叔似、杨简、陆九渊、石宗昭、陈谦、叶适、袁燮、赵静之、张子智，后皆擢用，不至通显者六人而已。十年，请老，除太保致仕，封魏国公。晚治第鄞之西湖上，建阁奉两朝赐书，又作堂，上为书'明良庆会'名其阁、'旧学'名其堂。光宗御极，进太师。绍熙五年薨，年八十九，封会稽郡王。宁宗登极，赐谥文惠，御书'纯诚厚德元老之碑'赐焉。嘉定十四年，追封越王，改谥忠定，配享孝宗庙庭。"

《四库全书总目》卷一百五十九《集部十二·别集类十二》："《鄮峰真隐漫录》五十卷，宋史浩撰。浩有《尚书讲义》，已著录。其集见于陈振孙《书录解题》、《宋史·艺文志》者皆五十卷。此本卷数并合，而目录别为三卷。首题门人周铸编，则犹宋时刊行旧式也。浩事孝宗于潜邸，隆兴、淳熙中两为宰揆。没后至配享庙庭。其推毂善类，宽厚不争，亦颇为世所称许。当孝宗任张浚，锐意用兵，浩独以为不然。遂以论劾罢去。元代史臣作浩传赞，亦颇诋其不能赞襄恢复之谋。今考集中如《论山东未可用兵》、《论归正人》、《论未可北伐》、《回奏条具弊事》诸札子，皆极言李显忠、邵宏渊之轻脱寡谋，不宜轻举。而欲练士卒，积资粮，以蓄力于十年之后。既而淮西奔溃，其言竟验，不可为非老成谋国之见。虽厥后再秉国政，亦未能收富强之效，以自践其言。而量力知难，其初说固有未可深议者。"

《宋史》载史浩"绍兴十四年登进士第"，误。据汤梓顺《南宋名臣周必大、史浩、虞允文及第年月考》（《河南大学学报》1998 年第 2 期），史浩进士及第时间当在绍兴十五年。

僧宝昙（1129—1197），俗姓许氏，四川嘉定龙游人。幼从乡先生习章句业，已而出家游方，住四明仗锡山。归蜀葬亲，住无为寺。复至四明。史浩深敬之，于鄞之东湖筑橘洲使居焉。绕室植橘万株，因号橘洲老人。工文辞。为诗慕苏轼、黄庭坚。有《大光明藏》三卷、《橘洲文集》十卷。

《宝庆四明志》卷九："僧宝昙，字少云，姓许氏，蜀嘉定龙游人。幼从乡先生，授五经，习章句业，已而弃家，舍须发，从一时经论老师游。挈包来南，从大惠于育王、径山，又从东林卐庵、蒋山应庵，遂出世，住四明仗锡山。归蜀葬亲，又往无为寺。复来明，太师史越忠定王深敬之，筑橘洲使居焉。工文辞，有《橘洲集》十卷行丛林。始为蜀士时，师慕东坡。后游东南，敬山谷。故文章简古高妙，有前辈风。又仿太史法，著《大光明藏》，以西方七佛为纪，达磨以降诸祖师则传之，未绝笔，故不传。然每自谓：'于第一义谛心有得，人谓我以文词鸣，是未知我者。'庆元三年四月二十日辞世。临行，颂曰：'平生洒洒落落，末后哆哆唦唦。殷勤觅一把火，莫教辜负澄波。'"

《宋僧录》："宝昙（1129—1197），字少云，俗姓许氏，嘉定龙游人。从乡先生授五经，习章句。自少多病，父母许以出家，遂投本郡德山院僧某为师。师俾从一时经论老师游，听楞严、圆觉、起信，越五岁，舍去。依成都昭觉彻庵、白水六庵。挈包南来，从先大慧于育王径山。晚见东林卪庵、蒋山应庵，辛苦艰难，始毕平生之愿。世缘未尽，被人推出，以长老名，初领四明仗锡山。晚为葬亲而归，住无为禅刹。后隐居鄞之东湖洲，绕室植橘万株，因号橘洲老人。庆元三年四月卒，年六十九，自撰龛铭。著有大光明藏三卷（存）、橘洲文集十卷（存卷七至卷十）等。"

宝昙和张镃诗，唯《又和自官舍梦归南湖》、《又和归南湖喜成》二首，今存张镃原作。昙师与张镃交游唱和的诗作，另有《为张功甫赋寒绿》："君家故多书，余地看寒绿。食箪到尚悬，墙小摘杞菊。霜畦新雨余，柔条已三沫。贵不数熊蹯，芳鲜落我腹。口香唾茧纸，细字烦记录。平章三百篇，焜耀五千读。辛夷与杜若，百世亦臣仆。士饥固其常，吾事已可卜。归来一粲然，毋待发曲局。"（《全宋诗》卷二三六〇）《和张功父寄陆务观郎中》："新诗老去合名家，犹喜春风在鬓华。恨彻斯文无雪处，竟将好语向谁夸。自知人物随时尽，独倚栏干到日斜。问讯故人今健否，东篱明日又黄花。"（《全宋诗》卷二三六二）《张约斋生日》："何年麒麟飞上天，下视平地为秦川。九关虎豹不敢去，为作南渡中兴年。扶持斯文一鸣世，金钟大镛方在悬。百年人物有如此，旧山乔木今依然。人言广平心铁石，梅花作赋犹清便。争如万象落吾手，颠倒捃拾无留妍。晓窗沉水旋和墨，杂花落纸如云烟。问渠少室果何事，一笑粲粲成真传。春风正堕散花手，亦有舞雪相回旋。愿公道眼皎如日，我欲以寿东家禅。"（《全宋诗》卷二三六三）据此可见，张镃与宝昙相交甚善。

张尧臣，拱州人，其父避地南来，往返明越，遂家于四明。张尧臣乃张镃友人张良臣季弟。尝为太学谕。与杨万里为友。有友善斋，杨万里尝为记。精于文，工于诗。

110

张镃《以道学谕凤口有感诗，写物记事，备极词情，不容继和矣。既辱珍示，可无奉酬，辄抒鄙怀次韵，且名以溪妇吟，末章反正不忘风人之义也》："人间盛衰理甚明，势去有如汤沃冰。听言一事足叹惋，恐君亦复伤中情。行都赫奕名王第，列屋珠玑多秀慧。主翁五十二本兵，宠冠诸家当盛世。其间属意字以端，姿品高妍兼妙艺。燕开云幄萃亲友，艳阵香丛尝窃睨。转眼陈迹俱已休，西风叶飞东水流。相逢应怪我鬓改，贪情省认俄惊羞。波明藏泪尚剪月，山浅带恨犹横秋。失身何心养儿女，啁啾耳厌山蛮语。困居村店少人沽，饤饾腥咸污盘俎。无言脉脉话最深，为君写作溪妇吟。人生荣悴由分定，有夫不必萌他心。"（《南湖集》卷三）

楼钥《书张武子诗集后》："武子（张良臣）拱人也。父避地南来，往返明越，遂家于明。……其季（张）以道衰诗二编，期以行远。"（《攻媿集》卷七十）

杨万里《友善斋记》："太学之士有东吴张尧臣，以道者精于文，工于诗。其为人贤而静，介而能穆。予初识之于友人张功父坐间，未之异也。一日，以道访予，谈学问，讲诗文，雷出而水涌，且请予赋《寒绿轩》之诗。予怪而问之曰：'偕寒互绿，此天随子《杞菊赋》语也。子也，方与四方九州之英杰，战得失于贤科之中，于寒绿奚取焉？'以道曰：'先生之所谓奚取，乃尧臣之所以深取也。'予始惊而异之，因为赋之。予既谢病，退休于居。自念平生若许子，纷纷然与百工交易者，自此远矣。后一年，功父不远二千里，走一介遗予书，以道亦因之遗予书。予发书笑曰：'野人无以供人之求，以道亦岂有求者乎？'而其书词乃曰：'尧臣尝爱孟氏之书，曰一乡之善士，斯友一乡之善士。一国之善士，斯友一国之善士。天下之善士，斯友天下之善士。以友天下之善士为未足，又尚论古之人？尧臣有一斋房，名曰友善，愿先生记其说，以迪其衷，以就其学。'予曰：'善一也。……是则友善之善者也，是孟子之所望于子者也。'"（《杨万里集笺校》卷七四）

张尧臣，字以道。故辛更儒笺校《杨万里集笺校》卷七四《友善斋记》"太学之士有东吴张尧臣，以道者精于文，工于诗"断句当误，应为"太学之士有东吴张尧臣以道者，精于文，工于诗"。

十月，喻良能（字叔奇）以工部郎中出知处州。张镃与杨万里以诗送之。张镃有《送喻叔奇工部括苍二首》。杨万里有《送喻叔奇工部知处州》。

张镃《送喻叔奇工部括苍二首》其一："三见中朝人，徐行每后人。功庸身较晚，名誉众常新。有句须同咏，今离似所亲。政成应必报，山郡易回春。"

其二："自复林湖隐，相从却恨稀。梅花年后白，江水去边肥。世态纷纷改，交心特特违。暖晴当送别，敢望款柴扉。"（《南湖集》卷四）

杨万里《送喻叔奇工部知处州》："厌直含香与握兰，一麾江海泝冰滩。括苍山水名天下，工部风烟入笔端。新国小迟怀印绶，故园暂许理渔竿。即看治行闻天听，紫诏征还集孔鸾。"（《杨万里集笺校》卷二三）

《杨万里年谱》载：淳熙十四年丁未（1187）十月，"喻良能出知处州，有（《送喻叔奇工部知处州》）诗送之。"按云："喻氏此次补外，张镃、叶适亦均有诗送行。张诗见《南湖集》卷四《送喻叔奇工部括苍二首》"。

按：喻良能，义乌人。号香山。高宗绍兴二十七年（1157）进士。历官广德尉、国子监主簿、工部郎中、太常寺丞、知处州等，以朝请大夫致仕。有《香山集》、《忠义传》、《家帚编》等，俱久佚。清四库馆臣据《永乐大典》、《南宋名贤小集》等辑其《香山集》十六卷。

《两宋名贤小集》卷一百七十九："《香山诗集》。喻良能字叔奇，义乌人。与兄良倚同入太学，同年登进士第。初补广德府。三获强盗，应赏格，辞不受。累迁国子监主簿。进《忠义传》，起战国王蠋，终五代孙晟，通一百九十人，书凡二十卷，乞颁之武学，授之将帅。孝宗嘉叹，顾谓侍臣曰：'喻良能质实平正。'御书其名于屏间。丁内艰。服除，以国子博士召，兼工部郎官。除太常丞，兼旧职。请外，知处州。寻奉祠归。以朝请大夫、义乌县开国男食邑三百户致仕。营家圃曰磬湖，日以觞咏自娱终焉。乡人慕之，立石表其地曰郎官里。所著有《诸经讲义》，《香山集》、《家帚编》、《忠义传》。"

《四库全书总目》卷一百五十九《集部十二·别集类十二》："《香山集》十六卷，宋喻良能撰。良能字叔奇，义乌人。登绍兴二十七年进士。补广德尉，迁国子监主簿。复以国子监博士召，兼工部郎中。除太常寺丞，兼旧职，出知处州。寻以朝请大夫致仕。《宋史》不为立传。……良能所著《忠义集》二十卷、《诗经讲义》五卷、《家帚编》十五卷，俱久佚不存。其集《义乌志》作三十四卷。焦竑《国史经籍志》作十七卷。世亦无传。独《永乐大典》中所录古今体诗尚多，核其格律，大都抒写如志，不屑屑为缔章绘句之词。杨万里《朝天集》有《送喻叔奇知处州》诗云：'括苍山水名天下，工部风烟入笔端。'颇相推许。而良能集内，亦多与万里酬唱之作。故其诗格，约略相近，特不及万里之博大耳。又陈亮《龙川集·题喻季直文编》一篇云：'喻叔奇于人煦煦有恩意，能使人别去三日，念之辄不释。其为文，精深简雅，读之愈久而意若新。'是良能之文，亦有可自成一家者。惜其诗仅存，而文已湮没不传矣。今从《永乐大典》采掇裒次，而以《南宋名贤小集》所载参校补入。厘为十六卷，庶犹得考见其大略。其集称'香山'者，案集中《次韵李大著春日杂诗》中有'清梦到香山'句。自注曰：'余所居山名。'盖以地名其集云。"

据《宋会要辑稿·职官》七三之一载：绍熙元年六月，"诏知温州汤硕、知处州喻良能并别与闲慢差遣。以言者论……良能年老多病，语言謇涩，词诉积压，处事乖方故也"，知喻良能知处州事，在孝宗淳熙十四年（1187）至光宗绍熙元年（1190）六月间，前后三年。喻良能在朝任工部郎中期间，张镃与之唱和的诗作除《送喻叔奇工部括苍二首》外，还有《简喻叔奇工部沈无隐寺簿》："园居懒成癖，驾言何所之。出门无妨看好雪，粉地玉天相范围。气增坐车热，旋换白鹿骑。不须携古囊，诗句随雪飞。故人昨迁官，过我睡掩扉。登堂谢不敏，款语俄移时。咨询玉照三百树，纵未放花堪举卮。当约香山翁，（自注：喻以香山名其诗编。）共了此段奇。喜归步林曲，问梅梅有辞。相看两经年，非无主人知。去春偶晴多，昏晓无不宜。静来藜杖横，笑去纶巾敧。琉璃巨钟深数指，月底四弦惊鹊起。兴浓何必断吟须，快写新词歌皓齿。烛遥照路不照花，三更露压星斗斜。明床毡稳半酣寝，头上最爱香云遮。明朝再来看，亦复送落霞。尤物到了奇，飘英覆泥沙。非徒随步白锦茵，转首绿阴森交加。于今雪见五六白，敛衽何辞让渠色。但催佳客犯寒来，我自有花开顷刻。言余试摇枝上冻，已觉欣欣芳蕚动。或如红豆或如椒，若说供诗尽禁用。星郎农簿辞林凤，素有声名过屈宋。访余必待巧承间，却恐梅花解嘲弄。"（《南湖集》卷三）《次韵酬喻工部雪中见怀》："坐厌增冰地，遥思胜热城。忘名全道用，远俗养诗情。枕病怜幽独，心交阻合并。晴春开径在，自断学渊明。"（《南湖集》卷四）可见，二人相交甚善。

十二月，陆游在严州任上刻成《剑南诗稿》二十卷。张镃以诗索陆游诗集，有《觅放翁剑南诗集》。

张镃《觅放翁剑南诗集》："见说诗并赋，严陵已尽刊。未能亲去觅，犹喜借来看。纸上春云涌，灯前夜雨阑。莫先朝路送，政好遗闲官。"（《南湖集》卷四）

郑师尹《剑南诗稿序》："前辈有欲补诗史一字之阙，终莫适其当者。夫发言寓意，未必惟一字之工，或者穷思毕虑之弗逮。人才相去，乃尔远耶？太守山阴陆先生《剑南》之作传天下，眉山苏君林收拾尤富，适官属邑，欲锓本为此邦盛事，乃以纂次属师尹。亦既袯襫肃观，则浩渺闳肆，莫测津涯，掩卷太息者久之。独念吾侪日从事先生之门，间有疑阙，自公余可以从容质正，幸来者见斯文大全，用是不敢辞。《剑南诗稿》六百九十四首，《续稿》三百七十七首。苏君于集外得一千四百五十三首。

凡二千五百廿四首，又□七首，厘为□十卷。总曰《剑南》，因其旧也。文字传袭失真，类不满人意。其如此书，得之所见，有以传信而无疑。若夫发乎性情，充乎天地，见乎事业，忠愤感激，忧思深远，一念不忘君，先生之志，且有当世巨公为之发挥，非师尹敢任。淳熙十有四年腊月几望，门人迪功郎监严州在城都税务括苍郑师尹谨书。"（《剑南诗稿校注·序》）

于北山《陆游年谱》载：淳熙十四年丁未（1187）冬，"刻成《剑南诗稿》二十卷，凡二千五百余首。"

按：据郑师尹《剑南诗稿序》及于北山《陆游年谱》，陆游在严陵刻成《剑南诗稿》，当在淳熙十四年冬十二月。以《觅放翁剑南诗集》诗意，张镃索陆游诗集事当在其后不久。

十二月二十九丙申立春日，张镃赋《丁未立春》诗。诗有"幽人昨夜池塘梦，已见新春草际来"，于岁末表达冬去春来的欣喜之情。

张镃《丁未立春》："今岁春逢底处回，非关缇室动葭灰。幽人昨夜池塘梦，已见新春草际来。"（《南湖集》卷七）

按：《宋史》卷三十五《本纪第三十五·孝宗三》："（淳熙十四年）十一月戊戌朔……辛亥，冬至……十五年春正月丁酉朔"。据《宋史》，知淳熙十四年冬至日，为十一月十四日辛亥。再考陈垣《二十史朔闰表》，知淳熙十四年十二月戊辰朔。结合《宋史》所载淳熙十五年春正月丁酉朔，可以推断淳熙十四年十一月共三十天，十二月共二十九天。淳熙十四年十一月十四辛亥为冬至日，则十一月二十九日丙寅为小寒，十二月十四日辛巳为大寒，立春日在十二月二十九日丙申，恰在岁末。此与张镃《丁未立春》诗"今岁春逢底处回"之语正合。

除夕，张镃以诗索杨万里《荆溪集》，且邀看玉照堂花，有

《春前一日，赋呈诚斋，觅荆溪诗编，且邀看玉照堂花》。杨万里次韵送往，有《除夜张功父惠诗，索荆溪集，次韵送之》。

张镃《春前一日，赋呈诚斋，觅荆溪诗编，且邀看玉照堂花》："颇讶蓬莱主，相忘不寄诗。荆溪虽有集，桂隐未容窥。地胜人难老，春回律自移。梅花如有语，莫似去年时。"（《南湖集》卷四）

杨万里《除夜张功父惠诗，索荆溪集，次韵送之》："早往《荆溪集》，应无桂隐诗。梅边五字律，管底一斑窥。新岁来朝是，流年去浪移。谁能守除夕？妨我梦归时。"（《杨万里集笺校》卷二三）

《杨万里年谱》载：淳熙十四年丁未（1187）十二月，"除夕，张镃以诗索《荆溪集》，次韵送往"。

淳熙十五年戊申（1188）　三十六岁

正月，西蜀名士谭季壬（字德称）时为国子监正，赠诗秘书少监杨万里。杨万里有《谢谭德称国正惠诗》。张镃次杨万里韵，有《杨秘监为余言，初不识谭德称，国正，因陆务观书，方知为西蜀名士，继得秘监与国正唱和诗，因次韵呈教》，诗有"更须绝处悟一回，方知迷梦唤醒来。今谁得此微妙法，诚斋四集新板开"，称赞杨万里诗之活法与妙悟；又有"君不见严陵使君敛眉头，清虚山水吟两秋。……相逢三翁同肺肠，江西吴蜀如一乡"，表达对时知严州的陆游的思念之情。

杨万里《谢谭德称国正惠诗》："今年日瘦天不喜，玉皇颜惨方诸泪。

草木无光红紫迟，春半何曾有春意？谁将好手挽春回，割取锦江春色来。七星桥边杨柳动，百花潭上桃李开。乃是国子先生赠诗卷，笔下东风随手转。君不见李家谪仙吟掉头？解道峨眉山月半轮秋。又不见苏家老仙冰啄句，更说只恐夜深花睡去。先生办著锦绣肠，朅来西湖山水乡。乞君湖山入诗囊，法嗣两仙一瓣香。"（《杨万里集笺校》卷二三）

张镃《杨秘监为余言，初不识谭德称，国正，因陆务观书，方知为西蜀名士，继得秘监与国正唱和诗，因次韵呈教》："人心怀感初因喜，感到极时还堕泪。亦犹雕琢用功深，自发诗中平淡意。更须绝处悟一回，方知迷梦唤醒来。今谁得此微妙法，诚斋四集新板开。我尝读之未盈卷，万汇纷纶空里转。君不见严陵使君敛眉头，清虚山水吟两秋。（自注：陆丈赴官陛辞日，上曰：'严陵清虚之地，卿可多作文。'）又不见国学先生离文句，变现佛魔麾总去。相逢三翁同肺肠，江西吴蜀如一乡。只怜我似臭革囊，任翁熏染终难香。"（《南湖集》卷三）

《杨万里年谱》载：淳熙十五年戊申（1188）正月，"西蜀名士谭季壬（德称）赠诗，赋诗谢，张镃有次韵之作。"

按：谭季壬，蜀人。祖谭望（字勉翁）、父谭篆（字拂云），皆以进士起家，以文章名一代。季壬亦第进士，有学行，为蜀中名士。历官崇庆府府学教授、国子监正等。与杨万里、陆游、范成大、张镃等关系均善。陆游尤以兄弟视之，淳熙十年尝为其母青阳夫人撰墓志铭。

陆游《青阳夫人墓志铭》："有宋蜀人天池先生谭公讳篆字拂云之夫人青阳氏，井研人。……天池与其考隆山先生讳望字勉翁，皆以文章名一代，取友皆天下士，亦继以进士起家，然得年皆不盈五十，志远年局，未尝问家人产业。方天池殁时，一子曰季壬，甫生十年，茕然独立。而天池亦无兄弟，谭氏不绝如线。太安人传家事已久，夫人幼读书，了大义，于是行其所知……斥卖簪襦，遣季壬就学，夜课以书，必漏下三十刻乃止。间则为道隆山、天池言行以磨砺之。及季壬稍长，与人交，则诲之曰：'某可师，某可友，某当绝勿与通。'故季壬名其堂曰愿学，室曰胜己私，皆夫人所以训也。……季壬举进士，拔解……及擢第拜庙，夫人犹涕泣曰：'先姑不及见矣！'观者皆感动恻怆。……初，季壬解褐为崇庆府府学教授，凡四年，徙成都府，吏部以侨寓格不下。执政为奏，复还崇庆，以便养。命至，而夫人弃其孤矣。初，命教成都，今枢密使周公贰大政，知予与季壬友，以书来告曰：'石室得人矣。'季壬有学行，为诸公大人所知盖如此，以故士皆慕与之交。……予与季壬，实兄弟如也，故述孝子之意以作铭。"（《陆游集·渭南文集》卷三十三）

陆游与谭季壬交游唱和甚夥，如《和谭德称送牡丹》（《剑南诗稿校注》卷三）、《临别成都帐饮万里桥赠谭德称》（《剑南诗稿校注》卷六）、《喜谭德称归》（《剑南诗稿校注》卷六）、《青城县会饮何氏池亭赠谭德称》（《剑南诗稿校注》卷八）、《简谭德称》（《剑南诗稿校注》卷九）、《夜梦与宇文子友谭德称会山寺若饯予行者明日犁明得子友书感叹久之乃作此诗》（《剑南诗稿校注》卷十）、《怀谭德称》（《剑南诗稿校注》卷十一）、《简谭德称监丞》（《剑南诗稿校注》卷二十）、《正月十一日夜梦与亡友谭德称相遇于成都小东门外既觉慨然有作》（《剑南诗稿校注》卷三十一）等。钱仲联为陆游《正月十一日夜梦与亡友谭德称相遇于成都小东门外既觉慨然有作》诗作题解云："此诗庆元元年（1195）春作于山阴。"（《剑南诗稿校注》卷三十一）陆游于宁宗庆元元年称谭季壬为"亡友"，可见谭季壬当卒于光宗绍熙年间。

范成大与谭季壬亦极为情深。淳熙四年（1177）范成大以病辞蜀帅职，谭季壬尝行千里送之。于北山《范成大年谱》载，"（淳熙四年）五月二十九日离成都……至合江，送客杨光（商卿）父子、谭季壬（德称）始别去"。此行，范成大与谭季壬唱和的诗作即有《既离成都故人送者远至汉嘉分袂其尤远而相及于峨眉之上者六人范季申郭中行杨商卿嗣勋李良仲谭德称口占此诗留别》（《石湖诗集》卷十八）、《题谭德称扇》（《石湖诗集》卷十九）、《谭德称杨商卿父子送余自成都合江亭相从至泸南合江县始分袂水行逾千里作诗以别》（《石湖诗集》卷十九）等数首。

张镃今存与谭季壬交游唱和的诗作有《锦池芙蓉盛开，与谭德称、何国叔、曾无逸、王季嘉、吕浩然、张以道小集，以东坡诗细思却是最宜霜，分韵得却字》："道人有园居，其门可罗爵。夫何诸贤杰，疏野尽阔略。联镳过柴荆，慰藉淡与泊。尔时木芙蓉，酣酣纵云萼。呼酒亟对之，不复次杯酌。西风吹雨小，池波晚烟阁。红痴高髻松，翠闹竞参错。谈丛及笑粲，大胜世俗乐。翘摇鹏凤群，著我惭瘦鹤。区中有此不，今古一开拓。山林岂细故，人愿要天诺。侵寻霄霏举，乃独趋丘壑。探韵睨大巫，疾走宜退却。簪花谢殷勤，敢避句恶弱。从今数名芳，消真屡成约。"（《南湖集》卷一）张镃之桂隐有锦池，池边有清夏堂。可见，谭季壬尝游张镃南湖园，事当在其任朝职之际。

正月，张镃于玉照堂观梅，赋《玉照堂观梅二十首》。其四有"不但归家因桂好，为梅亦合早休官"，抒发辞官归来的喜悦之情。杨万里和张镃咏梅诗之后十首，有《和张功父梅花十绝句》。其六有"约斋句子已清圆"，其九有"约斋诗好人仍好"，对张镃及其诗作深表赞赏。

张镃《玉照堂观梅二十首》其一："一笑林间说向春，宿缘三世岂无因。半生忧患摧残损，却与梅花作主人。"

其二："映竹依松望最宜，如无似有乍开时。思量切比幽人语，不著工夫格自奇。"

其三："生怕高花易过春，隔年先早著精神。冰绡旋买连三幅，剩与溪山并写真。（自注：去冬尝画梅屏。）"

其四："纵横遥衬碧云端，林下铺毡坐卧看。不但归家因桂好，为梅亦合早休官。"

其五："群芳非是乏新奇，或在繁时或嫩时。唯有南枝香共色，从初到底绝瑕疵。"

其六："六日新春一再来，直须登树赏花开。攀翻径上枝梢外，不负东风是此杯。"

其七："从来嫌用和羹字，才到诗中俗杀人。一片彩云溪上暖，兴随芳草夕阳新。"

其八："醉上轻舟泛渌漪，细穿桥柱独行迟。风前抚掌催花发，惊起群飞五色儿。"

其九："山际楼台水际村，见梅常是动吟魂。全身此日清芬里，篱落疏斜不喜论。"

其十："别开庭院近莲塘，油榭栏干小扇窗。更取梅花瓶内插，放教清梦月横江。"

其十一："萧然日月岸纶巾，春满幽园肯倦行。一事尚须烦造物，看松微雨看梅晴。"

其十二："正暖休嫌夜雨来，恐花乘暖一齐开。不然何事东风意，容易吹香与碧苔。"

其十三："鹎鵊呼人晓梦回，霁光催赏百株梅。轻车不管沾泥滑，童子从来自惯推。"

其十四："苍帝妃嫔总素装，胜游常是徧江乡。玉楼谪堕迟归去，冷淡工夫笑我忙。"

其十五："九节筇枝休化龙，佳时朝暮且相从。枯条岂但敲令尽，乌雀冲花定不松。"

其十六："今夕悬知月未圆，照梅已自不胜妍。冰姿玉色谁堪比，除是姮娥敢并肩。"

其十七："喜客能挥白玉琴，此花端解古时音。只防老鹤来偷听，引起翻云万里心。"

其十八："杯行才到莫留残，要向梅边露肺肝。今日正晴还有雪，谓予不信试遥看。"

其十九："风调花常逐岁新，苦惭诗思只陈陈。吟成不敢分明举，生怕渠知鄙薄人。"

其二十："高窠依约百年余，蠹桩重重艾衲铺。亲见主人来买地，遮番添得白髭须。"（《南湖集》卷九）

杨万里《和张功父梅花十绝句》其一："今岁柴车总未巾，孤山龙井不曾行。老无半点看花意，遮莫明朝雨及晴。"

其二："道山堂后数株梅，为底偏于雨里开。到得晴来无一朵，乱飞白雪点苍苔。"

其三："不是春光不早回，却缘春雪勒疏梅。诗人纵有催花手，有雪堪推花只推。"

其四："淡淡梅花不要装，真珠楼阁水精乡。骚人词客犹愁冷，紫蝶黄蜂更敢忙？"

其五："东皇岁岁驾苍龙，只许仙妃万玉从。天上冰霜清入骨，人间桃李若为容？"

其六："约斋句子已清圆，更赋梅花分外妍。不饮销金传玉手，却来啮雪耸诗肩。"

其七："道是梅兄不解琴，南枝风雪自成音。玉绳低后金盆落，独与此君谈此心。"

其八："横斜影里惜花残，忘却人间一鼠肝。莫怨梅残看不足，请君明岁早来看。"

其九："要与梅花巧斗新，恨无诗句敌黄陈。约斋诗好人仍好，不怕梅花赛却人。"

其十："老子年来不愿余，只惭霜鬓入金铺。故山自有梅千树，梦绕横枝拈断须。"（《杨万里集笺校》卷二四）

《杨万里年谱》载：淳熙十五年戊申（1188）正月，"赵不黯（稷臣）、段昌世（季成）赠诗，张镃咏梅，均有和作。"按云："《南湖集》卷九为《玉照堂观梅二十首》，诚斋所和为后十首。"

张镃又先后送牡丹、酴醾、黄蔷薇及酒于杨万里，有《酴醾》、

《闻子规》等诗作。杨万里以诗谢之，有《谢张功父送牡丹》、《张功父送牡丹，续送酴醾，且示酴醾长篇，和以谢之》、《和张功父送黄蔷薇并酒之韵》、《和张功父闻子规》等。

杨万里《谢张功父送牡丹》："病眼看书痛不胜，落花千朵唤双明。浅红酽紫各新样，雪白鹅黄非旧名。抬举精神微雨过，留连消息嫩寒生。蜡封水养松窗底，未似珊栏倚半醒。"（《杨万里集笺校》卷二四）

杨万里《张功父送牡丹，续送酴醾，且示酴醾长篇，和以谢之》："溪桃红霞作红雨，海棠飘尽春无处。约斋锦幄一夜空，行李移归雪宫住。只道青蚨弱无力，飞上朱檐还有翼。贪看翡翠积成堆，忽吐琼瑶真作剧。素影与月相将迎，绿云和露相扶擎。南枝暗香久寂莫，此花与梅同一清。老夫最爱嚼香雪，不但解醒仍涤热。牡丹未要煎牛酥，酴醾相领入冰壶。约斋知我春愁重，并遣二友来相娱。惜无老盆一快举，淡日微风花自舞。约斋诗瘦浪作痴，君不见酒不到刘伶坟上土？"（《杨万里集笺校》卷二四）

杨万里《和张功父送黄蔷薇并酒之韵》："海外蔷薇水，中州未得方。旋偷金掌露，浅染玉罗裳。已换桃花骨，何须贾氏香？更烦麴生辈，同访墨池杨。（自注：功父诗云：'已从槐借叶，更与菊为裳。'）"（《杨万里集笺校》卷二四）

杨万里《和张功父闻子规》："久雨今朝忽作晴，老人怀抱不胜清。仲宣久作《登楼赋》，望帝更吟当殿声。春去春来浑是梦，花开花落若为情？归心不用渠催唤，自有江鸥与狎盟。"（《杨万里集笺校》卷二四）

《杨万里年谱》载：淳熙十五年戊申（1188）正月，"张镃先后送牡丹、酴醾、黄蔷薇及酒至，和其《酴醾》及《闻子规》之作"。

按：上录杨万里几首和诗，今张镃《南湖集》均未见原作。盖《南湖集》已非原本，散佚甚多故也。

正月，萧燧（字照邻）以吏部尚书除参知政事。张镃以诗贺之，有《贺萧参政》。

张镃《贺萧参政》："向来投谒未尝频，今日尤宜后众宾。先世年家登政府，时情礼数到闲人。只将忠实酬明主，果见推迁作大臣。何用抚孤多轸念，园花开胜去年春。"（《南湖集》卷六）

《宋宰辅编年录校补》卷十八："淳熙十五年戊申……正月……萧燧参知政事。自吏部尚书除。……燧，字照邻，临江人。既贰大政，权监修国史、日历。明年，兼权知枢密院事。孝宗深知之。初为谏议大夫，入谢，上曰：'卿议论鲠切，不求名誉，纠正奸邪，不恤雠怨。'又每称其全护善类，诚实不欺。他日大臣奏事，上语曰：'萧燧其人质直无缘饰。'御书二十八将传论以赐。最后去枢府，辞日，上复有'勉从卿去'之语。其为孝宗信遇如此。……淳熙十六年己酉……正月……乙巳，萧燧罢参知政事。除资政殿学士、提举临安府洞霄宫。燧自淳熙十五年正月除参知政事，是年正月罢，执政一年。"

按：萧燧（1117？—1193），临江新喻人。高宗绍兴十八年（1148）进士。与张镃父宗元为同年。授左从事郎、平江府观察推官、靖州教授、左宣教郎。孝宗朝，除诸王宫大小学教授、太常府寺主簿、太常丞、将作少监、太子左谕德、权起居舍人、权中书舍人、左司谏、右谏议大夫、国子祭酒、吏部尚书，官至参知政事。燧操履端正，以道守官，孝宗深知之。著述甚丰，有《文集》五十卷、《奏议》二十卷、《外制》五卷、《经筵讲义》二卷、《东宫讲义》五卷等，均久佚。《全宋诗》录诗一首。

《绍兴十八年同年小录》："第一甲……第五人萧燧。字照邻，小名亨儿，小字汝嘉。年二十六。八月三十日生。外氏陶。继母李。偏侍下，第十八。兄弟六人。一举。娶张氏。曾祖洵，故袁州军事推官，赠朝请大夫。祖锌，故朝散郎致仕。父增，故不仕。本贯临江军新喻县蒙山乡折桂坊。高祖殿撰固为户。"

周必大《资政殿学士宣奉大夫参知政事萧正肃公燧神道碑》（嘉泰元年）："公讳燧，字照邻。先世唐望族，散居潭之浏阳。南唐时徙袁州新喻县，今隶临江军。……父赠少傅，讳增。母郑国夫人陶氏。继母许国夫人李氏。绍兴初复制，举少傅，用近臣荐至阙，请辟言路，宰相不悦，罢归，教诸子以学。公独颖异，幼能属文。十八年，进士第五人。授左从事郎、平江府观察推官。郡守李朝正号刚严，僚吏畏缩。公遇事别白是非，朝正敬焉。秦丞相桧亲党密语公曰：'秋试，必主文漕台。'公诘其故，则曰：'丞相有子就举，将以属公。'公怒曰：'某初任，敢欺心耶？'漕檄下，乃秀州也。至则员溢，就试院，易张教授者云。秦熺果前列。……高宗更化垂召，丁许国忧。三十二年服除，堂拟太学博士阙殆十年。公复注靖州教授。考满，改左宣教郎。孝宗初年，钱公端礼、虞公允文同执政，求中立不倚之士，差公诸王宫大小学教授。乾道五年供职。轮对，论官当择人，不当为人择官。上喜，因御制《用人论》赐大臣。六年，除太常府寺主簿，进太常丞。郡臣争画策恢复，公因对言：'汉高祖取项籍，奇谋秘计，史不得书。今自治未效而大言，钓美官者纷纷，谋国亦疏矣。'上然之。公自登朝，出公门，入私门，率数月，随众一至政府，未尝有所求。上察其贤，七年擢将作少监。八年，兼权司封司勋郎官。九年，进拟军器监。玉音以为允，诸公益知上眷。俄兼太子左谕德。淳熙二年，迁国子司业。时举德寿庆典，生员争挟贵要求为大小职事，觊沾需恩。公与祭酒萧之敏靖立格选差，至今守之。九月，兼权起居舍人。越三日，复权中书舍人。直前奏谢，上曰：'卿质直无附丽，故加亲擢。'三年三月，进起居郎。先是，察官阙，朝论多属公。上以公不历县为碍格。十二月，超拜左司谏。首言辨邪正，然后可为治。上及外台耳目多不称职，公疏二人乃大珰甘，升都承旨。……四年冬，擢右谏议大夫。入谢，上曰：'卿论议鲠切，不求名誉。纠正奸邪，不恤仇怨。故制词谓善不近名，仁必有勇，道上意也。'五年，同知礼部贡举。……九月，出知严州。……有劳特除敷文阁待制，移知婺州，父老遮道，几不得行，其送出境者以千数。婺与严邻熟，公政不劳而治。……八年冬召还。公言江浙再岁水旱，愿下诏求言。仍命监司通融郡县财赋，毋但督责而已。除吏部右侍郎。旋兼国子祭酒。近例，知阁官兼枢密都承旨，或怙宠招权。上思复用儒臣。九年正月，命公以龙图阁待制为之。公言：'债帅余风未殄，群臣进言，非迎合献谀，则强辩邀誉，当察诚伪虚实。'上称善。八月，除权刑部尚书。北使贺正旦，充馆伴使。十年，兼权吏部尚书。明年，兼侍讲。十一月真拜秋官，典铨如故。俄升侍读。……十三年七月正除吏部尚书。十四年，因旱求言。公列十事以进。高宗山陵充按行使。明年正月，遂贰大政。寻充思陵礼仪使。毕事，进官二等，按行赐银绢五百，礼仪又五之二，并固辞不受。五月，权监修国史日历。十六年正月，兼权知枢密院事。倚注方隆，而公自陈年至，除资政殿学士，与郡。复请闲，改提举临安府洞霄宫。辞日，上有勉'从卿去'之语。光宗即位，诏书求言。公手疏六事，语甚剀切，表乞休致优，诏不允。以绍熙四年二月二十五日薨。明年十月己酉葬本县钟山乡上灵之原。享年七十七。积官宣奉大夫，封豫章郡开国公，食邑至二千一百户，实封三百户。特赠金紫光禄大夫。……公资性端醇，问学精博，持身玉雪，论事金石，声色财利无所徇，饮奕服玩无所好，接物虽和，然不可干以私。常曰：'士大夫操履正，乃能守道守官。若内有毫发之愧，临事必掣肘。古人谓受恩多难，立朝谅哉。'惟其所得如此，故安恬不竞，人不得而亲疏。孝宗深知之，每称其全护善类，诚实不欺，御书《二十八将传论》以赐。……《文集》五十卷，《奏议》二十卷，《外制》五卷，《经筵讲义》二卷，《东宫讲义》五卷。"（《文忠集》卷六十七《平园续稿二十七·神道碑七》）

《宋史》卷三百八十五有《萧燧传》。不录。

关于萧燧之生卒年，周必大《资政殿学士宣奉大夫参知政事萧正肃公燧神道碑》、《宋史·萧燧传》所载相同，均载其绍熙四年（1193）卒，年七十七。据此推算，萧燧生年在徽宗政和七年（1117）。《全宋诗·萧燧传》沿用此说。然《绍兴十八年同年小录》记载，萧燧绍兴十八年（1148）进士及第时年二十六。据此，则萧燧生于徽宗宣和五年（1123）。未知孰是。俟考。

春寒之际，张杓（字定叟）、尤袤相继访张镃，未果。张镃赋诗寄呈，旋往谢，有《张郎中、尤少卿相继过访，未果往谢，先成古诗寄呈》。

张镃《张郎中、尤少卿相继过访，未果往谢，先成古诗寄呈》："高标无过张户部，督赋文移多似雨。侵晨径造梦蝶床，冷坐谭诗捐俗语。博闻无过尤少卿，议礼辨析纷如争。破午远到煨芋室，抵掌谈事非今情。梦蝶床前何所有，一盏术汤聊代酒。煨芋室中殊可怜，半碗草茶不值钱。登车出门尚回盼，邻媪巷童惊走看。雪寒水际正萧条，安得骅呼连改观。世上尘劳忙若钻，想欲跳身脱羁绊。只堪告诉向梅花，我是梅花千树伴。春风不觉园中换，刺字交驰烦则乱。狂歌愈见野人真，巨笔掀空合有神。"（《南湖集》卷三）

李之亮《宋代京朝官通考》："户部侍郎……淳熙十四年丁未(1187)……张杓。《嘉定镇江志》卷一五守臣题名：'张杓，朝奉郎。淳熙十三年十二月到，次年八月被召，除权户部侍郎。'……淳熙十五年戊申（1188）……张杓。淳熙十六年己酉（1189）。张杓。《咸淳临安志》卷四七守臣题名：'（淳熙十六年四月）以试户部侍郎兼吏部侍郎除权兵部尚书再兼知（临安府）。'"

何异撰《中兴东宫官寮题名》："尤袤。淳熙十年十月以吏部员外郎兼侍讲。十一年八月除检详，仍兼。十二年正月除右司，仍兼。八月除检正，仍兼。十四年五月升兼左谕德。十月除太常少卿，仍兼。十五年除权礼部侍郎。"

吴洪泽《尤袤年谱》载：淳熙十四年，"十月七日甲戌，除太常少卿，兼太子左谕德。……淳熙十五年戊申，六十二岁。正月乙巳，太常少卿兼太子左谕德……四月辛卯，权礼部侍郎。"

按：尤袤除太常少卿事，在淳熙十四年十月到淳熙十五年四月间。以张镃诗"雪寒水际正萧条"、"春风不觉园中换"等语，知其时当在正月春寒之际。故系于淳熙十五年。

张杓，绵竹人。张浚（字德远）子，张栻（字敬夫）弟。以父恩授承奉郎，历广西经略司机宜、通判严州。孝宗召对，差知袁州，改知衢州，迁两浙转运判官，进徽猷阁学士，知临安府，进直龙图阁，权兵部侍郎，移知镇江，召为户部侍郎，以集英殿修撰知绍兴府，召为吏部侍郎。光宗即位，权刑部侍郎，复兼知临安府，除刑部侍郎，进焕章阁学士、知襄阳府，进徽猷阁学士、知建康府。宁宗嗣位，升龙图阁学士、知隆兴府兼江西安抚使，进端明殿学士，复知建康府。以疾乞祠，卒。杓吏材敏给，南渡以来论尹京者，以杓为首。

《宋史》卷三百六十一《列传第一百二十·张杓传》："杓字定叟，以父恩授承奉郎，历广西经略司机宜、通判严州。方年少，已有能称，浙西使者荐所部吏而不及杓，孝宗特令再荐。召对，差知袁州，戢豪强，弭盗贼。尉获盗上之州，杓察知其枉，纵去，莫不怪之，未几，果获真盗，改知衢州。兄栻丧，无壮子，请祠以营葬事，主管玉局观，迁湖北提举常平。奏事，帝大喜，谕辅臣曰：'张浚有子如此。'改浙西，督理荒政，苏、湖二州皆阙守，命兼摄焉。有执政姻党闭粜，杓首治之，帝奖其不畏强御，迁两浙转运判官。未几，以直徽猷阁升副使，改知临安府。奏除逋欠四万缗，米八百斛，进直龙图阁。……南郊礼成，赐五品服，权兵部侍郎，仍知临安，加赐三品服。……移知镇江。寻改明州，辞，仍知镇江。召为户部侍郎，面对言事，迕时相意。高宗崩，以集英殿修撰知绍兴府，董山陵事。召还，为吏部侍郎。光宗即位，权刑部侍郎，复兼知临安府。绍熙元年，为刑部侍郎，仍为府尹。……京西谋帅，进焕章阁学士、知襄阳府……未几，进徽猷阁学士、知建康府，继复命还襄阳。宁宗嗣位，归正人陈应祥、忠义人党琪等谋袭均州，副都统冯湛间道疾驰以闻。杓不为动，徐部分掩捕，狱成，斩其为首者二人，尽释党与，反侧以安。升宝文阁学士、知平江府。未行，改知建康府。升龙图阁学士、知隆兴府兼江西安抚使。……进端明殿学士，复知建康府。以疾乞祠，卒。杓天分高爽，吏材敏给，遇事不凝滞，多随宜变通，所至以治辨称。南渡以来，论尹京者，以杓为首。"

是春，张镃依然有恙在身。时叔祖张子颜以显谟阁直学士、通奉大夫知镇江府。张子颜以诗见寄。张镃与之次韵唱和，有《次韵京口叔祖见寄四首》。其三有"醉狂诗体类俳优"，自许其诗之狂放风格。

张镃《次韵京口叔祖见寄四首》其一："欲诉中心话许长，尺书恨不寄千张。新篇喜逐东风好，变尽人间草木荒。"

其二："山堂初展称婆娑，曲径移栽杂树多。应是我翁归舍后，便登繁要亦来过。"

其三："病起逢春自献酬，醉狂诗体类俳优。追攀雄杰诚堪笑，寄去稽迟更合羞。"

其四："汲古无初不读书，屠苏新制帖僧庐。痴禅昼夜蒲团上，贪睡犹胜学宰予。"（《南湖集》卷八）

《嘉定镇江志》卷十五《宋润州太守》："张子颜，显谟阁直学士、通奉大夫。淳熙十四年九月到，绍熙元年三月被召户部侍郎。"

按：张镃叔祖张子颜守润州事，在淳熙十四年（1187）九月到绍熙元年（1190）三月之间。而张镃以疾请归，舍故居为梵刹并进一步营建南湖园事，在淳熙十四年秋。张镃《次韵京口叔祖见寄四首》其四有"屠苏新制帖僧庐"之语。考明人周祈《名义考》卷十二云："屠苏。《博雅》：'屠苏，庵也。通俗文屋平，曰屠苏。《四时纂要》作'屠苏'。又《广韵》：'酴酥，酒名。'《玉篇》：'麦酒不去滓饮。'是'屠苏'为屋，'酴酥'为酒，本不相混也。唐人诗'手把屠苏让少年'，'先把屠苏不让春'，误以'屠苏'为'酴酥'，后人遂谓屠苏又为酒。"知张镃所谓"屠苏新制帖僧庐"，所言正是其舍宅为寺并进一步营建南湖园事。又《次韵京口叔祖见寄四首》其三有"病起逢春自献酬"，所言时间为春季，非是其舍宅为寺之当年，而是第二年，即淳熙十五年春。其中"病起"

128

语与淳熙十四年张镃"以疾丐祠"事合。《次韵京口叔祖见寄四首》其二有"山堂初展称婆娑，曲径移栽杂树多"之语，与张镃前一年营建南湖园事亦合。

是春，以诗自述退归南湖之喜悦，有《奉祠云台题陈希夷画像》。

张镃《奉祠云台题陈希夷画像》："张子为人懒无对，遮手一官追行辈。扑缘埃壤半年余，亡补公家真合退。病羸应念故园荒，连缄力扣中书堂。林宫分秩问天得，给舍便喜书敕黄。沉疴返舍倏去体，涸鲋顺水回春塘。壁间花挂陈处士，案上更真铜炉香。易编与我为四友，一段因缘殊不偶。从容何止两岁期，自此相依当耐久。清腴气貌俨如生，入京尚想骑驴行。世间大事硬汉了，物有所重有所轻。后来一曲愈可尚，不暇随人作卿相。急归依旧白云乡，忍使猿惊空蕙帐。东吴西华遥相望，海雾天风正撼荡。无边花月自依春，来伴南湖诗酒舫。"（《南湖集》卷二）

按：淳熙十四年（1187）秋，张镃以疾辞归。其《奉祠云台题陈希夷画像》诗"病羸应念故园荒，连缄力扣中书堂……沉疴返舍倏去体，涸鲋顺水回春塘。……急归依旧白云乡，忍使猿惊空蕙帐……无边花月自依春，来伴南湖诗酒舫"云云，所言正是其以疾辞归南湖并于次年初度南湖之春事。故系于淳熙十五年（1188）。

三月，高宗丧未葬，翰林学士洪迈不俟集议，配飨独以吕颐浩、赵鼎、韩世忠、张俊等姓名上。三月二十日丙辰，时为朝奉大夫、秘书少监兼太子侍读的杨万里上《驳配享不当疏》，驳洪迈所议为欺、专、私，且谓迈指鹿为马，力言张浚当从高宗配飨。孝宗览疏不悦，张浚终不得预选。杨万里亦由是于四月得请补外，出守筠州。张镃以诗送之，有《杨秘监补外赠送》。

张镃《杨秘监补外赠送》："止是寻常月，今宵不爱明。江边有归客，都下减诗情。上自怜公直，人知暂此行。贤郎先返舍，应已候门迎。（自注：秘监久欲求去，数月前，命伯子主簿，归葺故庐。）"（《南湖集》卷四）

杨万里《驳配享不当疏》："三月二十日，朝奉大夫、守秘书少监兼太子侍读臣杨万里，谨斋沐裁书，百拜献于皇帝陛下。臣闻之王通曰：'议其尽天下之心乎？'盖尧之衢室，舜之总章，周有卿士庶民之谋，汉有博士廷臣之议。此皆王通之所谓议也。既曰议矣，则君之所可，臣必有所否；卿士之所从，庶民必有所违。君人者，酌其议而择之，择其善而从之，然后下无不尽之心，上无不善之举。今者议臣建配飨功臣之议，则不然，曰欺曰专曰私而已。先之以本朝之故事，惟翰苑得以发其议。抑不思列圣之庙有九，而庙之有配飨者八。发配飨之议者非一，而出于翰苑者止于三。且如罢王安石之配飨神庙，则司勋员外郎赵鼎之言也。请以韩忠彦配飨徽庙，则刑部尚书胡交修，及中书舍人楼照等之议也。岂尽出于翰苑哉？今举其三以自例，不顾其余之不然，非欺乎？申之以圣谕之所及，惟一己得以定其议，非专乎？终之以止令侍从数人之附其议，使廷臣皆不得以预其议，非私乎？是说一行，自今以往，一议之出，必欲有可而无否，必欲以一人之口，而杜千万人之口也，何以尽天下之心乎？有可而无否，其弊必至于以水济水之喻。以一人之口，而杜千万人之口，其弊必至于指鹿为马之奸。臣之所忧，不特一配飨之议而已。恭惟陛下，秉大公，廓至明，如天之清，如水之止。无偏如周武，毋我如仲尼，必不徇议臣一己之私说，而尽违天下之公议也。臣惟恃此，敢陈其愚，惟陛下垂听焉。臣伏见故太师、忠献魏国公张浚，身兼文武之全才，心传圣贤之绝学。遭遇先皇圣神武文宪孝皇帝，擢任不次，出将入相。而浚捐躯许国，忠孝之节动天地而贯日月。武夫悍卒，孺子妇人，裔夷绝域闻其名者，皆翕然归仰，中兴以来一人而已。……则今日配飨新庙者，舍浚而谁哉？而议臣怀私，故欲黜浚而不录，以沮天下忠臣义士之气，公议甚愤而不平也。且议臣以复辟之功为重乎？浚倡之，吕颐浩和之，张俊、韩世忠禀而行之。今录其同功者三人，而黜其元功者一人，可乎？且议臣以建储之功为重乎？赵鼎言之，浚亦言之，今录其一黜其一，可乎？至于固长淮以保江，守全蜀以保吴、楚，则浚一人而已矣，此又非诸将所敢望者。臣故曰：'配飨新庙者，舍浚而谁哉？'"（《杨万里集笺校》卷六二）

《皇宋中兴两朝圣政》卷六十四："（淳熙十五年）夏四月丙戌，祔高宗，以吕颐浩、赵鼎、韩世忠、张俊配享庙庭。"

《宋史》卷四百三十三《列传第一百九十二·儒林三·杨万里传》："高宗未葬，翰林学士洪迈不俟集议，配飨独以吕颐浩等姓名上。万里上疏诋之，力言张浚当预，且谓迈无异指鹿为马。孝宗览疏不悦，曰：'万里以朕为何如主！'由是以直秘阁出知筠州。"

《杨万里年谱》载：淳熙十五年戊申（1188），"三月，上疏论张浚应从高宗配飨，并驳洪迈所议为'欺、专、私'。四月贬外，出守筠州（江西高安）。张镃、袁说友有诗送行。"

春夏之交，陈亮（字同父）因屡试礼部不中，又多次诣阙上书未果，有浙西之行，远游京口、金陵等地，考察战守形势。张镃以诗送之，有《送陈同父》，对陈亮的万卷经纶与一生忠愤予以赞许。

张镃《送陈同父》："事因前定漫驱驰，谙尽人间合似痴。万卷经纶大儒业，一生忠愤上天知。长安又见垂杨老，淮甸将兴故国悲。鸡黍竹篱归梦否，会间方称是男儿。"（《南湖集》卷五）

邓广铭《陈龙川传》："淳熙十四年陈氏又到临安参加礼部的考试。他是一个已被解举过好几次的人了，已经取得了'免解'的资格，所以这一次他不需要再经过解试就径自到礼部去报考了。正当开始试验的几天，他却闹起病来。勉强拖着病身子进了考院，自然打不起那份涂抹字句、修饰语言的精神来，失败自也是当然的结果。……次年，于春夏之交，陈氏离家远游京口金陵等地，是特地去实际考察这几处地方的战守形势，看看和从书本上所认取的是否相合。"

按：陈亮屡试礼部不中，又多次上书未果，因于淳熙十五年春夏之交远游京口、金陵等地考察战守形势。考张镃《送陈同父》"长安又见垂杨老，淮甸将兴故国悲"云云，当即指陈亮此次的浙西之行。

陈亮（1143—1194），婺州永康人。号龙川。为人才气超迈，喜谈兵，早年考古人用兵成败之迹，著《酌古论》，郡守周葵请为上客。孝宗隆兴间，婺州以解头荐，上《中兴五论》，奏入不报，居家力学著书者十年。淳熙五年，更名为同，复上书，不果。光宗绍熙四年，策进士，御笔擢第一。授金书建康府判官厅公事，未至官，逾年卒。有《龙川集》四十卷、《外集》四卷，多佚阙，今传《龙川集》三十卷，已非完帙。

《宋史》卷四百三十六《列传第一百九十五·儒林六·陈亮传》："陈亮字同父，婺州永康人。生而目光有芒，为人才气超迈，喜谈兵，论议风生，下笔数千言立就。尝考古人用兵成败之迹，著《酌古论》，郡守周葵得之，相与论难，奇之，曰：'他日国士也。'请为上客。及葵为执政，朝士白事，必指令揖亮，因得交一时豪俊，尽其议论。因授以《中庸》、《大学》，曰：'读此可精性命之说。'遂受而尽心焉。隆兴初，与金人约和，天下忻然幸得苏息，独亮持不可。婺州方以解头荐，因上《中兴五论》，奏入不报。已而退修于家，学者多归之，益力学著书者十年。先是，亮尝圜视钱塘，喟然叹曰：'城可灌尔！'盖以地下于西湖也。至是，当淳熙五年，孝宗即位盖十七年矣。亮更名同，诣阙上书曰：'臣惟中国天地之正气也，天命所钟也，人心所会也，衣冠礼乐所萃也，百代帝王之所相承也。……国家二百年太平之基，三代之所无也；二圣北狩之痛，汉、唐之所未有也。……臣不胜愤悱，是以忘其贱而献其愚。陛下诚令臣毕陈于前，岂惟臣区区之愿，将天地之神、祖宗之灵，实与闻之。'书奏，孝宗赫然震动，欲牓朝堂以励群臣，用种放故事，召令上殿，将擢用之。左右大臣莫知所为，惟曾觌知之，将见亮，亮耻之，逾垣而逃。觌以其不诣己，不悦。大臣尤恶其直言无讳，交沮之，乃有都堂审察之命。……帝欲官之，亮笑曰：'吾欲为社稷开数百年之基，宁用以博一官乎！'亟渡江而归。日落魄醉酒，与邑之狂士饮，醉中戏为大言，言涉犯上。一士欲中亮，以其事首刑部。侍郎何澹尝为考试官，黜亮，亮不平，语数侵澹，澹闻而嗛之，即缴状以闻。事下大理，笞掠亮无完肤，诬服为不轨。事闻，孝宗知为亮，尝阴遣左右廉知其事。及奏人取旨，帝曰：'秀才醉后妄言，何罪之有！'划其牍于地。亮遂得免。……亮自以豪侠屡遭大狱，归家益厉志读书，所学益博。……高宗崩，金遣使来吊，简慢。而光宗由潜邸判临安府，亮感孝宗之知，至金陵视形势，复上疏曰：'有非常之人，然后可以建非常之功。……陛下傥以大义为当正，抚军之言为可行，则当先经理建业而后使临之。纵今岁未为北举之谋，而为经理建康之计，以振动天下而与金绝，陛下之初志亦庶几于少伸矣！陛下试一听臣，用其喜怒哀乐之权鼓动天下。'大略欲激孝宗恢复，而是时孝宗将内禅，不报。由是在廷交怒，以为狂怪。……未几，光宗策进士……御笔擢第一。……授佥书建康府判官厅公事。未至官，一夕，卒。"

《直斋书录解题》卷十八《别集类下》："《龙川集》四十卷、《外集》四卷。永康陈亮同父撰。少入太学，尝三上孝庙书，召诣政事堂，宰相无宏度，迄报罢。后以免举为癸丑进士第一，未禄而卒。所上书论本朝治体本末源流，一时诸贤未之及也。亮才甚高而学驳，其与朱晦翁往返书，所谓'金银铜铁混为一器'者可见矣。平生不能诗，《外集》皆长短句，极不工而自负；以为经纶之意具在是，尤不可晓也。叶适未遇时，亮独先识之，后为集序及跋皆含讥诮，识者以为议。"

《四库全书总目》卷一百六十二《集部十五·别集类十五》："《龙川文集》三十卷，宋陈亮撰。亮有《三国纪年》，已著录。亮与朱子友善……才气雄毅，有志事功，持论乃与朱子相左。……今观集中所载，大抵议论之文为多。其才辨纵横，不可控勒，似天下无足当其意者。使其得志，未必不如赵括、马谡狂躁偾辕。但就其文而论，则所谓'开拓万古之心胸，推倒一时之豪杰'者，殆非尽妄。与朱子各行其志，而始终爱重其人，知当时必有取也。……叶适序谓亮集凡四十卷。今是集仅存三十卷，盖流传既久，已多佚阙，非复当时之旧帙。"

四月，尤袤进权礼部侍郎兼同修国史、侍讲。张镃以诗贺之，有《贺尤礼侍兼修史侍讲直学士院四首》，对尤袤之志节、忠义、学问与文章甚为推许。

张镃《贺尤礼侍兼修史侍讲直学士院四首》其一："礼云风断烟，哄议十九失。片言灼龟鉴，钜典资以秩。抗志非太高，砭艾起时疾。何翅位宗伯，宇内赖调一。"

其二："斯文未摇落，右序启哲人。胸中悟复悟，笔底新又新。幻为九色丝，銮坡演明纶。兵民总疲羸，夜直烦前陈。"

其三："化权亚史法，委巷汩凡例。良由私爱怨，或使疑信二。奸谀人力胜，危欲蔽忠义。绝识超大千，简册当吐气。"

其四："道传至孔孟，人主不己任。空言课讲说，日用惑已甚。圣朝重横经，仁泽天下饮。公谈故纸外，句句格精祲。"（《南湖集》卷一）

《宋史》卷三百八十九《列传第一百四十八·尤袤传》："（淳熙十五年）进袤权礼部侍郎兼同修国史侍讲，又兼直学士院。力辞，上听免直院。"

吴洪泽《尤袤年谱》载：淳熙十五年"四月十八日，上缓定配飨疏。……四月辛卯，权礼部侍郎。……六月，以权礼部侍郎兼同修国史。"

五月，杨万里离朝经豫章。张镃馈桂隐茶，并寄诗至，有《有怀新筠州杨秘监，寄赠八绝，兼桂隐茶》，惜别之意甚切。

张镃《有怀新筠州杨秘监，寄赠八绝，兼桂隐茶》其一："老子生来铁面皮，要渠嬉笑莫歌诗。可怜百巧卿云手，拙直今年一奏词。"

其二："送公萧寺意徘徊，众客登车不忍归。明日尚将诗寄我，要令鹤骨转难肥。"

其三："闻道忽忽不住程，如今应已到乡城。亦通朝路音书不，朝外可能空旧情。"

其四："初时华节漕江东，台阁争留省阁中。换得一州如斗大，便无人挽信诗穷。"

其五："少有羊曾踏菜园，更教清苦嚼筍根。何如添得如椽笔，就向西江一口吞。"

其六："蜇寒蚓叫亦何心，老贼奚堪领活深。（自注：诚斋尝戏予云：'子诗中老贼也。'）非是交游无远别，几回因此惨离襟。"

其七："诸子分镳不待鞭，愈怜肥犬满人前。何须妙处趋庭说，心学乘闲尽底传。"

其八："茗芽封去且随书，林下多惭好物无。鼻孔撩天犹得在，却须持赠竹香炉。"（《南湖集》卷七）

《杨万里年谱》载：淳熙十五年戊申（1188），"经豫章（今南昌市）……张镃寄诗至，馈茶"。

是夏，姜夔客临安。张镃与姜夔同游郭氏庵。张镃作《过湖至郭氏庵》诗，姜夔以诗和之，有《坐上和约斋》。

张镃《过湖至郭氏庵》："山色稜层出，荷花浪漫开。只如平日看，自喜此时来。杨柳侵船影，蜻蜓傍酒杯。僧庐须过夜，城禁莫催回。"（《南湖集》卷四）

姜夔《坐上和约斋》："句入冰轮冷，愁因玉宇开。可无如此客，犹恨不能杯。好句长城立，寒鸦结阵来。箸筷莫停手，拼却断肠回。"（《白石道人诗集》卷下）

马维新《姜白石先生年谱》载：淳熙十五年戊申（1188），"夏，先生游郭氏庵，有《坐上和约斋》诗。"

是夏，姜夔还过苕溪，以诗卷寄赠张镃。张镃赋《因过田倅坐间，得姜尧章所赠诗卷，以七字为报》，诗有"应是冰清逢玉润，只因佳句不因媒"，甚许姜夔诗句及二人文交之善。

张镃《因过田倅坐间，得姜尧章所赠诗卷，以七字为报》："京廛舆马竞扬埃，何碍骚人独往回。我住水边奚自识，诗如云外寄将来。一从风袖携归看，屡向松亭静展开。应是冰清逢玉润，只因佳句不因媒。（自注：千岩居士萧东夫，即姜妇翁也。）"（《南湖集》卷六）

马维新《姜白石先生年谱》载：淳熙十五年夏，"还过苕溪，以诗卷寄赠张功父，功父以诗报之。"

八月九日壬申，蜀帅赵汝愚（字子直）以疾求去。京镗以使金有节，除待制、四川制置。张镃以诗送之，有《送京仲远次对制帅四川》三首，对京镗之政事文学与使北气节表示赞赏。

张镃《送京仲远次对制帅四川》其一："林下忘官品，闻公近最荣。军民制全蜀，名住列西清。器自海岳重，文兼全玉声。早来登政府，活法了寰瀛。"

其二："使北人争说，今回国势尊。属声坚执礼，黠虏殆忘魂。钜业此犹细，故强行复存。乡闾正关外，因梦逐西辕。"

其三："贱子夫谁问，鸣驺屡水湄。自因闲肯顾，不是佞求知。山槛清持茗，花蹊笑说诗。雨风今送别，凄断湿旌旗。"（《全宋诗》卷二六九○"新辑集外诗"）

《建炎以来朝野杂记·乙集》卷十二"京仲远将命执礼"条："思陵之丧，北人来吊，京仲远以中书门下省检正诸房公事充报谢使，步军司计议官刘端仁副之。仲远至汴京，北人循例赐宴，仲远辞乐，北人不从，相持凡十日，竟撤乐，乃赴。上甚器之。及还朝，上谕大臣曰：'镗此节可嘉。寻常人多言节义，须遇事乃见。'及进呈，迁秩。上曰：'镗专对可嘉，当转两官。端仁亦比类。'周子充等言：'不必问转官，在圣意除擢可也。'上曰：'只依例转官，便与除擢。'又曰：'此事全是京镗，若刘端仁所谓因人成事者，镗则毛遂也。镗除侍从，端仁亦当稍旌别，可令枢密院进拟，除环卫官。'于是诏京镗将命执礼可嘉，为朝请郎、权工部侍郎。刘端仁为修武郎、左骁骑郎将。而武经大夫、京畿第二将、国信所通事田愿亦迁武节大夫。十五年六月壬辰也。后四十日，蜀帅赵子直以疾求去。上谕大臣曰：'汝愚召赴行在，京镗人才磊落，可除待制、四川制置。'子直闻之，谓人曰：'镗望轻资浅，岂可当此方面。'由是两人有隙。仲远当时所立如此。"

《宋史》卷三百九十四《列传第一百五十三·京镗传》："金遣贺生辰使来，上居高宗丧，不欲引见，镗为傧佐，以旨拒之。使者请少留阙下，镗曰：'信使之来，以诞节也。诞节礼毕，欲留何名乎？'使行，上嘉其称职。转中书门下省检正诸房公事。金人遣使来吊，镗为报谢使。金人故事，南使至汴京则赐宴。镗请免宴，郊劳使康元弼等不从，镗谓必不免宴，则请彻乐……相持甚久。镗即馆，相礼者趣就席，镗曰：'若不彻乐，不敢即席。'金人迫之，镗弗为动，徐曰：'吾头可取，乐不可闻也。'乃帅其属出馆门，甲士露刃向镗，镗叱退之。金人知镗不可夺，驰白其主，主叹曰：'南朝直臣也。'特命免乐。自是恒去乐而后宴镗。孝宗闻之喜，谓辅臣曰：'士大夫平居孰不以节义自许，有能临危不变如镗者乎？'使还，入见，上劳之曰：'卿能执礼为国家增气，朕将何以赏卿？'镗顿首曰：'北人畏陛下威德，非畏臣也。正使臣死于北庭，亦臣子之常分耳，敢言赏乎！'故事，使还当增秩。右相周必大言于上曰：'增秩常典尔，京镗奇节，今之毛遂也，惟陛下念之。'乃命镗权工部侍郎。四川阙帅，以镗为安抚制置使兼知成都府。镗到官，首罢征敛，弛利以予民。泸州卒杀太守，镗擒而斩之，蜀以大治。"

按：《建炎以来朝野杂记·乙集》卷十二"京仲远将命执礼"条载，淳熙十五年六月壬辰之后四十日，蜀帅赵子直以疾求去。据陈垣《二十史朔闰表》，淳熙十五年六月丙寅朔，七月乙未朔，八月甲子朔。故六月计二十九天，七月二十九天。六月壬辰，乃六月二十七日。后四十日，当为八月九日壬申。

仲冬十一月九日庚子，僧咸杰（号密庵）示寂之三年，其得法弟子住灵隐寺僧了悟（号笑庵），以老师平生语《密庵语录》一编，属张镃作序。张镃撰《密庵禅师语录序》。

张镃《密庵禅师语录序》："密庵禅师示寂之三年，其得法真子住灵岩了悟，以老师平生语一编，属镃作序。镃切谓老师一见应庵，便明大法，破沙盆语，盛播丛林，此无可序者。七镇名山，道满天下，一时龙象，尽出钳锤，此亦无可序者。入对中宸，阐扬般若，深契上意，益光宗门，此亦无可序者。然镃叨承衣付，义不容默，谨为之序曰：《密庵语录》一帙，总八十八板，板二十行，行二十字。若于此荐得，许亲见密庵；如或未然，听取一转语。淳熙十五年冬仲月九日，参学张镃序。"（曾枣庄、刘琳主编《全宋文》卷六五六五）

按：僧咸杰（1118—1186），俗姓郑氏，福州福清人。及受戒为僧，不惮远行，遍参知识。初谒应庵于衢之明果，蒙印可。分座而说法于吴门、四明，正座而说法于三衢、金陵、无锡。淳熙四年，有旨住径山。七年，自径山迁临安灵隐寺。孝宗每询以法要，恩遇甚宠。十一年，归老于四明天童。有《密庵和尚语录》十二卷。《全宋诗》录诗二卷。

普济著，苏渊雷点校《五灯会元》卷二十："庆元府天童密庵咸杰禅师，福州郑氏子。母梦庐山老僧入舍而生。自幼颖悟，出家为僧。不惮游行，遍参知识。后谒应庵于衢之明果。庵孤硬难入，屡遭呵。一日，庵问：'如何是正法眼？'师遽答曰：'破沙盆。'庵颔之。未几，辞回省亲。庵送以偈曰：'大彻投机句，当阳廓顶门。相从今四载，征诘洞无痕。虽未付钵袋，气宇吞乾坤。却把正法眼，唤作破沙盆。此行将省觐，切忌便踏跟。吾有末后句，待归要汝遵。'出世衢之乌巨，次迁祥符、蒋山、华

138

藏，未几诏住径山、灵隐，晚居太白。……后示寂，塔于寺之中峰。"

《宋僧录》："咸杰（1118—1186），自号密庵，俗姓郑氏，福州福清人。及受戒为僧，不惮远行，遍参知识。初谒应庵于衢之明果，庵孤硬难入，屡遭呵咄，心不退转，久而相契，遂蒙印可。自此道价益喧，人天推出，分座而说法于吴门之万寿、四明之天童，正座而说法于三衢之乌巨、祥符，金陵之蒋山，无锡之华藏。淳熙四年，有旨住径山，召对选德殿问佛法大要。开堂灵隐。又遣中使降香。七年，自径山迁灵隐，上亲洒宸翰，询以法要。又遣侍臣以圆觉经中四病为问，师皆以实语对，恩遇甚宠。十一年，归老于天童，十三年六月逝，年六十九。撰密庵和尚语录十二卷（大正藏卷四七作一卷，续藏经本作二卷），现存。"

僧了悟，姑苏人。天童密庵咸杰禅师法嗣，南岳下十八世，住临安灵隐寺。有《笑庵悟和尚语》一卷。《全宋诗》录诗七首。

《宋僧录》："了悟，号笑庵，姑苏人。天童密庵咸杰禅师法嗣，南岳下十八世，住临安灵隐寺。有笑庵悟和尚语一卷，与释崇岳等编密庵和尚语录十二卷，均存。"

是年，张镃尝宿治平院。有五律《宿治平院，长老善忍，自绍兴癸酉四月住持，余是年三月生》。

张镃《宿治平院，长老善忍，自绍兴癸酉四月住持，余是年三月生》："治平前代寺，幽胜占唐昌。我始生弥月，师初踞上方。百年虽未半，三纪独偏忙。一事尤堪晒，相随两鬓苍。"（《南湖集》卷四）

按：张镃《宿治平院，长老善忍，自绍兴癸酉四月住持，余是年三月生》诗有"百年虽未半，三纪独偏忙"。一纪为十二年。可见是年张镃三十六岁，当在淳熙十五年。

关于治平院、治平寺，史志记载非止一处。《宝庆四明志》卷十三："治平院，（鄞）县南三十里。后唐清泰二年（935）建，名保丰。皇朝治平元年赐今额"。陈耆卿纂《嘉定赤城志》卷二十八："治平院，在（赤城）县南一百二十里，（英宗）治平三年（1066）建，仍赐额。"《景定建康志》卷四十六："治平寺，今在江宁县治西南。"《咸淳临安志》卷八十四："治平寺，在（于潜）县北十里嘉德乡。旧名天目。（唐昭宗）乾宁元年（894）建，治平二年改今额。"而以唐昌名县或乡之地，亦非一处。故张镃所言"治平院"、"治平前代寺"，尚难以确考其地。

约在是年，张镃以诗寄时闲居石湖的范成大（字至能），有《有怀参政范公，因书桂隐近事奉寄，二首》，对范成大之事业文章深表赞誉。

张镃《有怀参政范公，因书桂隐近事奉寄，二首》其一："石湖仙伯住吴门，事业文章两足尊。南北东西曾偏历，焉哉乎也敢轻论。桂园柳色金丝织，笠泽桃花锦浪翻。小大风烟俱自适，鹪巢终莫拟云鲲。"

其二："迂疏那可作治中，闲事归来却不慵。晓炷佛香聊作观，晚投社饮亦称侬。荷衣制就身宜著，菰米收成手自舂。最是今年多伟绩，万丛兰四百株松。"（《南湖集》卷六）

按：于北山《范成大年谱》载：淳熙十年（1183），范成大在太中大夫任上，"因苦风眩，自夏徂秋，五上章求闲"，返里中石湖；绍熙三年（1192），"加资政殿大学士知太平州，数辞不允，五月之官"。范成大自淳熙十年至绍熙三年，闲居十年之久。考张镃《有怀参政范公，因书桂隐近事奉寄，二首》诗意，张镃以诗寄范成大事，当在淳熙十四年（1187）秋张镃以疾辞归南湖之次年。

范成大（1126—1193），吴郡人。号石湖居士。高宗绍兴二十四年（1154）进士。除徽州司户参军。孝宗朝历官著作佐郎、吏部郎官、礼部员外郎、崇政殿说书、起居郎、资政殿大学士、中书舍人，拜参知政事。光宗朝加资政殿大学士知太平州。寻卒。有《石湖大全集》一百三十六卷，已佚。今传《石湖诗集》三十四卷。另有《揽辔录》、《吴郡志》、《桂海虞衡志》、《吴船录》等著述多种。成大素有文名，尤工于诗。与尤袤、杨万里、陆游并称南宋中兴四大诗人。

《宋史》卷三百八十六《列传第一百四十五·范成大传》："范成大字致能，吴郡人。绍兴二十四年，擢进士第。授户曹，监和剂局。隆兴元年，迁正字。累迁著作佐郎，除吏部郎官。言者论其超躐，罢，奉祠。起知处州。陛对，论力之所及者三，曰日力，曰国力，曰民力，今尽以虚文耗之，上嘉纳。……除礼部员外郎兼崇政殿说书。……隆兴再讲和，失定受书之礼，上尝悔之。迁成大起居郎，假资政殿大学士，充金祈请国信使。国书专求陵寝，盖泛使也。上面谕受书事，成大乞并载书中，不从。金迎使者慕成大名，至求巾帻效之。至燕山，密草奏，具言受书式，怀之入。初进国书，词气慷慨，金君臣方倾听，成大忽奏曰：'两朝既为叔侄，而受书礼未称，臣有疏。'搢笏出之。金主大骇，曰：'此岂献书处耶？'左右以笏标起之，成大屹不动，必欲书达。既而归馆所，金主遣伴使宣旨取奏。成大之未起也，金庭纷然，太子欲杀成大，越王止之，竟得全节而归。除中书舍人。……张说除签书枢密院事，成大当制，留词头七日不下，又上疏言之，说命竟寝。知静江府。……除敷文阁待制、四川制置使……召对，除权吏部尚书，拜参知政事。两月，为言者所论，奉祠。起知明州，奏罢海物之献。除端明殿学士，寻帅金陵。……以病请闲，进资政殿学士，再领洞霄宫。绍熙三年，加大学士。四年薨。成大素有文名，尤工于诗。上尝命陈俊卿择文士掌内制，俊卿以成大及张震对。自号石湖，有《石湖集》、《揽辔录》、《桂海虞衡集》行于世。"

《四库全书总目》卷一百六十《集部十三·别集类十三》："《石湖诗集》三十四卷，宋范成大撰。……案陈振孙《书录解题》成大有集一百三十六卷。《宋史·艺文志》亦载《石湖大全集》一百三十六卷，与陈氏著录同。……此本为长洲顾嗣立等所订，乃于《全集》之中独摘其诗别行，而附以赋一卷。前有杨万里、陆游二序。然万里所序者乃其《全集》，不专序诗。游所序者乃其《西征小集》，亦非序全诗。以名人之笔，嗣立等姑取以弁首耳。据万里序集，乃成大所自编。……成大在南宋中叶，与尤袤、杨万里、陆游齐名。袤集久佚，今所传者仅尤侗所辑之一卷，篇什寥寥，未足定其优劣。今以杨、陆二集相较，其才调之健不及万里，而亦无万里之粗豪。气象之阔不及游，而亦无游之窠臼。初年吟咏，实沿溯中唐以下。……自官新安掾以后，骨力乃以渐而遒。盖追溯苏、黄遗法，而约以婉峭。自为一家，伯仲于杨、陆之间，固亦宜也。"

张镃与范成大可考见的交游唱和之作不多，但二人相交甚善。张镃尝亲历石湖，拜访范成大，并有《游石湖》诗云："几年飞梦越来城，试扣柴荆恰快晴。松菊正愁闲客意，烟波真是主人情。黑头据要方行志，绿野当年浪得名。我亦邻乡植桑柘，访公非为忆莼羹。"（《南湖集》卷五）可见，张镃对乾、淳名臣范成大甚为推崇。

淳熙十六年己酉（1189）　　三十七岁

二月二日壬戌，孝宗禅位，光宗登基。张镃获厕廷绅，有《淳熙己酉二月二日，皇帝登宝位，镃获厕廷绅，辄成欢喜口号十首》。

张镃《淳熙己酉二月二日，皇帝登宝位，镃获厕廷绅，辄成欢喜口号十首》其一："晓色葱茏丽建章，今辰天地不寻常。中宵若没阴云蔽，应见前星日样光。"

其二："只似闲时朝殿来，华驹徐步转东街。铜门已见飞腾象，先下浑银两字牌。"

其三："深严黼座瑞光中，仿佛遥瞻穆穆容。特衣赭袍缘底事，（自注：是日，寿皇吉服先就座。）御天嗣圣欲乘龙。"

其四："宣召班排过隔廊，耸闻神器授储皇。只将揖逊为家法，我宋真宜万代昌。"

其五："百僚重入贺新君，亿载从今仰大昕。文德岂惟循舜道，武功
行见放尧勋。"

其六："聪哲从来简帝心，万方臣子合君临。东堂议事犹经岁，仰体
慈皇属意深。"

其七："和风淑气夹钟初，寿域重开际八区。不战自令边徼服，喜看
风动媲唐虞。"

其八："圣父移居太母傍，銮舆躬侍袭龙香。乍从黄伞窥天表，愈觉
英资似寿皇。"

其九："黎庶曾何帝力知，七旬三入乂宁时。春寒谁怕妨花柳，一日
东风万国吹。"

其十："小臣奕世沐深恩，寓直蓬山三十春。空抱一编无所用，也叨
拜望属车尘。"（《南湖集》卷七）

《续编两朝纲目备要》卷一："（淳熙十六年）二月二日壬戌，孝宗吉
服御紫宸殿，有司立仗，百官起居，免舞蹈。宰执奏事毕，驾兴，百官移
班殿门外。内降诏曰：'朕以菲质，循尧之道，兢业万几，历岁弥长。赖
两仪九庙之德，边鄙不耸，年谷顺成，底于小康。爰自宅忧以来，勉亲听
断，不得日奉先帝之几筵，躬行圣母之定省。固已慊然于怀，况乎春秋浸
高，思释重负。皇太子（御名）仁孝聪哲，久司七鬯，军国之务，历试
参决，宜付大宝，抚绥万邦，俾予一人，获遂事亲之心，永膺天下之养。
不其美欤？皇太子可即皇帝位，朕移御重华宫。'宣诏讫，百官入班殿
庭，皇太子即皇帝位，侧立不坐，如绍兴三十二年之礼。百官称贺毕，三
省、枢密院奏事，退，放仗。孝宗御便殿，帝侍立，继登辇，同诣重华
宫。帝还内，即下诏书上孝宗尊号曰至尊寿皇圣帝。"

三月二十四日甲寅，史浩进太师。张镃以诗赠之，有《寄呈史
太师二首》。

张镃《寄呈史太师二首》其一："昔为金阙相，曾是玉皇师。近即维垣拜，还从彭祖期。传闻风景胜，多赋洞天诗。肯示渔樵否，林间要勒碑。"

其二："自怜冰氏子，父祖已登门。屏迹千官外，驰书一品尊。华戎心处活，（自注：寿皇偃兵，生全南北之民，公实主议。）经传语前论。（自注：公闲居屡有经解）欲理西风棹，因瞻祇树园。（自注：公尝舍里第为兰若。）"（《南湖集》卷四）

《宋史》卷三十六《本纪第三十六·光宗》："（淳熙十六年三月）甲寅，以史浩为太师。"

《宋史》卷三百九十六《列传第一百五十五·史浩传》："（淳熙）十年，请老，除太保致仕，封魏国公。晚治第鄞之西湖上，建阁奉两朝赐书，又作堂，上为书'明良庆会'名其阁、'旧学'名其堂。光宗御极，进太师。"

是春，尤袤在权礼部侍郎、兼权中书舍人、兼直学士院任上，陆游在朝议大夫、礼部郎中任上，杨万里在江西筠州守任上。杨万里有书寄张镃。张镃则以诗赠尤袤、陆游，有长句《呈尤侍郎陆礼部》及《谒陆礼部归偶成二绝句》等。其《呈尤侍郎陆礼部》忆昔既冠时驱驰帝前以平幽燕之壮志，念今苍华萧萧，不胜感慨，诗风颇为豪宕放纵。

张镃《呈尤侍郎陆礼部》："今春少晴天，雨声常绵延。晓来羲车展云出，射我屋瓦生苍烟。忆昔既冠时，壮志平幽燕。先王手扶太极起，余事未竟骑星躔。誓将胆与肠，剖析帝座前。出师先定董郭荐，此老妙处心默传。甲庚子亥系宿业，古来局杀英与贤。苍华萧萧药裹侧，不觉转盼霜满颠。因念梦境中，此亦非小缘。枉教心无片饷息，形气自贱欲火然。一根返源六根了，如何不遣情勾牵。今朝好春风，歌鸟如管弦。花香舒锦机，次第铺我园。柳柔曳金绳，高下拂我船。伸臂揽六龙，莫过桑榆边。披猖车尾霞，丹碧如旗幢。幻作万石酒，烂醉三千年。世间生死俱扫空，况复戏弄冕与轩。江西扬子云，道院方昼眠。来书拆半月，欲报懒欲饮。许我诗五十，方得见六篇。清腴似陶谢，尤觉词精便。尤陆二丈人，和答尚未全。贱子焉敢继，口诵心觜镵。此月小筑成，南湖向西偏。规模从简俭，门墙抵人肩。池亭巧相通，万竹夹涧泉。风月岂易量，肯换闲忧煎。怀公不能休，语尽终难宣。"（《南湖集》卷三）

张镃《谒陆礼部归偶成二绝句》其一："欲识清狂自在身，关门湖上独经春。今朝正接黄梅雨，却出冲泥访故人。"

其二："有口宁论黠与痴，相投无过只谈诗。要知此客非忙客，欲去迟回尚读碑。"（《南湖集》卷七）

何异撰《宋中兴学士院题名》："尤袤。淳熙十六年正月以权礼部侍郎兼直学士院，当年六月宫观。"

吴洪泽《尤袤年谱》载：淳熙十六年，"正月，以权礼部侍郎兼权中书舍人兼直学士院。"

于北山《陆游年谱》载：淳熙十六年己酉（1189）春，陆游在杭州，除朝议大夫、礼部郎中，"张镃有《呈尤侍郎陆礼部》及《谒陆礼部归偶成二绝句》，盖即此时所作"。

是春，杨万里子杨长孺见访，张镃与之次韵唱酬，有《杨伯子见访，惠示两诗，因次韵，并呈诚斋》、《杨伯子过访，翌日以两诗见贻，因次韵答》。

张镃《杨伯子见访，惠示两诗，因次韵，并呈诚斋》其一："自作诗中祖，翁难子更难。波澜千偈阔，光熘九霄寒。觅著由来远，成时自好看。头头见成字，谁道要吟安。"

其二："别去常关梦，书来意已强。那堪多竹地，相对两绳床。壮志霜空鹗，禅心古庙香。糠炉熟黄独，待子数分尝。"（《南湖集》卷四）

张镃《杨伯子过访，翌日以两诗见贻，因次韵答》其一："晴色今朝好，春光恰半头。波清如钓渭，圃事胜封留。瘦觉中黄合，闲宜大白浮。无端同志侣，相过结诗愁。"

其二："句业诚渊海，愚方一苇航。空成由也瑟，难应女娲簧。拟易乾坤别，传家父子香。整翰从此去，拭眦望朝阳。"（《南湖集》卷四）

《杨万里年谱·杨长孺行实系年》载：淳熙十六年，"与张镃亦有过从酬倡"。注云："《南湖集》卷四《杨伯子见访，惠示两诗，因次韵，并呈诚斋》……同上、《次韵酬杨伯子兼呈诚斋》：'我固有诗癖，怜君尤苦心。自闻非为俗，异处却同音。病后闲方乞，湖边秋渐深。排门听车骑，相与话幽襟。见说聪明早，童年便与玄。细看今日句，宛似乃翁篇。家谱无他姓，文星聚此边。何须待千首，一首已堪传。'同上、《杨伯子过访，翌日以两诗见贻，因次韵答》"。

按：于北山《杨万里年谱》以张镃《杨伯子见访，惠示两诗，因次韵，并呈诚斋》、《次韵酬杨伯子兼呈诚斋》、《杨伯子过访，翌日以两诗见贻，因次韵答》三诗均为淳熙十六年张镃与杨长孺的次韵唱和之作，当误。考张镃《次韵酬杨伯子兼呈诚斋》有"病后闲方乞，湖边秋渐深"句，《杨伯子过访，翌日以两诗见贻，因次韵答》则有"晴色今朝好，春光恰半头"句。二诗一作于秋季，一作于春天，显非同时所作。前述淳熙十四年丁未（1187）秋，张镃以疾辞临安通判，其《次韵酬杨伯子兼呈诚斋》即作于是年。

四月，杨万里除朝散大夫。二十日庚辰，为张镃《南湖集》作序。

杨万里《约斋南湖集序》："余出守高安，约斋子寄其诗千余篇曰《南湖集》，且谂予序之。乃书其说于篇首云。约斋子张氏，名镃，字功父。淳熙己酉四月庚辰，诚斋野客庐陵杨万里序。"（《杨万里集笺校》卷八〇）

146

《杨万里年谱》载：淳熙十六年己酉（1189），"四月，除朝散大夫，为张镃《南湖集》作序"。

五月，叶适（字正则）除秘书郎兼实录院检讨官。同月又有湖北参议官之命。张镃以诗送之，有《送叶正则秘郎参议湖北帅幕》，称赞叶适一事必忧时的精神。

张镃《送叶正则秘郎参议湖北帅幕》："桂隐无期报，朝贤去却知。累年艰特荐，一事必忧时。盛世未应尔，重来犹可为。相过非为数，公论合勤思。"（《南湖集》卷四）

周学武《叶水心先生年谱》载：淳熙十六年，"五月，除秘书郎，仍兼实录院检讨官。是月，又有湖北参议官之命。"

按：叶适（1150—1223），温州永嘉人。号水心。孝宗淳熙五年（1178）进士。授平江节度推官，改武昌军节度判官，浙西提刑司干办公事，召为太学正，除太常博士兼实录院检讨官。光宗嗣位，由秘书郎出知蕲州，入为尚书左选郎官。宁宗朝，迁国子司业，除太府卿、湖南转运判官，迁知泉州，除权兵部侍郎、权工部侍郎。韩侂胄北伐兵败，除宝谟阁待制、知建康府兼沿江制置使，进宝文阁待制，至宝文阁学士、通议大夫。有《水心集》二十九卷。

《宋史》卷四百三十四《列传第一百九十三·儒林四·叶适传》："叶适字正则，温州永嘉人。为文藻思英发。擢淳熙五年进士第二人，授平江节度推官。丁母忧。改武昌军节度判官。少保史浩荐于朝，召之不至，改浙西提刑司干办公事。士多从之游。参知政事龚茂良复荐之，召为太学正。迁博士……除太常博士兼实录院检讨官。尝荐陈傅良等三十四人于丞相，后皆召用，时称得人。会朱熹除兵部郎官，未就职，为侍郎林栗所劾。适上疏争曰：'栗劾熹罪无一实者，特发其私意而遂忘其欺矣！……逐去一熹，自此善良受祸，何所不有！伏望摧折暴横，以扶善类。'疏入不报。光宗嗣位，由秘书郎出知蕲州。入为尚书左选郎官。……孝宗崩，光宗不能执丧。军士籍籍有语，变且不测。适又告（留）正曰：'上疾而不执丧，将何辞以谢天下？今嘉王长，若预建参决，则疑谤释矣。'宰执用其言，同入奏立嘉王为皇太子，帝许之。……嘉王即皇帝位，亲行祭礼，百官班贺，中外晏然。凡表奏皆（赵）汝愚与适裁定，临期取以授仪曹郎，人始知其预议焉。迁国子司业。汝愚既相，赏功将及适，适曰：'国危效忠，职也。适何功之有？'……力求补外。除太府卿，总领淮东军马钱粮。及汝愚贬衡阳，而适亦为御史胡纮所劾，降两官罢，主管冲佑观，差知衢州，辞。起为湖南转运判官，迁知泉州。……除权兵部侍郎，以父忧去。服除，召至。……除权工部侍郎。侂胄欲藉其草诏以动中外，改权吏部侍郎兼直学士院，以疾力辞兼职。会诏诸将四路出师，适又告侂胄宜先防江，不听。未几，诸军皆败，侂胄惧，以丘崈为江、淮宣抚使，除适宝谟阁待制、知建康府兼沿江制置使。……时羽檄旁午，而适治事如平时，军须皆从官给，民以不扰。……兵退，进宝文阁待制，兼江、淮制置使……侂胄适诛，中丞雷孝友劾适附侂胄用兵，遂夺职。自后奉祠者凡十三年，至宝文阁学士、通议大夫。嘉定十六年，卒，年七十四，赠光禄大夫，谥忠定。适志意慷慨，雅以经济自负。方侂胄之欲开兵端也，以适每有大雠未复之言重之，而适自召还，每奏疏必言当审而后发，且力辞草诏。第出师之时，适能极力谏止，晓以利害祸福，则侂胄必不妄为，可免南北生灵之祸。议者不能不为之叹息焉。"

《四库全书总目》卷一百六十《集部十三·别集类十三》："《水心集》二十九卷。宋叶适撰。……适文章雄赡，才气奔逸，在南渡后卓然为一大宗。其碑版之作，简质厚重，尤可追配作者。适尝自言：'譬如人家觞客，虽或金银器照座，然不免出于假借。惟自家罗列者，即仅瓷缶瓦杯，然都是自家物色。'其命意如此，故能脱化町畦，独运杼轴。韩愈所谓文必己出者，殆于无忝。"

六月二十二日庚戌，尤袤罢权礼部侍郎，奉祠归里。舟行，张镋送之。

张镋《南湖有怀遂初尤公侍郎寄赠七言》:"停骖曾送柳边舟,忽忽今冬病故秋。望远溪山常入梦,写残书信只成愁。明心坐断三千佛,谒帝行归十二楼。临水忆君谁复信,乱烟凄暮白芦洲。"(《南湖集》六)

吴洪泽《尤袤年谱》载:淳熙十六年,"六月二十二日,罢权礼部侍郎,奉祠归里(《宋中兴学士院题名》、《东宫官僚题名》、本传),居无锡束带河大第(《旧话》)。"

夏秋间,张镋与友人张尧臣反复次韵唱和。有《泛锦池霞川,呈张以道二首》、《以道次韵,因再和二首》等。

张镋《泛锦池霞川,呈张以道二首》其一:"夕风轻扬一池香,遥为荷花泛短航。俗子几曾贪韵胜,闲人赢得放清狂。幽栖野鹤林松黑,乱扑流萤水叶凉。会取渭川当日意,不将终老俟周王。"

其二:"戏选婵娟结伴来,画桥低处侧鸾钗。娲簧静试醒松响,鲁酒聊倾旷荡怀。万事亦须从使便,百年无过任天排。怜君近许同心友,分取湖光到竹斋。"(《南湖集》卷五)

张镋《以道次韵,因再和二首》其一:"秋林何翅一般香,楚思无穷属野航。不必再参庞老语,要须先会接舆狂。青灯渐向韦编熟,白露初添玉井凉。久矣荡除人我相,莫疑高尚鄙侯王。"

其二:"顷年寻地喜初来,墙下松飘满径钗。屈指五经寒暑候,教人一扫利荣怀。南湖又共诗翁住,东寺须连单位排。触景未尝瞒昧得,肯从颜氏学心斋。"(《南湖集》卷五)

按:前述淳熙十二年乙巳(1185),张镋在通判临安、直秘阁任上,因倦处于旧庐,遂更谋于别业,于杭城北郭南湖之滨,得地百亩,始建南湖园。而张镋《以道次韵,因再和二首》其二有"顷年寻地喜初来,墙下松飘满径钗。屈指五经寒暑候,教人一扫利荣怀"云云,知张镋与张尧臣次韵唱和在淳熙十六年(1189)。又,张镋《泛锦池霞川,呈张以道二首》其一有"夕风轻扬一池香,遥为荷花泛短航"句;《以道次韵,因再和二首》其一有"秋林何翅一般香,楚思无穷属野航"句,可知二人之次韵唱和当在淳熙十六年夏秋间。

中秋,史浩邻友张尧臣自杭州归四明,寄张镃《桂隐纪咏》组诗八十余绝于史浩。史浩为一绝题其后,诗有"桂隐神仙宅,平生足未登。新诗中有画,一一见舳舻",称赞张镃诗作及其桂隐林泉之胜。

史浩《题南湖集卷十二后》:"桂隐林泉在钱塘为最胜,张子卜筑。池台馆宇门墙道路,凡经行宴息处,悉命以佳名,而各有诗。予固未尝历其地,乃因邻友张以道东归,惠然寄示,总八十余绝,读之洒然,而与其人岸观散袿,徜徉于烟萝香霭间,可胜欣快。因为一绝题其后:'桂隐神仙宅,平生足未登。新诗中有画,一一见舳舻。'淳熙己酉(1189)中秋,鄮峰真隐史浩书。"(《南湖集·附录上》)

按:史浩《题南湖集卷十二后》所录绝句,乃佚诗。该诗不存于今史浩文集《鄮峰真隐漫录》。检《全宋诗》卷一九七三——九八〇,以影印文渊阁《四库全书·鄮峰真隐漫录》为底本,参校清缪荃孙跋抄本等,收史浩诗七卷,新辑史浩集外诗一卷,共八卷,亦未见上录一绝。

据清四库馆臣考证,史浩《鄮峰真隐漫录》"为门弟子编排"(《四库全书总目》卷一百五十九《集部十二·别集类十二》)。王智勇先生进一步考证:"《鄮峰真隐漫录》虽刊刻具体情况不详,但宋元诸书目如《直斋书录解题》卷十八、《文献通考》卷二百三十九、《宋史·艺文志》著录均为五十卷,盖史氏家族为南宋望族,浩又为孝宗朝重臣,故其门人周铸编集时得以利用各种有利条件全力搜讨,是以收文详尽,后人无以增补删削,遂使诸家著录皆同"(《鄮峰真隐漫录》卷首,《宋集珍本丛刊》第四三册,北京:线装书局,2004年,第762页)。再检清乾隆刻本史浩文集,首卷明载"门人周铸编"(《鄮峰真隐漫录》卷一)。可见,《鄮峰真隐漫录》并非史浩亲纂，而是由其门人周铸搜辑编纂而成。史浩《鄮峰真隐漫录》既为其门人周铸编纂，故其《题南湖集卷十二后》所录绝句一篇，当是周铸搜辑史浩文稿时，未能收集编入。

八月，杨万里拜朝廷复直秘阁、除朝议大夫之命。九月十二日己巳，抵行在。张镃时有恙在身，以诗贺之，有《喜杨诚斋赴召》。

张镃《喜杨诚斋赴召》："病中何事却欢欣，闻召高安老使君。碧落岂容留绮夏，紫微端要著卿云。《朝天续集》开新咏，解《易》元谈记古文。应笑清臞约斋子，湖边犹恋白鸥群。（自注：碧落，筠郡圃堂名。）"（《南湖集》卷六）

《杨万里年谱》载：淳熙十六年己酉（1189），"九月十二日抵行在。……张镃有诗贺赴召"。

十一月，杨万里奉命为接伴金国贺正旦使，乘舟北征。途中，追和张镃贺赴召及病起寄谢之韵，有《舟中追和张功父贺赴召之句》、《追和功父病起寄谢之韵》。

杨万里《舟中追和张功父贺赴召之句》："两岁千愁寡一欣，故人多问谢张君。又瞻东阙阙前月，只负南溪溪上云。宾日扶桑遭圣旦，客星钓濑愧天文。人生离合风前叶，聚首亡何复离群。（自注：余所居里名南溪。）"（《杨万里集笺校》卷二七）

杨万里《追和功父病起寄谢之韵》："霜何曾傍绣帘寒？酒不能令客脸丹。勤向竹炉温手脚，懒寻铜镜整衣冠。无人孤坐月将落，拥鼻清吟夜向阑。忽忆约斋诗债在，自吹灯火起来看。"（《杨万里集笺校》卷二七）

《杨万里年谱》载：淳熙十六年己酉（1189），"十一月，奉命为接伴金国贺正旦使，乘舟北征……追和张镃贺赴召及病起寄谢之韵"。

按：杨万里《追和功父病起寄谢之韵》，张镃原诗已散佚不存。

十一月，杨万里抵镇江，时张镃叔祖张子颜以显谟阁直学士、通奉大夫知镇江府。杨万里有诗题连沧观，呈张子颜。

杨万里《题连沧观呈太守张几仲》："开窗纳尽大江秋，天半飞楼不是楼。独立南徐鳌绝顶，下临北固虎回头。蒜山旧址空黄鹤，瓜步新城照白鸥。好事主人酬诗客，风烟一眼到扬州。"（《杨万里集笺校》卷二七）

《嘉定镇江志》卷十五《宋润州太守》："张子颜，显谟阁直学士、通奉大夫。淳熙十四年九月到，绍熙元年三月被召户部侍郎。"

宋人马子严题《瘗鹤铭》："余淳熙己酉岁为丹杨郡文学，暇日游焦山，访此石刻，初于佛揭前见断石，乃其篇首二十余字。有僧云：'往年于崖间震而坠者。'余不信然，遂拏舟再历，观崖间尚余兹山之下二十余字，波间片石倾倒。舟人云：'此断碑水落时亦可摹揭。'今因请于州，将龙图阁直学士张子颜发卒挽出之，则甲午岁以下二十余字。偶一卒曰：'此石下枕一小石，亦觉隐指，如是刻画，遂并出之。其文与佛揭所见者同，持以较之，第阙二字，而笔力顿异，乃知前所见者为僧所绐耳，因摹数本以遗故旧。近观陶隐居诸刻，反覆详辨，乃知此铭真陶所书，前辈所称者众矣，惟长睿之说得之。"（李光暎《金石文考略》卷四）

《杨万里年谱》载：淳熙十六年己酉（1189），"十一月……抵镇江，有《晓泊丹阳馆》诗。又有诗题连沧观，呈太守张子颜（几仲）"。

是年，张镃尝撤移旧居小假山，过桂隐。有《撤移旧居小假山过桂隐》诗。

张镃《撤移旧居小假山过桂隐》："顷年叠石规制狭，大类堆沙戏成塔。一株蟠桂两樛松，便爱清阴蔓藤匝。阶前指作嵩华样，引宾纪咏纷酬答。迁巢城北倏两期，惯有真山坐延纳。人生最怕眼见广，到处卑凡意难合。每还旧舍觉荒陋，草树虽添漫稠杂。林塘移植势定增，未成已想风烟飒。朝晴夕晦各异状，倚杖闲看更铺榻。园中胜赏亦甚富，此独宜茶兼酒榼。载来非敢效奇章，甲乙题朱旋涂蜡。"（《南湖集》卷三）

152

按：前述张镃于临安北郊始建南湖园，事在淳熙十二年（1185），至淳熙十四年（1187），历二岁，已有居宅落成，并迁居其中。张镃《撤移旧居小假山过桂隐》有"迁巢城北倏两期"，"两期"即两年。则其撤移旧居小假山事，当在淳熙十六年（1189）。

是年，谢谔（字昌国）请祠归。张镃以诗送之，有《送谢艮斋得闲西归》，许谢谔为知己，并盛赞其心传古学与忠言壮节。

张镃《送谢艮斋得闲西归》："向来朝列虽知己，台省山林职事殊。勇退近闻辞北阙，醉游唯欠到南湖。心传古学高当代，力把忠言壮晚途。竞说归舟卖金带，囊空相见一钱无。"（《南湖集》卷六）

《宋史》卷三百八十九《列传第一百四十八·谢谔传》："（淳熙十六年）光宗登极，献十箴，又论二节三近：所当节者曰宴饮，曰妄费；所当近者曰执政大臣，曰旧学名儒，曰经筵列职。除御史中丞，权工部尚书。请祠，以焕章阁直学士知泉州，又辞，提举太平兴国宫而归。"

按：据《宋史·谢谔传》，知谢谔请祠而归事，在淳熙十六年（1189）。故系张镃《送谢艮斋得闲西归》诗于是年。

谢谔（1121—1194），临江军新喻人。号艮斋先生，晚又号桂山先生。高宗绍兴二十七年（1157）进士。摄抚州乐安县尉，升左从政郎，授吉州录事参军，改左宣教郎知袁州分宜县。以母忧去。服除，请为祠官以便养亲，授主管台州崇道观。寻丁父忧。服除，授干办行在诸司粮料院，除国子监主簿、太学博士、监察御史、殿中侍御史、右谏议大夫兼侍讲《尚书》。光宗登极，除御史中丞，寻权工部尚书，提举江州太平兴国宫，奉祠归。谢谔道学精深，著述甚丰，有《文集》一百卷，《经解》四十三卷，《奏议》十卷，《性学渊源》五卷，《杂志》二十卷，《孝史》五十卷。均佚。今《两宋名贤小集》存《艮斋诗集》一卷。

杨万里《故工部尚书焕章阁直学士朝议大夫赠通议大夫谢公神道碑》："淳熙圣人睿文自天，典学日新。遵道隆儒，先路五三。于是儒学

153

之士，云瀚川汇，匪人舒向家毛郑也。而其蓥艾典刑之尤者，在二浙则雪川程公泰之，在西蜀则眉山李公仲仁，在江西则清江谢公昌国也。然程、李二公或以经学鸣，或以史学鸣，或以文词鸣，曰经而经，曰史而史，曰文而文者，其惟谢公乎？公讳谔，昌国其字也。家临江之新喻……公幼敏而愿，不妄语，诵书日记千言。既冠，文名载振，屡荐名，最后首送。绍兴二十七年第进士，授迪功郎峡州夷陵县主簿。未赴，江西常平使者王传，檄公摄抚州乐安县尉。公条治盗方略上部使者，其要在开其徒自告。三十一年至夷陵，适北陲有衅，羽檄旁午。邑缺真令，州请于使，以公兼邑事。军无乏兴，民亦不扰。循左修职郎，升左从政郎，授吉州录事参军。……以荐者改左宣教郎知袁州分宜县。表孝悌，崇学校，政尚忠厚。县名难理，积负于郡者数十万，一岁常赋之外，又凿空索缗钱二万余。公叹曰：'桑弘羊复生，亦不能矣。'乃疏其弊于诸郡使者，力求蠲损，得损。亡几，以母忧去。后令许公继请于朝，竟蠲积负十三万缗。至公在言路，又以分宜及秀之华亭月椿同奏，诏两路漕臣躬至二邑，廉问故袁之四邑例，蠲正额缗钱仅二万，而华亭又数倍焉。分宜之民，始有生意。服除，请为祠官以便养亲，授主管台州崇道观。寻丁父忧。服除，授干办行在诸司粮料院，除国子监主簿、太学博士、监察御史。……除殿中侍御史。……除右谏议大夫兼侍讲《尚书》。……太上（孝宗）登极，公献《十铭》。……时称《十铭》如李卫公《丹扆箴》云。……（淳熙）十六年四月，除御史中丞，寻权工部尚书。六月，上章请为祠官甚力，除焕章阁直学士知泉州。又辞，乃除提举江州太平兴国宫。……既奉祠来归，天下士君子高其风。公始居县之南郭，名其燕坐曰艮斋，天下称艮斋先生。后居东郭，茂林修竹，环列其居。而桂尤盛，遂以桂山名其堂，又皆称桂山先生云。绍熙五年十一月九日，以疾薨于正寝，享年七十有四。阶朝议大夫，爵清江县开国伯，食邑九百户。遗表闻，特赠通议大夫。……公有《文集》一百卷，《经解》四十三卷，《奏议》十卷，《性学渊源》五卷，《杂志》二十卷。《孝史》五十卷。公之经学，受《易》于邵雍，以达于

二程。……学者宗焉。"（《杨万里集笺校》卷一二一）

《两宋名贤小集》卷一百七十八："《艮斋诗集》。谢谔字昌国，临江军人。绍兴末尉乐安，去奸蠹，施德政，凡有益于民者，言于令行之。……谔博学，工文词，有名当世。号艮斋。有《艮斋文集》。"

是年，庄治（字器之）以《吾亦爱吾庐》六诗寄赠张镃。张镃次韵唱和，有《庄器之贤良，居镜湖上，作吾亦爱吾庐六诗见寄，因次韵述桂隐事报之，兼呈同志》，抒发幽居南湖桂隐的自在情怀。

张镃《庄器之贤良，居镜湖上，作吾亦爱吾庐六诗见寄，因次韵述桂隐事报之，兼呈同志》其一："吾亦爱吾庐，地僻犹深山。山亦前后有，远望碧玉环。紧昔近市居，局促几泥蟠。买园辟荒榛，运量百亩宽。勤劳艺且筑，就绪五载间。葛巾雅相宜，何心傲蝉冠。流光隙中驶，霜鬓映苍颜。恬愉无竞外，幸免历世患。旁人笑野拙，枉自家长安。开门面陂泽，岸岸蒲蓼湾。此身夫何疑，郊岛乃瘦寒。"

其二："吾亦爱吾庐，万木纷秀挺。一一亲主盟，非特时管领。缅怀蛮触氏，隙腐争夺境。跃然起予衷，大类困浇茗。扫空市虎疑，照破杯蛇影。步宽更容人，园中无狭径。"

其三："吾亦爱吾庐，第一桂多种。西香郁天地，不假风迎送。花开与花落，真境未尝动。群芳亦时有，幻巧云锦综。廓然清净观，岂复计疏壅。红红白白处，政自见日用。江山虽阻修，此乐朝暮共。逢场任竿木，何许非戏弄。一笑和君诗，是亦梦中梦。"

其四："吾亦爱吾庐，试听谈向背。维南汇平湖，浙水实分派。两峰屹三塔，形势远襟带。城中那有此，到处怜湫隘。挐舟信所之，讵复防厉揭。猿鹿骜幽旷，引避终远害。抱垣更通津，渔钓欲寄快。都缘迹不羁，彻老心自在。"

其五："吾亦爱吾庐，精舍出其右。（自注：仆舍园东旧宅为禅寺。）

155

南山祝吾君，身自乐畎亩。福田非住相，初不藉耕耨。众生睹善法，政合远奔走。谁知在家僧，特未断荤酒。更有一般呆，望南看北斗。"

其六："吾亦爱吾庐，门前卖时蔬。满担风露香，选择未始无。苏子觅二顷，杨翁营一区。两者况见成，自顾惭晨晡。不妨瘦如竹，何急肥似壶。向来炼句痴，工拙分毫铢。如今布袍下，识字村田夫。诸公信余言，相从莫踟蹰。"（《南湖集》卷一）

按：淳熙十二年乙巳（1185），张镃于杭州城北南湖之滨得地百亩，始建南湖园。而张镃《庄器之贤良，居镜湖上，作吾亦爱吾庐六诗见寄，因次韵述桂隐事报之，兼呈同志》其一有"买园辟荒榛，运量百亩宽。勤劳艺且筑，就绪五载间"云云。淳熙十二年至淳熙十六年（1189），是为五载。故系于是年。

庄治，福州人，侨寓池州，后居山阴镜湖上，与陆游为邻。原本布衣，后举贤良方正、能言极谏科。有招隐阁。

《建炎以来朝野杂记·甲集》卷十三"制科六题"条："（淳熙）十二年春，李献之以右史直禁中，面奏：'贤良之举，肇自汉文，本求谠言，以裨阙政，未闻责以记诵之学也，使其才行学识如晁、董之伦，虽注疏未能尽记，于治道何损。'乃复罢注疏命题。于是陈天与守池，举郡人庄治，丘宗卿守平江，举郡人滕戌。十三年六月，召试。"

《宋会要辑稿·选举》一一之三七："（淳熙十二年）十月八日，宰执进呈池州守臣陈良祐奏，福州布衣庄治堪应贤良方正、能直言极谏科。……上曰：'卿等看庄治文字如何？'（王）淮等奏：'文字亦有源流，但不知记问如何。兼一人恐不可试。'上曰：'不必拘此，可令后省看详闻奏。'继而几事中葛邲看详治议论文词，详而有据，堪应召试。诏令中书召试。"

陆游《酬庄器之贤良见赠》："先朝六科亲策士，事业功名何壮伟。元祐复科财数年，所得四三俄复止。中兴思贤形梦想，屡诏自是朝廷美。纨袴小儿坏人事，赐帛西归困嘲诋。诸公相视叹才难，一士卧云谁挽起？

跨驴过我时共语，晁董千年元不死。高谈亹亹有脉络，横得虚名吾可耻。乌巾白纻塞路衢，砥柱颓波望吾子。"（《剑南诗稿校注》卷十三）

张镃《寄题庄器之招隐楼》："得时则为人，此固丈夫志。生前必功名，说实起后世。君看禹稷徒，乌有觊望意。偶然事逢手，势若破竹易。所以极万代，伟绩不可概。纷纷务勉强，指日苟声利。等观今昔为，迷悟由性异。庄侯海内士，岂特静者类。深叹末俗竞，懒赴殊科试。力田抄饭白，结屋傍山翠。受用已有余，推此更广施。名楼曰招隐，来者定弗弃。我恨闻命晚，已买城北地。湖滨林麓幽，市远车马避。想象辋川宽，庶几盘谷邃。虽非千步门，肯换一品位。桃蒸春浪活，桂馥秋风至。其时思故友，命驾惊昼睡。堂堂无他言，握手笑相视。吾侪东西隔，橘枳本同味。中年各苋裘，要非太早计。何须并墙居，而后愿始遂。"（《南湖集》卷一）

据张镃《庄器之贤良，居镜湖上，作吾亦爱吾庐六诗见寄，因次韵述桂隐事报之，兼呈同志》，知张镃所和庄治原诗为《吾亦爱吾庐》六首。已佚。

是年，曾三聘（字无逸）入朝为掌故，有诗寄张镃。张镃有《酬曾无逸架阁见寄》。

张镃《酬曾无逸架阁见寄》："贪闲常怕拆人书，今日开缄病已无。数纸云情动金石，一篇天籁集笙竽。心交物类相感志，愿在衣冠盛事图。（自注：无逸兄无玷，今主大府簿。）稍稍斯文振吾党，快来青鬓躐华途。"（《南湖集》卷六）

按：曾三聘入朝为掌故事，史书无载。所谓掌故，乃主官尚书某部架阁文字官之简称，亦称架阁。杨万里《江西道院集》有《送曾无逸入为掌故》："吉文江水走玉虹，我家水西君水东。有时相思即命驾，连床夜雨听松风。中间薄宦各分散，南飞鸳鹅北飞雁。朝来驿骑打谯门，有客有客来相见。闻君携家入帝京，椎鼓发船天上行。也能枉辙九十里，来访江西道院僧。诗家两仙宿台省，红药苍苔紫薇影。若问山僧作么生？日晏莺啼眠不醒。"（《杨万里集笺校》卷二十五）《杨万里年谱》亦载：淳熙十六年（1189），"曾三聘入朝为掌故"，时杨万里在江西筠州守任上，曾三聘"迁道来访"，杨万里"有诗送之"。由此知曾三聘入朝为掌故事在淳熙十六年。张镃《酬曾无逸架阁见寄》有自注"无逸兄无玷，今主大府簿"。考《宋史》卷四百十五《列传第一百七十四·曾三复传》："曾三复字无玷，临江人。乾道六年进士。淳熙末，为主管官告院，迁太府寺簿，历将作、太府丞。……绍熙初，出知池州，改常州。召为御史检法，拜监察御史，转太常少卿，进起居舍人，迁起居郎兼权刑部侍郎，以疾告老。诏守本官职致仕。"知张镃诗注所言无逸兄无玷，乃曾三聘兄曾三复，淳熙末为太府寺簿。又考李之亮《宋代京朝官通考》："太府寺丞……淳熙十六年己酉（1189）……曾三复。《咸淳临安志》卷六：'太府寺郑湜《续记》："为曾君三复曩者预选迁议，再除，复来为丞。"'"知曾三复淳熙十六年以太府寺簿历将作，除太府寺丞。以张镃《酬曾无逸架阁见寄》诗题及其诗注，知张镃作是诗时曾三聘已入朝为架阁，曾三复又仍在太府寺簿任上，则必为淳熙十六年无疑。

曾三聘（1144—1210），临江军新淦人。孝宗乾道二年（1166）进士。调赣州司户参军，累迁军器监主簿、秘书郎。宁宗立，兼考功郎，出知郢州。韩侂胄为相，坐追两官。久之，复元官与祠。《全宋诗》录诗一首。

《宋史》卷四百二十二《列传第一百八十一·曾三聘传》："曾三聘字无逸，临江新淦人。乾道二年进士。调赣州司户参军，累迁军器监主簿。……光宗不朝重华宫，中外疑惧，三聘以书抵丞相留正，正未及言，会以他事不合求去。……迁秘书郎。……孝宗病革，复上疏言：'道路流言，汹汹日甚，臣恐不幸而有狂夫奸人，托忠愤以行诈，假曲直以动众，至此而后悔之，则恐无及矣。'帝意为动。……宁宗立，兼考功郎，后知郢州。会韩侂胄为相，指三聘为故相赵汝愚腹心，坐追两官。久之，复元官与祠。差知郴州，改提点广西、湖北刑狱，皆辞不赴。侂胄诛，诸贤遭窜斥者相继召用，三聘禄不及，终不自言。嘉熙间，三聘已卒，有旨特赠三官，直龙图阁，赐谥忠节。"

张镃与曾三聘交游唱和的诗作，除《酬曾无逸架阁见寄》之外，还有《连日雪未能多，曾无逸见惠二首，遵欧苏律禁体物语，及用故事，走笔次韵》其一："鹊冻听无语，鸥饥望不飞。纵饶居士爱，亦自到园稀。入幕灯生晕，飘池水长肥。何能巧模写，吟思欠幽微。"其二："待伴犹虚夜，羞明或遇朝。但依歌袖舞，休向鬓丝飘。有句清堪比，令人意自消。暖寒林下具，相就可须招。"（《南湖集》卷四）《次韵酬曾无逸宗教》其一："自识闲中趣，常嫌闹处行。湖山真富贵，花鸟小声名。有客金兰好，贻诗征角鸣。相期耐霜露，斯事岂凡情。"其二："地秀溪通邑，山高寺蠹云。望殊惊乍见，景胜厌前闻。鸡犬人家乐，风烟钓艇纷。奔程船径过，虽雨未西曛。"（《南湖集》卷四）《曾无逸饷风澜十团扇，报以七言》："君才霁月破阴分，因物还将比似君。水上风云真解悟，目前意到便成文。轻涛浡突羊头起，急溜爬鬖虎爪分。珍重南丰横别派，洗空浮浊几人群。（自注：羊头、虎爪，皆扇上水名。）"（《南湖集》卷六）《走笔和曾无逸掌故，约观玉照堂梅诗，六首》其一："才晴便是看花时，记事君曾有四诗。及至花开风日好，不闻拄杖扣疏篱。"其二："才晴便是看花时，天上阴晴岂预知。前日路干居士病，偶妨招客酒樽随。"其三："才晴便是看花时，不觉飘香已满枝。小道山翁如具眼，绿阴初试更相宜。（自注：架阁库人号小道山。）"其四："才晴便是看花时，自看何如与客期。亦有数篇花下句，苦无风味怕人知。"其五："才晴便是看花时，休问花名是阿谁。藉使无梅桃杏在，但能来赏莫嫌迟。"其六："才晴便是看花时，夜雨何堪带雪吹。春色更拼过数日，三分余一尚堪追。"（《南湖集》卷九）曾三聘任朝职，在孝宗淳熙十六年至宁宗之初的几年间。上述张镃与曾三聘交游唱和的诗作，均当作于此期。可以看出，二人在杭州多有诗文往来，相交甚善。张镃所和曾三聘原诗，已散佚不存。

光宗绍熙元年庚戌（1190）　三十八岁

正月一日丙辰，张镃次张尧臣诗，有《庚戌岁旦次张以道韵》。

张镃《庚戌岁旦次张以道韵》："农家正旦喜占晴，老圃观风趁早春。两事欲寻强健日，一生常作太平民。绍熙初岁新开历，典册崇仪极奉亲。词拙固难传乐府，水边闲示钓鱼人。"（《南湖集》卷五）

按：张尧臣原诗已佚。

正月四日己未，赋《正月初四日听新乐成绝句》三首。

张镃《正月初四日听新乐成绝句》其一："鳌抃钧天沸广场，渡江何翅纪铿锵。频年遏密无惊绪，乐叟闲来说泰皇。"

其二："治音安乐绍熙初，试听咸韶可并驱。鼓武磬襄奚足数，作成从此不愁无。"

其三："呜呜胡笛鹧鸪声，三迭鸣鼍舞袖轻。灯市花村旧欢醉，如今自厌邈无情。"（《南湖集》卷七）

三月，张镃叔祖张子颜于知镇江府任上被召户部侍郎。

《嘉定镇江志》卷十五《宋润州太守》："张子颜，显谟阁直学士、通奉大夫。淳熙十四年九月到，绍熙元年三月被召户部侍郎。"

是春，光宗为张镃淳熙十四年舍宅所建寺院赐额广寿慧云禅寺。张镃于是一意崇饰，以侈上赐，彻堂为殿，凡佛屋之未备者，悉力经营，土木坚好，金碧焕发，为寓都壮观。落成，以书祷太师、魏国公史浩为记。史浩甚嘉其志，为作《广寿慧云禅寺之记》。侍读楼钥（字大防）为之书，并题额。

史浩《广寿慧云禅寺之记》："绍熙元年春□月辛丑，故循王之曾孙、宣义郎、直秘阁、前通判临安军府事张镃，请于朝曰：'愿以城东北新宅一区，效前贤舍为佛寺，仍割田六十顷有奇，赡其徒，熏修植福，以伸归美报上之志。'上曰可，赐额广寿慧云禅寺。张君勋门佳裔，自幼刻苦问学，年未强仕，澹然无意于荣途，闲居远声色，薄滋味，终日矻矻，攻为诗文，自处不异布衣臞儒，人所难能。兹又捐所重，以创精蓝，尤难能者。既得请，乃一意崇饰，以侈上赐。彻堂为殿，凡佛屋之未备者，悉力经营，土木坚好，金碧焕发，隐然丛林，为寓都壮观，见者起敬焉。落成，以书祷予为记。予每叹世人苟贵若富，必思广其居，务极雄丽，以贻厥后，而夸无穷。然历世未几，生息繁衍，宏敞化为湫隘，又从而分裂之，蜂房蚁垤，各开户牖，无复前日耽耽气象。矧或不竞，求售他人，一再过而为墟者有之。固不若释吝骄，齐物我，推己所有，与众共之，为长且久也。异时寝处宴游之地，千载俨然，子孙登览，企想风烈，必有慷慨激昂，思济其美者。世人识虑及此，以足为达，而张君之志，则又过之。盖自其先王受国隆恩，河润泽及，迄兹涵浸，一身眇然，图报无所，故为是举，以纾厥忠，匪直为其私也。若夫钟鱼震动，云水鼎来，演上乘而祝帝龄，赐余福以佑黎庶，兹念一兴，亘千万祀不能磨灭，如佛氏所谓愿力者。张君之忠，宁有既耶？予嘉其志，故为之书。太师、保宁军节度使、致仕、魏国公史浩撰。中大夫、权吏部尚书、兼直学士院、兼实录院修撰、兼侍读楼钥书并题额。"（《南湖集·附录中》）

吴之鲸《武林梵志》卷一"城内梵刹"："广寿慧云禅寺，在三拨营畔。宋淳熙十四年张循王之孙镃舍宅建寺。绍熙元年赐额，俗称张家寺。有留云亭、白莲池。元至正间毁。洪武十七年僧文副重建。……慧云者，张宣义所舍南湖园宅，绍熙间请于朝以为寺者也。岁久渐湮狭，少其额，迤东稍稍入军营。而所为南湖，俗称白洋池者，亦不知何时并入民居。……古今之舍宅为寺者多矣。即右军、东山辈，皆慧业文人，卒不闻亲勒文字，建之金石，慧云独有之。模丰碑所手书，预制发愿疏，出自血诚，读不能终篇，泪潜潜下，想见公之为人也。史魏国与公同时，称公闲居远声色，薄滋味，矻矻诗文，自处不异臞布。考之史乘，殊非实录，魏国盖以是饰公焉。夫公雄才大略，风流文雅人也。玉津讨贼之举，公实沈几。制为文章，灵心灿出，笔彩纵横，绝无书生笔墨之气，盖非矻矻以此道见者。自奉极侈，园池声伎服玩之丽甲天下。南湖园世所传凌霄亭、玉照堂诸胜在焉。即其排比十有二月之燕游，各有次序。而牡丹一会，名伎且百数十人。梅花之社，一棹径穿十里，岂龌龊小生为。假令歌舞浓而感慨生，杯酌酣而逸兴阑，此亦称英雄回首大力矣。而考南湖舍寺之年，顾即其经始之第二岁。诸所赏心乐事之见于南园者，乃更其假舍寓居于所舍之后，是诚何心哉。公之言曰：'光明藏中，孰非游戏。若心常清净，离诸取著于有差别境，而能入无差别智，则滛坊酒肆，遍历道场。鼓乐声音，皆谈般若。倘情遮物隔，境逐源移，如鸟黏黐，动伤性命，又乌知所为说法度人。'然则公之舍寺也，寺与家等。舍与不舍，等身后之舍。与生前之假寓，等赤洒白净，不挂一丝，真舍矣。彼所为沧海桑田之感，公实无当焉。而图报福田之论，犹浅之乎言公哉。乃知真用世人，真文人，真受享人，即能为舍其用世，舍其文，舍其受享，而大展手眼于觉海无边中也。斯寺一区，公之自力，实足以奠之。发愿之文，犹其诱人者耳。寺迄今犹呼为张家寺，公之真诚在人也。慧云其旧所赐额，踞杭北城艮山门之西南湖之上。其中东西井各一原碑，载地百亩。今清得为亩者，五十四有奇。为弓者，一千三百十七有奇。周以界石，东底营，南界长和巷，西许田，北负睥睨。后之人如有妄觊而搏取之者，公之誓文可畏也。公名镃，字功甫，别号约斋，循王之曾孙，官宣义郎、直秘阁、判临安军、历右司郎、为少卿云。张镃自撰誓愿文……现存书法遒媚，酷似小米，云间

162

董太史其昌极珍之。复有魏国公史浩撰记，学士楼钥书俱存。"

按：史浩《广寿慧云禅寺之记》乃清鲍廷博据石本对录，附于《南湖集》后，又见于清阮元编录《两浙金石志》卷十，题为《宋广寿慧云禅寺碑》，并有阮元跋云："右在艮山门内白洋池。正书十七行，行三十八字。……《咸淳临安志》云：'宋张循王之孙镃舍宅为寺，绍熙元年赐今额，俗呼张家寺。'按《南湖集》镃所居名玉照堂，极林台池馆之胜，四时群屐接踵摩肩，照耀一时。而宣献此文则谓其闲居远声色，薄滋味，不异布衣臞儒。攻媿搊笔，南湖雅词，似皆足以传信，何异同若此耶？然足能屏去尘俗，舍宅归真，终如文中所云，释吝骄，齐物我，为长且久者。迄今黄童白叟，犹能指而道者。"（《宋代石刻文献全编》第二册）然《广寿慧云禅寺之记》不存于今史浩文集《鄮峰真隐漫录》。前考《鄮峰真隐漫录》并非史浩亲纂，而是由其门人周铸搜辑编纂而成。《广寿慧云禅寺之记》当是周铸搜辑史浩文稿时，未能收集编入。

楼钥（1137—1213），明州鄞县人。自号攻媿主人。孝宗隆兴元年（1163）进士。试教官，调温州教授，为敕令所删定官，改宗正寺主簿，历太府、宗正寺丞，出知温州。光宗嗣位，除考功郎兼礼部，改国子司业，擢起居郎兼中书舍人，兼直学士院。宁宗受禅，迁为吏部尚书，以显谟阁学士提举江州太平兴国宫，寻知婺州，移宁国府，告老。韩侂胄诛，诏为翰林学士，迁吏部尚书兼翰林侍讲，除端明殿学士、签书枢密院事，升同知，进参知政事，除资政殿学士、知太平州，辞，进大学士，提举万寿观。卒赠少师。钥文辞精博，有《攻媿集》一百二十卷。

《宋史》卷三百九十五《列传第一百五十四·楼钥传》："楼钥字大防，明州鄞县人。隆兴元年，试南宫，有司伟其辞艺，欲以冠多士，策偶犯旧讳，知贡举洪遵奏，得旨以冠末等。投赞谢诸公，考官胡铨称之曰：'此翰林才也。'试教官，调温州教授，为敕令所删定官，修《淳熙法》。……改宗正寺主簿，历太府、宗正寺丞，出知温州。属县乐清倡言方腊之变且复起，邑令捕数人归于郡。钥曰：'罪之则无可坐，纵之则惑民。'编隶其为首者,而驱其从出境,民言遂定。……光宗嗣位,召对,奏曰:'人主初政,当先立其大者。至大莫如恢复,然当先强主志,进君德。'……除考功郎兼礼部。吏铨并缘为奸,多所壅底。钥曰:'简要清通,尚书郎之选。'尽革去之。改国子司业,擢起居郎兼中书舍人。代言坦明,得制诰体,缴奏无所回避。……试中书舍人,俄兼直学士院。光宗内禅诏书,钥所草也,有云虽丧纪自行于宫中而礼文难示于天下荐绅传诵之……迁给事中。……朱熹以论事忤韩侂胄,除职与郡,钥言:'熹鸿儒硕学,陛下闵其耆老,当此隆寒,立讲不便,何如俾之内祠,仍令修史,少俟春和,复还讲筵。'不报。赵汝愚谓人曰:'楼公当今人物也,直恐临事少刚决耳。'及见其持论坚正,叹曰:'吾于是大过所望矣。'宁宗受禅,侂胄以知阁门事与闻传命,颇有弄权之渐,彭龟年力攻之。侂胄转一官,与在京宫观,龟年除待制,与郡。钥与林大中奏,乞留龟年于讲筵,或命侂胄以外祠。龟年竟去,钥迁为吏部尚书,以显谟阁学士提举江州太平兴国宫。寻知婺州,移宁国府,罢,仍夺职。告老至再,许之。侂胄尝副钥为馆伴,以钥不附己,深嗛之。侂胄诛,诏起钥为翰林学士,迁吏部尚书兼翰林侍讲。时钥年过七十,精敏绝人,词头下,立进草,院吏惊诧。……除端明殿学士、签书枢密院事,升同知,进参知政事。位两府者五年,累疏求去,除资政殿学士、知太平州,辞,进大学士,提举万寿观。嘉定六年薨,年七十七,赠少师,谥宣献。钥文辞精博,自号攻媿主人,有集一百二十卷。"

《四库全书总目》卷一百五十九《集部十二·别集类十二》:"《攻媿集》一百一十二卷,宋楼钥撰。钥有《范文正年谱》,已著录。其集载于诸家书目者,或作百卷,或作八十五卷。而世所传钞本有仅存四十二卷者。盖流传既久,多所佚脱。此本原作一百二十卷,与《宋史·艺文志》及陈振孙《书录解题》所载相同,犹为旧帙。……圣训,概从删削,重编为一百一十二卷。用聚珍版摹印,以广其传。钥居官持正有守,而学问赅博,文章渊雅,尤多为世所传述。……宋自南渡而后,士大夫多求胜于空言，而不甚究心于实学。钥独综贯今古，折衷考校。凡所论辨，悉能洞澈源流。可谓有本之文，不同浮议。王士祯《居易录》称其'行尽松杉三十里，看来楼阁几由句。''一百五日麦秋泠，二十四番花信风。''水真绿净不可唾，鱼若空行无所依'诸句。而病是集多丛冗。谓表状内外制之类，删去半部亦可。然贪多务博，即《诚斋》、《剑南》、《平园》诸集亦然。盖一时之风气，不必以是为钥病也。至于题跋诸篇，尤多元元本本，证据分明。"

四月，杨万里在秘书监任上，赴张镃南湖园，有《观张功父南湖海棠杖藜走笔》三首、《和张功父桤木巴榄花韵》、《走笔谢张功父送似酥醿》等诗作。

杨万里《观张功父南湖海棠杖藜走笔》其一："看尽都城种海棠，只将一径引教长。约斋妙出春风手，人在中央花四傍。"

其二："百株都好却嫌渠，拣中东边第一株。开与未开相间看，浓红密密淡疏疏。"

其三："天工信手洒明霞，若遣停匀未必佳。却得数枝多叶底，殷勤衬出蜜边花。"（《杨万里集笺校》卷三〇）

杨万里《和张功父桤木巴榄花韵》："南湖寮木已交加，种榄栽桤更北涯。生眼错呼为夜合，莺知不是碧桃花。绿阴四合藏云屋，翠浪全机织素纱。佳隐主人臞见骨，不餐酥酪却餐茶。（自注：桤木花似夜合，巴榄花似桃花。）"（《杨万里集笺校》卷三〇）

杨万里《走笔谢张功父送似酥醿》："西湖野僧夸藏冰，半年化作真水精。南湖诗人笑渠拙，不如侬家解乾雪。藏冰窖子山之幽，镵透九地山鬼愁。侬家藏雪有妙手，分明晒在翡翠楼。向来巽二拉滕六，玉妃夜投玉川屋。剪水作花吹朔风，揉云为粉散寒空。醉挥两袖拂银汉，梢头万斛冷不融。琼田挈月拾翠羽，砌成重楼天半许。盘作青蛟吐绿雾，乱飘六出熏沈炷。人间雪脆那可藏，天上雪落何曾香？三月尽头四月首，南湖香雪今

谁有？分似诚斋老诗叟，碎接玉花泛春酒，一饮一石更五斗。"（《杨万里集笺校》卷三〇）

《杨万里年谱》载：绍熙元年庚戌（1190），"赴张镃南园观海棠，有诗唱和"。

按：杨万里《和张功父桤木巴榄花韵》，张镃原诗已佚。

四月，马子严（字庄父）将游金陵，充建康府帅幕僚。张镃与友人杨万里均以诗送之。杨万里有《送马庄父游金陵》。张镃赋《送马舍人赴建康军幕》，诗有"莫把吟诗替横槊，新亭北望正愁人"，寄托故国黍离之悲。

张镃《送马舍人赴建康军幕》："柳营谋客自枫宸，去去尖风雁字匀。莫把吟诗替横槊，新亭北望正愁人。"（《南湖集》卷七）

杨万里《送马庄父游金陵》："东华踏遍软红尘，却去秦淮钓月轮。朱雀乌衣王谢宅，黄旗紫盖晋梁春。江山拾得风光好，杖屦归来句子新。只恐参卿署军事，酴薰荐墨到槐宸。"（《杨万里集笺校》卷三〇）

《杨万里年谱》载：绍熙元年庚戌（1190）四月，"马子严（庄父）将游金陵，以诗送之"。

按：马子严，建安人。号古洲。孝宗淳熙二年（1175）进士。尝为铅山尉、丹杨郡文学，历知闽清、岳阳等。恤民勤政，长于文辞。与闽中名贤韩元吉、朱熹等尤善。朱熹尝名其斋曰好仁，韩元吉为作铭。有《岳阳志》甲集二卷，不传。《全宋诗》录诗五首。《全宋词》录词二十九首。

马子严题《瘗鹤铭》："余淳熙己酉岁为丹杨郡文学，暇日游焦山，访此石刻，初于佛揭前见断石，乃其篇首二十余字。"（李光暎《金石文考略》卷四）

朱熹《题严居厚与马庄甫唱和诗轴》："严居厚摄事闽清，不满两月，而与其令尹马庄甫更唱迭酬，遂至盈轴。争新斗巧，时出古谈，篇篇皆有

思致，读之不觉宦情羁思，恍然在目，讽咏不已，为书其后。"（朱熹著；曾抗美等点校《晦庵先生朱文公文集》卷八十三）

韩元吉《好仁斋铭》："学至于仁，而已乎仁者，人道之正，而道之所可见也。故曰，仁也者人也。合而言之道也。……建阳马子严庄甫，于其尉舍辟斋，以望鹅湖之高峰。而其乡先生朱元晦过之，以表记仰止之意，名以好仁。且人之对是山，不过爱其清高峻拔，以动悦于心目。而元晦独取其静者，俾其徒向而习焉，可谓善观于山矣。庄甫又欲予铭，将志而不敢忘。夫君子之学，固在于不忘也。其进而至于乐者，孰御哉。为之铭曰：天之苍然，地之隤然。人居其间，有是道焉。其道伊何，克己而复。复则无妄，兹为其目。何以命之，厥惟吾仁。物由以生，惟明在人。操之则存，念之作圣。取譬如山，其一而静。好而不学，蔽焉亦愚。寂而至无，岂吾之徒。内形诸心，外施之事。遹然四海，罔不来暨。有山在前，室帷其常。出入起居，睨而勿忘。"（《南涧甲乙稿》卷十八）

赵蕃《送湛挺之提干，自武陵迎侍于侯官。兼寄铅山尉曹马庄父二首》其一："太学声名旧，文昌荐墨珍。铨曹略常调，幕府得嘉宾。使檄辞南楚，安舆发故闽。春风满行色，有赋不妨新。"其二："未历番君国，先乘汭口船。春波元甚驶，顺水岂劳牵。我去殆同适，公行真若仙。壶头虽不远，不见马文渊。"（《淳熙稿》卷七）

彭大翼撰《山堂肆考》卷七十九《臣职·县尉·寺碑仓铭》："宋淳熙间，马子严为铅山尉，恤民勤政，长于文辞。为寺碑，隐然有排邪之意；为仓铭，蔼然有爱民之心。"

魏庆之编《诗人玉屑》卷十九《中兴诸贤·马古洲》："古洲马庄父，尝赋《乌林词》云：'荆州儿曹不足恃，何物老瞒欺一世！兵书浪语十三篇，不料乌林出奇计。隆准云孙驱伏龙，紫髯强援要江东。戈船植羽蔽寒日，雪浪崩崖惊晚风。行间一卒如儿戏，持火绝江人不意。灰销汉贼终老心，功入乔家少年婿。君不见华容道旁春草生，魂销不听车马声。哀猿夜啼霜月冷，空余野磷沙边明。'辞意精深，不减张籍、王建之乐府，惜世无知者，录以遗后人共评之。"

《直斋书录解题》卷八《地理类》："《岳阳志甲》二卷、《乙》三卷。甲集建安马子严庄父、乙集永嘉张声道声之所修，皆郡守也。"

厉鹗辑撰《宋诗纪事》卷七十三："马子严。子严字庄父，号古洲，建安人。"

张镃与马子严交游唱和的诗作，除《送马舍人赴建康军幕》之外，还有《简马庄父》："才名曾道相君知，少忍黄粱数日炊。堪笑南湖愈疏拙，相逢无话说多时。"（《南湖集》卷七）可见，今《南湖集》中所存张镃与马子严交游唱和的诗作虽不多，但二人甚为相知。

五月四日丁巳，张镃乞以临安艮山门里所居屋舍为十方禅寺，舍镇江府本家庄田六千三百余亩供赡僧徒。礼部太常寺拟庆寿慈宁禅寺为额。从之。

《宋会要辑稿·道释》二之一五："（宋光宗）绍熙元年五月四日，直秘阁张镃言乞以临安府艮山门里所居屋舍为十方禅寺，仍舍镇江府本家庄田六千三百余亩供赡僧徒。礼部太常寺拟庆寿慈宁禅寺为额。从之。"

六月，张镃叔祖张子颜卒。张镃以诗挽之，有《挽叔祖户部侍郎诗四首》。杨万里时为秘书监兼枢密院检讨官，亦有《张几仲侍郎挽词》三首。

张镃《挽叔祖户部侍郎诗四首》其一："从此无因见，南园老叔翁。朝廷世臣少，文献我家穷。达宦谁无分，全才不易逢。先王勋第一，号恸仰天公。"

其二："八郡恢成绩，江山入壮图。风流羊叔子，才术管夷吾。绝笔诗犹在，酬君志不渝。经纶如有位，肯堕浅规摹。"

其三："小小为知已，尝尝说向人。论情宗族异，问事见闻新。囊锦

168

将谁管，（自注：叔祖以青锦囊收镪诗，专令侍姬掌之。）湖园看未真。（自注：叔祖自归，方一到桂隐。）伤心啸庵路，不复送亲宾。"

其四："内典存心久，家居戒行僧。同尘聊且尔，著相亦何曾。脱却当来袴，传将不尽灯。欲知归甚处，一月万波澄。"（《南湖集》卷四）

杨万里《张几仲侍郎挽词》其一："半世金闺彦，中年碧落班。一般俱紫橐，千古忽青山。秋入篇章里，春生岳牧间。汾阳旧部曲，白发万人潸。"

其二："烈考同心德，中兴异姓王。勋劳贯三极，文献在诸郎。公也山林味，天乎日月忙。一生非不达，晚达却堪伤。"

其三："京口连沧观，洪都孺子亭。飞觞回落月，洒笔湿寒星。别去长离索，归来遽杳冥。知公喜依句，五字醑英灵。"（《杨万里集笺校》卷三〇）

《杨万里年谱》载：绍熙元年庚戌（1190），"五月，以秘书监兼枢密院检讨官。……六月……张子颜（几仲）卒，有挽词。"

按：据于北山《杨万里年谱》，张子颜卒于绍熙元年庚戌（1190）六月。而李之亮《宋代京朝官通考》"户部郎中"条云："光宗绍熙元年庚戌（1190）。张子颜。《嘉定镇江志》卷一五守臣题名：'张子颜，显谟阁直学士、通奉大夫。淳熙十四年九月到，绍熙元年三月被召户部侍郎。'……绍熙二年辛亥（1191）。张子颜。"据此，绍熙二年辛亥（1191）张子颜仍在户部侍郎任上。考辛更儒为杨万里《张几仲侍郎挽词》作笺证云："张几仲侍郎，即张子颜，张俊第三子。……张几仲卒年无考，以下一首王季德母挽辞（《徐氏太淑人挽辞》）推考，当在本年（绍熙元年）秋季。"又《徐氏太淑人挽辞》笺证云："徐氏太淑人……为王季德母。王季德名尚之，《宋会要辑稿·职官》五之五三载淳熙十六年十一月十一日大理卿王尚之言事。其事迹见本书卷二〇《送王季德提刑宝文少卿》诗笺证。据《吴郡志》，王季德除服于绍熙四年三月到知平江府任，则其母徐氏之卒，当在本年（绍熙元年）夏秋。"（《杨万里集笺校》卷三〇）辛更儒《杨万里集笺校》之考证，与于北山《杨万里年谱》记载合，笺证亦较有依据。姑从张子颜卒于绍熙元年之说。

夏秋之际，张镃憩南湖安乐泉亭，有《安乐泉亭上午憩》诗。

张镃《安乐泉亭上午憩》："修竹有风处，道人无事时。诸公难入眼，不用总如眉。得价婆娑重，投闲懒散宜。三年何足道，（自注：仆归桂隐，恰三年矣。）坚判百年期。"（《南湖集》卷四）

按：张镃以疾辞临安通判归南湖桂隐事，在淳熙十四年丁未（1187）秋。而张镃《安乐泉亭上午憩》诗自注称"仆归桂隐恰三年矣"。知是诗当为绍熙元年（1190）夏秋之际于南湖作。

秋，张镃送酒杨万里，并赠诗，有《送酒诚斋将以五字》。

张镃《送酒诚斋将以五字》："不应杨秘监，无暇问南湖。桂树又花发，莲池和叶枯。雨声秋最好，尊酒客非无。寄去撩诗眼，深惭句法粗。"（《南湖集》卷四）

按：《南宋馆阁录·续录》卷七："监。淳熙五年以后五人。杨万里。字廷秀，庐陵人。绍兴二十四年张孝祥榜进士出身，治《书》。十六年十月除，绍熙元年十月为直龙图阁江东运副。"杨万里除秘书监的时间为淳熙十六年（1189）冬十月至绍熙元年（1190）冬十月。张镃《送酒诚斋将以五字》有"不应杨秘监，无暇问南湖。桂树又花发，莲池和叶枯。雨声秋最好，尊酒客非无"云云，知时为秋季。故是诗当作于绍熙元年秋。

约在是年，张镃过吴郡。离苏州之际，以诗寄太守袁说友（字起岩），有《离苏州回寄太守袁起岩郎中》。

张镃《离苏州回寄太守袁起岩郎中》："吴中佳地旧长洲，来往空回信宿留。泰伯庙存那暇问，丽娃乡近未曾游。诗翁燕坐凝香阁，闲客归来

钓月舟。想见名章已成集，韦郎何得擅苏州。"（《南湖集》卷六）

按：《吴郡志》卷十一"本朝牧守题名"："袁说友。朝议大夫、直秘阁。绍熙元年三月到。二年五月赴召。"可见袁说友守吴郡，事在绍熙元年（1190）三月到绍熙二年（1191）五月间。故张镃《离苏州回寄太守袁起岩郎中》诗当作于绍熙元年三月到绍熙二年五月间。姑系于绍熙元年。

袁说友（1140—1204），建安人，寓湖州。号东塘居士。孝宗隆兴元年（1163）进士。历官建康府溧阳县主簿、国子正、太常寺主簿、枢密院编修官、秘书丞等。光宗朝以提点浙西路刑狱提举浙西常平茶盐，知平江府，直显谟阁，知临安府。宁宗朝迁权尚书户部侍郎，权户部尚书，除四川置制使兼知成都府，加徽猷阁学士，知绍兴府，官至同知枢密院事、参知政事，加大学士致仕。有《东塘集》，已佚。清四库馆臣据《永乐大典》辑为二十卷。

袁说友《东塘集·附录·家传》："公讳说友字起岩，建安人。生于绍兴庚申岁。治《周易》。年二十有四，登隆兴进士丙科。调建康府溧阳县主簿，主管刑工部架阁文字，国子正，宗正寺主簿，改太常寺主簿，枢密院编修官，秘书丞兼权尚左郎官。以疾添差浙西安抚司参议官知池州。以私计，主管建宁府武夷山冲佑观，知衢州，提举浙东路常平茶盐。提点浙西路刑狱，直秘阁，知平江府。节制御前许浦水军侍左郎中兼右司郎官，假显谟阁学士万寿观使兼侍读，充接送伴金国贺生辰使。右司郎中，直显谟阁，知临安府，太府少卿兼知临安府，假显谟阁学士万寿观使兼侍读，充馆伴金国贺正旦使，权尚书户部侍郎兼修玉牒馆。过岁为真，兼侍讲，权户部尚书，华文阁学士，四川置制使兼知成都府，加徽猷阁学士。因任吏部尚书，兼侍读，充崇陵覆按使。复以宝文阁学士提举江州太平兴国宫，知绍兴府，浙东路安抚使，吏部尚书兼侍读兼实录院修撰兼修国史，同知枢密院事，参知政事。提举详定一司敕令，资政殿学士，知镇江府，控辞，提举临安府洞霄宫，知潭州，改知隆兴府，力辞，提举临安府洞霄宫，加大学士致仕。嘉泰甲子岁薨于德清寓第，享年六十有五，官至宣奉大夫，爵至郡公，食邑至三千二百户，真食至六百户。赠少傅，恤典如仪，累赠太师、魏国公。初，公寓居湖城，号东塘居士。"

《四库全书总目》卷一百五十九《集部十二·别集类十二》："《东塘集》二十卷，宋袁说友撰。说友字起岩，建安人，流寓湖州。登隆兴元年进士第。嘉泰中官至同知枢密院、参知政事。说友学问淹博，留心典籍。官四川安抚使时，尝命属官程遇孙等八人辑蜀中诗文，自西汉迄于淳熙，为《成都文类》五十卷，深有表章文献之功。其集则《书录解题》、《宋史·艺文志》皆不载。……非惟诗文散佚，并其名亦湮没不传矣。今据《永乐大典》所载，搜罗排纂，得诗七卷、文十三卷。"

绍熙二年辛亥（1191）　　三十九岁

春，杨万里在江东转运副使任上，自金陵以诗代书寄张镃，有《代书呈功父》。诗有"不见子张子，令人梦亦思"，思念之意甚切。

杨万里《代书呈功父》："不见子张子，令人梦亦思。只应依旧瘦，近作几多诗？联句平生事，看花去岁时。海棠今好不？传语并酴醾。"（《杨万里集笺校》卷三一）

《杨万里年谱》载：绍熙元年庚戌（1190），"十一月十三日，特授直龙图阁、江东转运副使。……十二月二十六日就江东漕任，有谢表。"绍熙二年辛亥（1191）春，"以诗代书寄张镃"。

绍熙三年壬子（1192）　四十岁

春，陆游在山阴。张镃寄诗陆游。陆游赋《和张功父见寄》二首。其一有"回思旧社惊年往，细读来书恨纸穷"，甚念他们在孝宗朝的诗社唱和活动。前此，张镃有妾逝，镃颇损眠食。陆游诗亦及之。

陆游《和张功父见寄》："举世何人念此翁？敢期相问寂寥中。回思旧社惊年往，细读来书恨纸穷。我用荷锄为事业，君将高枕示神通。叮宁一语宜深听，信笔题诗勿太工！"

又："佐命貂蝉再世孙，手锄瓜垄傍青门。超腾已得丹换骨，恋著肯求香返魂。（自注：功父如夫人逝去，闻颇损眠食，故及之。）正复悲秋如骑省，可令病渴似文园。庭前柏树西来意，握手何时得共论。"（《剑南诗稿校注》卷二十四）

钱仲联为陆游《和张功父见寄》作"题解"云："此诗绍熙三年春作于山阴。"（《剑南诗稿校注》卷二十四）

于北山《陆游年谱》载：淳熙十六年己酉（1189）十一月，"为谏议大夫何澹所劾，二十八日诏罢官，返故里。"绍熙三年壬子（1192），陆游"在故乡，仍领祠禄。封山阴县开国男（从五品），食邑三百户。……张镃寄诗至，有和作"。

按：陆游自孝宗淳熙十六年十一月为谏议大夫何澹劾罢，至光宗绍熙三年春作此诗之际，一直在山阴故里。故陆游所谓"回思旧社惊年往"句，当系回忆他与张镃、杨万里、姜夔等人的诗社唱和活动，事在孝宗朝。

八月，杨万里在江东转运副使任上屡请祠，自金陵归里，自是不复出矣。杨万里归，张镃以诗送之。诗有"何时重来桂隐轩，为我醉倒春风前。看人唤作诗中仙，看人唤作饮中仙"，别情甚笃，邀约之意亦切。自是年八月至开禧二年丙寅杨万里卧家而卒的十五年间，二人续有往来唱和，然多为书函矣。

杨万里《诗话》："自隆兴以来，以诗名：林谦之、范至能、陆务观、尤延之、萧东夫。近时后进，有张镃功父、赵蕃昌父、刘翰武子、黄景说岩老、徐似道渊子、项安世平甫、巩丰仲至、姜夔尧章、徐贺恭仲、汪经仲权。前五人，皆有诗集传世。谦之常称重其友方矞次云诗云：'秋明河汉外，月近斗牛旁。'延之有云：'去年江南荒，趁逐过江北。江北不可住，江南归未得。'有《寄友人》云：'胸中襞积千般事，到得相逢一语无。'又《台州秩满而归》云：'送客渐稀城渐远，归途应减两三程。'东夫《饮酒》云：'信脚到太古，又登岳阳楼。不作苍忙去，真成浪荡游。三年夜郎客，一柂洞庭秋。得句鹭飞处，看山天尽头。犹嫌未奇绝，更上岳阳楼。'又：'荒村三月不肉味，并与瓜茄倚阁休。造物于人相补报，问天赊得一山秋。'至能有云：'月从雪后皆奇夜，天到梅边有别春。'功父云：'断桥斜取路，古寺未关门。'绝似晚唐人。《咏金林禽花》云：'梨花风骨杏花妆。'《黄蔷薇》云：'已从槐借叶，更染菊为裳。'写物之工如此。余归自金陵，功父送末章云：'何时重来桂隐轩，为我醉倒春风前。看人唤作诗中仙，看人唤作饮中仙。'此诗超然矣。"（《杨万里集笺校》卷一一四）

《宋史》卷四百三十三《列传第一百九十二·儒林三·杨万里传》："绍熙元年，借焕章阁学士为接伴金国贺正旦使兼实录院检讨官。会《孝宗日历》成，参知政事王蔺以故事俾万里序之，而宰臣属之礼部郎官傅伯寿。万里以失职力丐去，帝宣谕勉留。会进《孝宗圣政》，万里当奉进，孝宗犹不悦，遂出为江东转运副使，权总领淮西、江东军马钱粮。朝议欲行铁钱于江南诸郡，万里疏其不便，不奉诏，忤宰相意，改知赣州，不赴。乞祠，除秘阁修撰、提举万寿宫，自是不复出矣。"

《杨万里年谱》载：绍熙三年（1192），"五月四日，召赴行在。具札辞免，以疾请祠禄。……七月十一日，准尚书省札，奉旨不许辞免，再拜札请祠。……八月十一日除知赣州，称疾不赴任。离建康返里，途中赋诗，有'出笼病鹤孤飞后，回首金陵始欲愁'之句。九月十六日返抵故乡吉水南溪。自是不复出矣。"

按：绍熙三年杨万里归自金陵，张镃所送诗末章："何时重来桂隐轩，为我醉倒春风前。看人唤作诗中仙，看人唤作饮中仙。"尚不明诗题，不存于今《南湖集》，《全宋诗》亦未录，系佚作。

是秋，有客来桂隐折秋香。张镃赋诗，呈友人张尧臣，有《客有折秋香来桂隐者，喜成七言，呈以道》。

张镃《客有折秋香来桂隐者，喜成七言，呈以道》："半纪移居野水旁，年年尝为木樨忙。若非老树从头发，安得西风彻骨香。数朵折来犹甚爱，满林开后得无狂。今番莫把寻常比，一段清香两主张。"（《南湖集》卷五）

按：前述张镃移居南湖事，在淳熙十四年丁未（1187）秋。张镃《客有折秋香来桂隐者，喜成七言，呈以道》诗有"半纪移居野水旁"云云。一纪为十二年，"半纪"即六年。淳熙十四年至绍熙三年（1192），恰六载。

是年，石昼问（字叔访）、黄灏（字商伯）俱以太府寺丞请守外郡，石昼问叔访得信州，黄灏商伯得常州。秘书少监陈傅良（字君举）与黄裳（字文叔）、彭龟年（字子寿）、章颖（字茂献）、薛叔似（字象先）、蔡幼学（字行之）、范仲黼（字文叔）、曾三聘、李谦（字和卿）、吕祖俭（字子约）等十人会于张镃南湖园，为黄灏、石昼问饯行。张镃与黄裳、彭龟年、章颖、薛叔似、蔡幼学、范仲黼、曾三聘、李谦、吕祖俭等十人以"人生五马贵，莫受二毛侵"分韵唱和。陈傅良不获分韵，故为之序。

陈傅良《张园送客分韵诗序》："右张园送客分韵诗，为常、信二史君作也。士立朝则相推先，去国即相怀不忍别，此岂直私为好哉，而关于当世之故矣。盖闻吉甫有大功于南征，其来归饮御之诗，自谓及此者，张仲孝友在焉尔。逮其季，至采萧葛。一日去君，侧凛然有三岁之惧。周之盛衰，余以是观之。石侯叔访、黄侯商伯，同时丞太府，皆以欲便私请于朝，二三大臣辄留，其章不上。繇侍从下暨馆学之士，苟见诸公，亦辄止之曰：'奈何使两贤去也。'而侯请益力。盖久之，诸公信，以为靡他，于是始言上。上重其去，为择辅郡，才需旬岁之次，而叔访得信州，商伯得常州。然合朝方怅然不满，饮饯弥日，相与咨嗟叹息也。最后同院若同僚若同年家又十人饯之张园。两侯之贤，天下识之。今其去，徒以欲便私，无毫发意不自得，且旬岁间为善辅郡，行矣。还阙可朝发夕至也。视前时去者甚宠，而同朝犹不忍别如此。嗟乎，立今之朝，不谓之遭时耶。十人者，会稽黄文叔、清江彭子寿、章茂献、永嘉薛象先、蔡行之、蜀范文叔、临川曾无逸、章贡李和卿、东莱吕子约与余也。会张功父致地主之意，亦分一韵，余不获在分中，故为之序。"（《止斋先生文集》卷四十）

彭龟年《同陈秘监诸丈，送黄商伯守常州，石叔访守上饶，会于艮山门张园，以"人生五马贵，莫受二毛侵"分韵，得贵字》："惠山滋华池，玉山润百卉。二贤竞出守，山水亦自慰。人生别离难，朋旧走相谓。克期会南湖，肯托简书畏。敬酌万石君，欲叹不敢忾。愿如玉山高，物物饱生气。又酌双井公，一举大白既。愿如惠山清，滴滴濯腑胃。择侯须择贤，无乃拔其萃。帝城人欲入，竞进去乃贵。谁无蝼蚁心，早去亦有味。朝家急贤秋，人物欠经纬。想当分符时，欲遣意犹未。幸无疾其驱，有诏

倪可暨。"（《止堂集》卷十六）

按：据陈傅良《张园送客分韵诗序》、彭龟年《同陈秘监诸丈，送黄商伯守常州，石叔访守上饶，会于艮山门张园，以"人生五马贵，莫受二毛侵"分韵，得贵字》，石昼问、黄灏同以太府寺丞求去，石昼问得守信州，黄灏得守常州。陈傅良与与黄裳、彭龟年、章颖、薛叔似、蔡幼学、范仲黼、曾三聘、李谦、吕祖俭等十人在张镃南湖园为石昼问、黄灏二人饯行，且有分韵唱和。以彭龟年诗题，知陈傅良时为秘监。考《南宋馆阁录·续录》卷七："少监。……绍熙以后二人。……陈傅良，字君举，温州瑞安人，乾道八年黄定榜进士及第，治诗赋。三年（1192）六月除，十二月为起居舍人。"孙锵鸣编；吴洪泽校点《陈文节公年谱》亦载："（光宗绍熙）三年壬子，五十六岁。便殿赐对，上问所著书，以《周礼说》进。六月，以吏部郎中兼实录院检讨官，旋除秘书少监，辞免，不允。……十二月癸卯，《寿皇圣政》书成，诣重华宫进读。命转一官，旋除起居舍人，又辞免，不允。"知陈傅良除秘监事在绍熙三年（1192）。又，周必大《循吏石大夫昼问墓志铭》："（绍熙）三年（1192）春，进丞太府。盐钞巨万，异时吏或代书，君弗懈益勤，继烛籖押，迄今不废。户部绳寺吏非其罪，公辨数，弗从，请郡而去。以四年（1193）春视事。"（《文忠集》卷七十五）李之亮《宋两江郡守易替考》："信州。……绍熙三年壬子（1192）……石昼问。"《宋史》卷四百三十《列传第一百八十九·道学四·黄灏传》："光宗即位，迁太常寺簿，论今礼教废阙，请敕有司取政和冠昏丧葬仪，及司马光、高阅等书参订行之。除太府寺丞，出知常州，提举本路常平。"据此，知石昼问、黄灏俱以太府丞请守外郡事在绍熙三年无疑。张镃分韵诗，不存于今《南湖集》，已佚。

石昼问（？—1198），绍兴府新昌县人。以恩泽补将仕郎。光宗朝进丞太府，知信州，召为司封郎官。宁宗庆元二年知抚州，寻卒。

周必大《循吏石大夫昼问墓志铭》："君讳昼问，字叔访，绍兴府新昌县人。……考谨公揆，绍兴七年历察官殿中，迁侍御史。八年，枢密使秦桧再相。君连上疏论其失，以左宣教郎除直龙图阁，知抚州。数月落职罢，送邻郡取勘。道被疾，卧家几年而卒。君方十四岁，奉母令人李氏屏居山寺苦学，工文词，不敢出应科举。秦薨，上书讼冤。诏复职，与恩泽补将仕郎……（绍熙）三年（1192）春，进丞太府。盐钞巨万，异时吏或代书，君弗懈益勤，继烛籤押，迄今不废。户部绳寺吏非其罪。公辨数，弗从。请郡而去。以四年（1193）春视事。荒政既修，特命增秩，仍以司封郎官召，并下回环场之法于诸路。君恳求均逸，主管武夷山冲佑观，而增其秩。庆元二年，知抚州，再请冲佑。许之。……（庆元）四年（1198）二月二日卒于仪真。"（《文忠集》卷七十五）

黄灏，南康军都昌人。号西坡。擢进士第。为袁州教授，调隆兴府教授，知德化县。光宗即位，迁太常寺簿，除太府寺丞，出知常州。改广西转运判官，移广东提点刑狱，告老不赴卒。灏乃朱熹门人，性行端饬，以孝友称。有《西坡集》、《政和冠昏丧祭礼》等，均佚。

杜范《黄灏传》："灏字商伯，南康军都昌人。自幼敏悟强记，与仲兄颐肆业荆山僧舍，玩阅穷昼夜不懈。……自乡试登太学。擢进士第。为袁州教授，再调隆兴府教授。访礼贤士，训勉诸生，增创斋舍，学政大举。当路贤而交荐之，知德化县。……（王）蔺与漕刘颖表其治行于朝，除登闻鼓院。光宗践阼之初，天下望治，灏当对，首以天德刚健，绝声色嗜好之惑为言，迁太常寺簿。……除太府寺丞。未几，出守常州。……到郡，勤政节用……寻除本路提举，以一路之责弥重，往来周历，未尝宁居。……罢归故里，幅巾深衣，徜徉庐阜，时乘只耳骡，缓辔徐驱，若素隐者。起知信州，改广西转运判官，辞，不获，勉就道入境。……引年告老，不许，移广东提点刑狱。又请得祠以归，感疾久之而卒。灏性行端详，志拔流俗，学问必审，师友渊源之正，事亲，从兄，处已，酬物，秩如也。建安朱熹守南康，灏登其门，执弟子礼……闻朱熹讣，为位哭之哀。时伪禁尚哗，其徒或有闻葬而不敢讣者，灏单车儋篚，扶曳千里。既

卒葬，徘徊不忍去者旬日。"（《清献集》卷十九）

黄榦《黄西坡文集序》："予始识西坡黄君，见其神清气勇，襟怀卓荦，而知其资禀之异；见其从师问学而恐不及，而知其趋向之正；见其临民多惠政，立朝多壮节，而知其事业之伟。……君为南昌郡博士，予始识君于康庐，今四十年矣。哲人其萎，而从游诸老皆无在者。过君家，访其子，如见其人焉。其子池州法曹杭，出君文一编，示予俾序之。予惧读君之文者，爱其词不求其本，故为之言。"（《勉斋集》卷二十一）

《直斋书录解题》卷六《礼注类》："《政和冠昏丧祭礼》十五卷。绍熙中，南康黄灏商伯为礼官，请于《政和五礼》内掇取品官、庶人礼摹印颁之郡县，从之。其实即前十五卷书也。"

陈傅良（1137—1203），温州瑞安人。孝宗乾道八年（1172）进士。授太学录，出通判福州，知桂阳军。光宗立，迁提举常平茶盐、转运判官，转浙西提点刑狱，除吏部员外郎，迁秘书少监兼实录院检讨官、嘉王府赞读，除起居舍人、兼权中书舍人。宁宗即位，召为中书舍人兼侍读、直学士院、同实录院修撰。以言者论，出提举兴国宫。嘉泰二年复官，起知泉州，辞，授集英殿修撰，进宝谟阁待制终。傅良早年从永嘉郑伯熊、薛季宣学，后入太学，又与张栻、吕祖谦友善，乃永嘉学派巨擘。著述甚丰，有《止斋文集》五十二卷、《诗解诂》、《周礼说》、《春秋后传》、《左氏章指》等。

《宋史》卷四百三十四《列传第一百九十三·儒林四·陈傅良传》："陈傅良字君举，温州瑞安人。初患科举程文之弊，思出其说为文章，自成一家，人争传诵，从者云合，由是其文擅当世。当是时，永嘉郑伯熊、薛季宣皆以学行闻，而伯熊于古人经制治法，讨论尤精，傅良皆师事之，而得季宣之学为多。及入太学，与广汉张栻、东莱吕祖谦友善。祖谦为言本朝文献相承条序，而主敬集义之功得于栻为多。自是四方受业者愈众。登进士甲科，教授泰州。参知政事龚茂良才之，荐于朝，改太学录。出通判福州。丞相梁克家领帅事，委成于傅良，傅良平一府曲直，一以义。强御者不得售其私，阴结言官论罢之。后五年，起知桂阳军。光宗立，稍迁提举常平茶盐、转运判官。……转浙西提点刑狱。除吏部员外郎，去朝四十年，至是而归，须鬓无黑者，都人聚观嗟叹，号'老陈郎中'。……以《周礼说》十三篇上之，迁秘书少监兼实录院检讨官、嘉王府赞读。绍熙三年，除起居舍人。明年，兼权中书舍人。……诏改秘阁修撰仍兼赞读。不受。宁宗即位，召为中书舍人兼侍读、直学士院、同实录院修撰。会诏朱熹与在外宫观，傅良言：'熹难进易退，内批之下，举朝惊愕，臣不敢书行。'熹于是进宝文阁待制，与郡。御史中丞谢深甫论傅良言不顾行，出提举兴国宫。明年，察官交疏，削秩罢。嘉泰二年复官，起知泉州，辞。授集英殿修撰，进宝谟阁待制，终于家，年六十七。谥文节。傅良著述有《诗解诂》、《周礼说》、《春秋后传》、《左氏章指》行于世。"

《四库全书总目》卷一百五十九《集部十二·别集类十二》："《止斋文集》五十一卷、《附录》一卷，宋陈傅良撰。……集为其门人曹叔远所编，前后各有叔远序一篇。所取断自乾道丁亥讫于嘉泰癸亥。凡乾道以前之少作，尽削不存，其去取特为精审。……自周行己传程子之学，永嘉遂自为一派，而傅良及叶适尤其巨擘。……傅良虽与讲学者游，而不涉植党之私，曲相附和。亦不涉争名之见，显立异同。在宋儒之中，可称笃实。故集中多切于实用之文，而密栗坚峭，自然高雅，亦无南渡末流冗沓腐滥之气。盖有本之言，固迥不同矣。"

黄裳（1146—1194），隆庆府普成人。孝宗乾道五年（1169）进士。调巴州通江尉，改兴元府录事参军，迁国子博士。光宗登极，除太学博士，进秘书郎，迁嘉王府翊善、起居舍人，试中书舍人，除给事中，改兵部侍郎，不拜，遂以显谟阁待制充翊善。宁宗即位，改礼部尚书，寻兼侍读而卒，赠资政殿学士。裳为人简易端纯，学有渊源，笃于孝友，随事纳忠。有《王府春秋讲义》及《兼山集》四十卷，已佚。《全宋诗》录诗三首。

《宋史》卷三百九十三《列传第一百五十二·黄裳传》："黄裳字文

叔，隆庆府普成人。少颖异，能属文。登乾道五年进士第，调巴州通江尉。益务进学，文词迥出流辈，人见之曰：'非复前日文叔矣。'时蜀中饷师，名为和籴，实则取民。裳赋《汉中行》，讽总领李蘩，蘩为罢籴，民便之。改兴元府录事参军。以四川制置使留正荐，召对，论蜀兵民大计。迁国子博士，以母丧去。宰相进拟他官，上问裳安在，赐钱七十万。除丧，复召。时光宗登极，裳进对……除太学博士，进秘书郎。迁嘉王府翊善……裳久侍王邸，每岁诞节，则陈诗以寓讽。……绍熙二年，迁起居舍人。……三年，试中书舍人。……时朝廷方宴安，裳所言多不省。未几，除给事中。……韩侂胄落阶官，郑汝谐除吏部侍郎，裳皆缴其命。改兵部侍郎，不拜，遂以显谟阁待制充翊善。……宁宗即位，裳病不能朝。改礼部尚书，寻兼侍读。……是时，韩侂胄已潜弄威柄，而宰相赵汝愚未之觉，故裳先事言之。及疾革，时时独语，曰：'五年之功，无使一日坏之，度吾已不可为，后之君子必有能任其责者。'遂口占遗表而卒，年四十九。上闻之惊悼，赠资政殿学士。裳为人简易端纯，每讲读，**随事纳忠**，上援古义，下揆人情，气平而辞切，事该而理尽。笃于孝友，与人言倾尽底蕴。耻一书不读，一物不知。推贤乐善，出乎天性。所为文，明白条达。有《王府春秋讲义》及《兼山集》，论天人之理，性命之源，皆足以发明伊、洛之旨。尝与其乡人陈平父兄弟讲学，平父，张栻之门人也，师友渊源，盖有自来云。嘉定中，谥忠文。"

《直斋书录解题》卷十八《别集类下》："《兼山集》四十卷。端明殿学士剑门黄裳文叔撰。在嘉邸最久，备尽忠益，甲寅御极，未及大用，病不能朝，士论惜之。"

楼钥《攻媿集》卷九十九有《端明殿学士致仕赠资政殿学士黄公（裳）墓志铭》，不录。

彭龟年（1142—1206），临江军清江人。孝宗乾道五年（1169）进士。授袁州宜春尉、吉州安福丞。光宗即位，召除太学博士，迁国子监丞，为御史台主簿，改司农寺丞，进秘书郎兼嘉王府直讲。宁宗即位，除起居舍人，迁中书舍人，除侍讲，迁吏部侍郎，升兼侍读，以焕章阁待制知江陵府、湖北安抚使。已而追三官勒停。嘉泰元年复元官，起知赣州，以疾辞，除集英殿修撰、提举冲佑观。开禧二年，以待制宝谟阁致仕。龟年尝从朱熹、张栻学，学识正大，议论简直。有《止堂集》四十七卷，已佚。清四库馆臣据《永乐大典》等书辑为十八卷。

《宋史》卷三百九十三《列传第一百五十二·彭龟年传》："彭龟年字子寿，临江军清江人。七岁而孤，事母尽孝。性颖异，读书能解大义。及长，得程氏《易》读之，至忘寝食，从朱熹、张栻质疑，而学益明。登乾道五年进士第，授袁州宜春尉、吉州安福丞。郑侨、张杓同荐，除太学博士。殿中侍御史刘光祖以论带御器械吴端，徙太府少卿，龟年上疏乞复其位，贻书宰相云：'祖宗尝改易差除以伸台谏之气，不闻改易台谏以伸幸臣之私。'兼魏王府教授，迁国子监丞。以侍御史林大中荐，为御史台主簿。改司农寺丞，进秘书郎兼嘉王府直讲。……除起居舍人。入谢，光宗曰：'此官以待有学识人，念非卿无可者。'龟年述祖宗之法，为《内治圣鉴》以进。……迁中书舍人，入谢，光宗曰：'此官以待有学识人，念非卿无可者。'……除侍讲，迁吏部侍郎，升兼侍读。……见（韩）侂胄用事，权势重于宰相，于是条数其奸……上览奏甚骇，曰：'侂胄朕之肺腑，信而不疑，不谓如此。'批下中书，予侂胄祠，已乃复入。龟年上疏求去，诏侂胄与内祠，龟年与郡，以焕章阁待制知江陵府、湖北安抚使。龟年丐祠，庆元二年，以吕棐言落职；已而追三官，勒停。嘉泰元年，复元官。起知赣州，以疾辞，除集英殿修撰、提举冲佑观。开禧二年，以待制宝谟阁致仕，卒。龟年学识正大，议论简直，善恶是非，辨析甚严，其爱君忧国之忧，先见之识，敢言之气，皆人所难。晚既投闲，悠然自得，几微不见于颜面。自伪学有禁，士大夫鲜不变者，龟年于关、洛书益加涵泳，扁所居曰止堂，著《止堂训蒙》，盖始终特立者也。……所著书有《经解》、《祭仪》、《五致录》、奏议、外制。侂胄诛，林大中、楼钥皆白其忠，宁宗诏赠宝谟阁直学士。章颖等请易名，赐谥忠肃。"

《四库全书总目》卷一百六十《集部十三·别集类十三》："《止堂集》二十卷，宋彭龟年撰。……事迹具《宋史》本传。龟年官右史时，面折廷诤，劘切人主，有古直臣之风。集中所存奏疏、劄子尚五十五篇，敷陈明确，多关于国家大计。……生平虽不以文章名，而恳恻之忧与刚劲之气，浩然直达，语不求工而自工，固非罄悦为文者所得絜其长短也。《宋史·艺文志》载其集四十七卷，世久失传。今从《永乐大典》所载，益以《历代名臣奏议》所录，共得文二百二十三首，诗二百二十首。依类编次，厘为二十卷。虽得诸残阙之余，而其一生建白，史所未尽载者，已略具于是。传龟年之文，益足传龟年之人矣。"

楼钥《攻媿集》卷九十六有《宝谟阁待制致仕特赠龙图阁学士忠肃彭公（龟年）神道碑》，不录。

章颖（1141—1218），临江军人。孝宗朝历官道州教授、太学录、添差通判赣州等。光宗朝召为太常博士，除左司谏。宁宗即位，除侍御史兼侍讲，寻权兵部侍郎。韩侂胄用事，御史劾颖阿党，罢。侂胄诛，除集英殿修撰，累迁刑部侍郎兼侍讲，除吏部侍郎，寻迁礼部尚书，升侍读。《全宋诗》录诗三首。

《宋史》卷四百〇四《列传第一百六十三·章颖传》："章颖字茂献，临江军人。以兼经中乡荐。孝宗嗣服，下诏求言，颖为万言书附驿以闻，礼部奏名第一，孝宗称其文似陆贽。调道州教授，作周敦颐祠。会宜章寇为乱，郡僚相继引去，颖独留。寇平，郡守以功入为郎，奏颖有协赞之功，可大用。乃召对，除太学录。礼部正奏第一人，初任郎召对者自颖始。……顷之，迁太学博士。丁内艰，服阕，添差通判赣州，除太常博士。……除左司谏……宁宗即位，除侍御史兼侍讲，寻权兵部侍郎。韩侂胄用事，颖侍经帏。……御史劾颖阿党，罢。……颖家居久之，起知衢州，侍御史林行可劾罢之。寻知赣州，御史王益祥复劾，寝其命，再祠，需次知建宁府。侂胄诛，除集英殿修撰。累迁刑部侍郎兼侍讲，对延和殿，上叹曰：'卿为权臣沮抑甚久。'颖乞修改《甲寅龙飞事迹》诬笔除吏部侍郎，寻迁礼部尚书，升侍读。……以嘉定十一年卒，年七十八。颖操履端直，生平风节不为穷达所移。虽仕多偃蹇，而清议与之。"

薛叔似（？—1221），其先河东人，后徙永嘉。孝宗朝游太学，解褐国子录，迁太常博士，寻除枢密院编修官。光宗受禅，历除兵部尚书、端明殿学士兼侍读。时韩侂胄开边，叔似亦以功业自期。侂胄诛，谪福州。叔似慕朱熹，穷道德性命之旨，有稿二十卷，已佚。

《宋史》卷三百九十七《列传第一百五十六·薛叔似传》："薛叔似字象先，其先河东人，后徙永嘉。游太学，解褐国子录。初登对，论：'祖宗立国之初，除二税外，取民甚轻。自熙宁以来，赋日增而民困滋甚。'孝宗嘉纳……迁太常博士，寻除枢密院编修官。……光宗受禅……除将作监，出为江东转运判官。俄以谏臣论罢，主管冲佑观，寻除湖北运判，加直秘阁，移福建，召为太常少卿兼实录院检讨官、守秘书监、权户部侍郎。……寻兼枢密都承旨，以刘德秀疏罢，提举兴国宫。起知赣州，移隆兴府、庐州，召除在京宫观兼侍读，进权兵部侍郎兼同修国史兼国用司参议官。两浙民有身丁钱，叔似请于朝，遂蠲之。试吏部侍郎兼侍读，充京、湖宣谕使。时韩侂胄开边，除兵部尚书、宣抚使。……寻除端明殿学士兼侍读。……以御史王益祥论，夺职罢祠。侂胄诛，谏官叶时再论，降两官，谪福州，以兵端之开，叔似迎合故也。久之，许自便。嘉定十四年卒，赠银青光禄大夫，谥恭翼。叔似雅慕朱熹，穷道德性命之旨，谈天文、地理、钟律、象数之学，有稿二十卷。"

蔡幼学（1154—1217），温州瑞安人。孝宗乾道八年（1172）进士。教授广德军，再调潭州，除敕令所删定官。光宗立，召为太学录，改武学博士，擢秘书省正字兼实录院检讨官，迁校书郎，提举福建常平。宁宗朝迁中书舍人兼侍讲，兼直学士院，除刑部侍郎、龙图阁待制，知泉州、建康府、福州，进福建路安抚使，升宝谟阁直学士，权兵部尚书，兼太子詹事。幼学早年从陈傅良游，以文鸣于时。有《育德堂外制》五卷。《全宋诗》录诗六首。《全宋词》录词一首。

《宋史》卷四百三十四《列传第一百九十三·儒林四·蔡幼学传》："蔡幼学字行之，温州瑞安人。年十八，试礼部第一。是时，陈傅良有文名于太学，幼学从之游。月书上祭酒芮烨及吕祖谦，连选拔，辄出傅良右，皆谓幼学之文过其师。孝宗闻之，因策士将置首列。而是时外戚张说用事，宰相虞允文、梁克家皆阴附之。……遂得下第，教授广德军。丁父忧，再调潭州。执政荐于朝，帝许之。……遂除敕令所删定官。首言：'大耻未雪，境土未复，陛下睿知神武，可以有为。而苟且之议，委靡之习，顾得以缓陛下欲为之心。'孝宗喜曰：'解卿意，欲令朕立规摹尔。'寻以母忧去。光宗立，以太学录召，改武学博士。踰年，迁太学，擢秘书省正字兼实录院检讨官，迁校书郎。……韩侂胄方用事，指正人为'伪学'，异论者立黜。幼学遂力求外补，特除提举福建常平。……既至官，日讲荒政。时朱熹居建阳，幼学每事咨访，遂为御史刘德秀劾罢，奉祠者凡八年。起知黄州，改提点福建路刑狱，未行。……迁国子司业、宗正少卿，皆兼权中书舍人。侂胄既诛，余党尚塞正路，幼学次第弹缴，窜黜尤众，号称职。迁中书舍人兼侍讲。故事，阁门、宣赞而下，供职十年，始得路都监若钤辖。侂胄坏成法，率五六年七八年即越等除授，有已授外职犹通籍禁闼者，幼学一切厘正。嘉定初，同楼钥知贡举。时正学久锢，士专于声律度数，其学支离。幼学始取义理之文，士习渐复于正。兼直学士院，内外制皆温醇雅厚得体，人多称之。除刑部侍郎，改吏部，仍兼职。……除龙图阁待制、知泉州，徙建康府、福州，进福建路安抚使。政主宽大，惟恐伤民。……升宝谟阁直学士、提举万寿宫。召权兵部尚书兼修玉牒官，寻兼太子詹事。……卒，年六十四。幼学早以文鸣于时，而中年述作，益穷根本，非关教化之大、由情性之正者不道也。器质凝重，莫窥其际，终日危坐，一语不妄发。及辨论义理，纵横阖辟，沛然如决江河，虽辩士不及也。尝续司马光《公卿百官表》，《年历》、《大事记》、《备忘》、《辨疑》、《编年政要》、《列传举要》，凡百余篇，传于世。"

叶适《水心集》卷二十三有《兵部尚书蔡公（幼学）墓志铭》，

不录。

范仲黼，成都双流人。孝宗淳熙五年（1178）进士。入仕为夔州教授。光宗朝历官秘书郎、著作郎、知彭州等，仕至通直郎，为国子博士，兼皇侄许国公府教授。仲黼尝从张栻游，晚传张栻之学于蜀中，学者称月舟先生。有主一斋，张栻为铭。《全宋诗》录诗一首。

李石《范叔源墓志铭》："范氏自忠文蜀国公（镇）以名节大其家，至犹子荣国公渊深质正，不见圭角。而太史唐鉴公凛然可畏，克肖蜀国，凡范氏食之而不尽者，非一世之积。故蜀之言家法者，首以范氏，而苏氏次之。石蚤客于范氏，获交其群，从子弟颇多，贤而有文，不相依藉，各欲自立。而叔源讳灌，以赠太尉。锴为曾祖。以荣国公百禄为祖。以赠太中大夫祖述为父。其世代著于天下，人知尊敬。而叔源能知上世之可学者，以滋其性。……叔源二子，长仲黼，次仲芸，乡贡进士出。继仲兄之后女三人。适王晞孟、程师夔。余未笄。凡墓志之所不及者，仲黼家传为详。"（《方舟集》卷十五）

朱熹《安人王氏墓表》："国子博士成都范君文叔以书致其母夫人之事于熹曰：'仲黼不天，蚤失先人之教，先夫人抚育成就，甚艰且勤。以及于兹，而葬不及铭，无以发其潜懿。吾心怵然不敢宁也，敢拜以请。'……夫人自幼以专静才明称于其家，年甫笄，归同郡范君讳灌。……仲黼杜门几十年，不汲汲于进取，蜀人高其行。东游吴、楚，张敬夫、吕伯恭一见皆叹赏，具以其学告之。今在朝列，尊守所闻，不狗世习，而忠君爱国，悃款无已，识者皆倚重焉……仲黼今以通直郎为国子博士，兼皇侄许国公府教授。……绍熙三年玄黓困敦秋九月戊子具位朱熹述。"（《晦庵先生朱文公文集》卷九十）

张栻《主一斋铭》："成都范文叔，以主一名斋。予嘉其志，为铭以勉之：人之心，一何危。纷百虑，走千岐。惟君子，克自持。正衣冠，摄威仪。澹以整，俨若思。主于一，复何之。事物来，当其几。应以专，匪可移。理在我，宁彼随。积之久，昭厥微。静不偏，动靡违。嗟勉哉，自

迩卑。惟勿替，日在兹。"（《南轩集》卷三十六）

《南宋馆阁录·续录》卷八："著作郎。……绍熙以后八人。……范仲黼。字文叔，成都双流人，淳熙五年姚颖榜同进士出身，治诗赋。五年八月除，十月知彭州。……秘书郎。……绍熙以后十人。……范仲黼。三年十月除，四年八月为著作佐郎。"

《续编两朝纲目备要》卷五："（宁宗庆元五年）秋七月癸丑，刘德秀罢。德秀初以重庆守入朝，不为时相留正所知，著作佐郎范仲黼，正客也，请为之地。仲黼见正言之，正曰：'此人若留之班行，朝廷无安静之理。'时京镗已为刑部尚书，正不得已，下除德秀大理寺簿。德秀怨仲黼荐已不力，并憾之。会上登极，镗与韩侂胄深交，不数月，侂胄擢德秀监察御史，而镗继为执政，正是时甫去位也。又数月，迁德秀右正言，仲黼时为夔路提刑，德秀遂建言：'诸路宪臣非尝历守、令及他司官者，请皆与郡。'从之，仲黼坐是左迁，知汉州。二年春，德秀迁谏长，首劾留正四大罪，又奏仲黼附和伪学，奴事陈傅良，自入仕为夔州教授，年余即入馆学，俸入无几，为夔路宪仅三四月，乃于郫县、双流之间大殖良田，皆平日受赂所致，仲黼遂坐免。"

《宋元学案》卷七十二《二江诸儒学案·知州范月舟先生仲黼》："范仲黼，字文叔，成都人，正献公祖禹之后也。仕至通直郎，为国子博士，兼皇侄许国公府教授。初南轩虽蜀产，而居湖、湘，其学未甚通于蜀。先生始从南轩学，杜门十年，不汲汲于进取。鹤山谓其'剖析精微，罗络隐遁，直接五峰之传'。晦翁、东莱皆推敬之。后以著作郎知彭州，学者称为月舟先生。晚年讲学二江之上，南轩之教遂大行于蜀中。"

陆心源《宋史翼》卷二十五《列传第二十五·儒林三》据《宋元学案》列范仲黼传，不录。

范仲黼出身于蜀中成都范氏名族。在宋代，范氏最著名的为吴郡范氏，其次就是成都范氏。自北宋以来，成都范氏出了范镇、范祖禹等著名人物。范仲黼曾祖范百禄，乃北宋名臣范镇从子、范祖禹从父，在哲宗朝历官中书舍人、刑部侍郎、吏部侍郎、翰林学士、龙图阁学士知开封府、资政殿学士等，封荣国公。《宋史》卷三百三十七有《范百禄传》。自范镇以来，至范仲黼辈，共五代，成都范氏每代都有举进士者，宦学双传，繁盛一百多年。王德毅《宋代的成都范氏及其世系》一文，就宋代成都范氏的姓源、世系、家风等进行了详尽考述（《宋史研究集》第二十九辑，1999 年，第512—535 页）。胡昭曦《宋代"世显以儒"的成都范氏家族》则对范氏家族绵延百载、宦海沉浮、史学世家、蜀学基石、婚姻、师友等问题进行了深入考述（邹重华、粟品孝主编《宋代四川家族与学术论集》，成都：四川大学出版社，2005 年，第111—147 页）。范仲黼幼承范氏家学，文献有征，当时道学大宗朱熹、张栻、吕祖谦等人皆推重之。

李谦，赣州人。孝宗淳熙进士。历官安福县尉、太常寺丞、左司郎中、左司谏等。有《文集》四十卷，已佚。

《江西通志》卷九十四《人物二十九·赣州府》："李谦字和卿，朴从孙。少承家学。淳熙进士。为安福县尉，累官太常寺丞，提举浙东。值岁饥，赈济有方，迁左司郎中，再迁左司谏。光宁间上封事，义气激烈。赵汝愚读之曰：'台谏手也。'吕祖谦以直节被窜，谦赠以诗。因忤韩侂胄罢归，筑圃云峰以居。有《文集》四十卷。"

吕祖俭（？—1196），金华人。号大愚。吕祖谦弟，受业祖谦。历官衢州法曹、司农簿、通判台州、太府丞等。有《大愚集》十一卷，已佚。《全宋诗》录诗二十六首。

《宋史》卷四百五十五《列传第二百十四·忠义十·吕祖俭传》："吕祖俭字子约，祖谦之弟也，受业祖谦如诸生。监明州仓，将上，会祖谦卒。部法半年不上者为违年，祖俭必欲终期丧，朝廷从之，诏违年者以一年为限，自祖俭始。终更赴铨，丞相周必大语尚书尤袤招之，祖俭已调衢州法曹而后往见。……除司农簿，已而乞补外，通判台州。宁宗即位，除太府丞。时韩侂胄寖用事，正言李沐论右相赵汝愚罢之。祖俭奏：'汝愚亦不得无过，然未至如言者所云。'侂胄怒曰：'吕寺丞乃预我事邪？'会祭酒李祥、博士杨简皆上书讼汝愚，沐皆劾罢之。祖俭乃上封事曰：'陛下初正清明，登用忠良，然曾未踰时，朱熹老儒也，有所论列，则亟使之去；彭龟年旧学也，有所论列，亦亟许之去；至于李祥老成笃实，非有偏比，盖众听所共孚者，今又终于斥逐。臣恐自是天下有当言之事，必将相视以为戒，钳口结舌之风一成而未易反，是岂国家之利邪？'……疏既上，束担待罪。有旨：吕祖俭朋比罔上，安置韶州。……祖俭至庐陵，将趋岭，得旨改送吉州。遇赦，量移高安。二年卒，诏令归葬。……所为文有《大愚集》。"

《直斋书录解题》卷十八《别集类下》："《大愚叟集》十一卷。太府寺丞吕祖俭子约撰。祖谦弟也。庆元初上封事，论救祭酒李祥，谪高安以没。寓居大愚寺，故以名集。"

绍熙四年癸丑（1193）　　四十一岁

三月二日己巳，张镃生日，作《木兰花慢》词。

张镃《木兰花慢·癸丑年生日》："年年三月二，是居士、始生朝。念绿鬓功名，初心已负，难报劬劳。天留帝城胜处，汇平湖远岫碧岩峣。竹色诗书燕几，柳阴桃杏横桥。　　西邻东舍不难招。大半是渔樵。任翁媪欢呼，儿孙歌笑，野具村醪。醉来便随鹤舞，看清风送月过松梢。百岁因何快乐，尽从心地逍遥。"（《南湖集》卷十）

五月，黄由（字子由）以著作郎除军器少监。是年，同夫人胡氏（号惠斋居士），奉岳母定斋，相过张镃席间。张镃赋《江城子·黄子由少监同内子慧斋奉岳母定斋相过席间因走笔次韵》词，称赞黄由及其内子胡氏才学相称之美。

张镃《江城子·黄子由少监同内子慧斋奉岳母定斋相过席间因走笔次韵》："试霜池面浅粼粼。鹊飞晴。远峰明。蓬岛群仙、来过瑞云清。龙榜当年人第一，黄叔度，是前生。　玉堂行见演丝纶。彩毫轻。思难停。醉里长鲸、翻浪吸东溟。谢女风流相称好，金母更，鬓常青。"（《南湖集》卷十）

按：《南宋馆阁录·续录》卷八载："著作郎……绍熙以后八人。……黄由。字子由，姑苏人，淳熙八年进士及第，治诗赋。二年十一月除，四年五月为军器少监。"同书卷九："实录院检讨官……绍熙以后十七人。……黄由。四年八月以军器少监兼；十二月为将作监，五年七月为起居郎，并兼。"据此，知黄由除军器少监事，在绍熙四年五月至同年十二月之间。因此，张镃《江城子·黄子由少监同内子慧斋奉岳母定斋相过席间因走笔次韵》词必作于绍熙四年。

黄由（1150—?），长洲人。号盘野居士。通直郎黄云长子。孝宗淳熙八年（1181）进士第一。授南安军签判，通判绍兴府。光宗朝迁著作佐郎，将作监，除嘉王府直讲、起居郎兼权给事中，迁中书舍人兼侍讲。宁宗即位，累除权礼部尚书，出知成都，知绍兴府，除刑部尚书、兼直学士院，官至正奉大夫。《全宋诗》录诗十三首。

叶适《通直郎致仕总干黄公行状》："绍熙五年秋七月庚午，黄子由自嘉王府直讲为起居郎，兼权给事中。踰月，迁中书舍人兼侍讲。时国有大丧，内禅甫定，诸处分尚多草创，人心忧恐。天子思尽下情，博谋群臣，于三宫僚尤委信，或一日再宣对。子由素负直节，激发敢言事，事有未便常争论，上每为顺听，一时甚赖之。知子由者，不以曹遇万一遽至显用为子由之身荣，而以子由能竭诚不阿补益上初政，为国家喜之也。冬十月庚寅，子由以父丧去职，于是知之者，又皆痛惜，以为天不且假其父之年，而令于此时得疾死，何耶？知子由之父者，则又曰：'不然。是翁奋立寒苦，为乡先生，天质疏宕，不避就向背，教子必自达于义。晚而后得仕，仕不尽其能而死，是可痛惜也，焉得但以子由一时去职为重而痛惜之哉。！'明年，子由使其弟田来曰：'将以庆元二年三月某日葬吾父于吴县至德乡观音山。天乎！往而不复反也。图以永先人之存，诏无穷之哀，宜莫如有以述也。惟荒哀迷塞，不能次第其辞，而以属于子也，若何而可？'余念去岁临于重华，且晡辄与子由同待事殿门外。一日，子由出家信数通偏视诸大夫，雪涕曰：'吾翁官建邺，疾病矣。而易月之练方毕，家事义不并，奈何？'宰相闻之，予告往省。上时犹在嘉邸，大书'成斋'二字，令以赐翁。成斋者，翁为乡先生授弟子经时所名也。……君讳云，字鼎瑞，吴郡人。世农家，未有仕者。居幼自知学，年十二三，已能授童子书。既冠，入太学，文义益通达。……以通直郎致仕，卒，年六十四。娶李氏，有妇道，穷约中能助君为善。再娶刘氏，并赠孺人。三子，子由长也，名由，为朝散大夫，试中书舍人，兼实录院同修撰兼侍讲；次甲，进士；次田，免解进士，女归迪功郎台州天台县主簿赵汝泌。"（叶适著，刘公纯等点校《叶适集·水心文集》卷二十六）

《吴郡志》卷二十八《进士题名》："淳熙八年黄由牓。黄由，状元。"

梁克家纂修《淳熙三山志》卷三十《人物类五·科名·本朝》："（淳熙）八年辛丑。黄由榜。"

《姑苏志》卷五十一《人物九·名臣》："黄由字子由，长洲人。父云，字景祥，尝为淮西总所酒官。由弱冠有声太学。淳熙八年廷对，时甘昇为入内押班，见知用事二十年，招权市贿，与曾觌、王抃相盘结，由对策及之，遂举进士第一。吴自有科目以来，由始冠多士，时人荣之。授南安军签判。秩满，通判绍兴府，往新嵊督行荒政。由改籴为赈，擅发米五万石予民，不取其直。除正字，迁著作佐郎。使金还，迁将作监、嘉王府赞读。绍熙五年，孝宗疾亟，光宗不能视疾，人情益惧。由请嘉王过重华宫问安,孝宗为之感动。宁宗即位,累除权礼部尚书、兼吏部,将大用之。会知绵州王沈朝辞乞诏庙堂铨选,若尝受伪学荐举升改,及众论指为伪党者,籍记姓名,且与勿用。由入奏,谓:'人主不可待天下以党与,不必置籍以示不广。'继擢沈利州路转运判官,由亦出知成都。张岩奏由阿附权臣,植立党与,遂以杂学士奉祠。嘉定初,以正议大夫知绍兴府。浙东安抚使闻嵊县昔有虎患,讹言谓虎岁久有神,变化叵测,或为僧形,或为猨狙,倏忽莫可踪迹。由祷于神,厚赏募人捕之,殄灭无遗种,民赖以安。三年,除刑部尚书、兼直学士院。官至正奉大夫。自号盘野居士。卒,赠少师。"

黄由妻胡氏,平江人。尚书胡元功(字与可)之女。自号惠斋居士。善笔札诗文,琴棋书画皆精。

《齐东野语》卷十"黄子由夫人"条:"黄子由尚书夫人胡氏,与可元功尚书之女也。俊敏强记,经史诸书略能成诵。善笔札,时作诗文亦可观。于琴弈写竹等艺尤精,自号惠斋居士,时人比之李易安云。时赵师罿从善知临安府,立放生池碑于湖上,高文虎炳如内翰为之作记,误书'鸟兽鱼鳖,咸若商历以兴'。既已锓石分送朝行,夫人一诵,即知其误。会炳如以藏头策题得罪多士,而从善又以学舍张盖殴人等,尝断其仆。诸士既闻其事,遂作小词讥诋之:'作为夏王道不是商王,这鸟兽鱼鳖是你者?'乃胡氏首指其误也。他日,胡氏殂,其婢窃物以逃,捕得之,送临安府。从善衔之,遂鞫其婢,指言主母平日与弈者郑日新通,(郑、越人,世号越童。)所失物乃主母与之耳,因逮郑系狱黥之。未几,子由以帷薄不修去国。事之有无固不可知,而从善之用心亦薄矣。后十余年,从善死,其子希苍亦死。其妇钱氏悍处,独任一干主家事。有老仆知其私,颇持之。钱氏与干者欲灭其口,遂以他事系官,竟毙于狱,且擅焚之。未几,仆家声其冤于宪台。时林介持宪节方振风采,遂逮钱氏于庭,经营巨援,仅尔获免,而干者遂从黥籍。信人之存心,不可以不近厚,而报复之理,昭昭不容揜也如此。"

陆友仁《吴中旧事》："黄子由尚书夫人，胡元功尚书之女也。俊敏强记，经史诸书略能成诵，善笔札，时作诗文亦可观，于琴奕写竹等艺尤精。自号惠斋居士，时人比之李易安云。"

陶宗仪《书史会要》卷六："胡夫人自号惠斋居士，平江人，胡尚书与可女，黄尚书子由妻。能草书，虽未有体法，然大书宏放，亦妇人所难。"

是年，张镃有书致时居家乡的友人杨万里。

杨万里《友善斋记》："予既谢病，退休于居。自念平生若许子，纷纷然与百工交易者，自此远矣。后一年，功父不远二千里，走一介遗予书"（《杨万里集笺校》卷七四）。

按：前述杨万里自江东转运副使任上请祠归里事，在绍熙三年（1192）。据杨万里《友善斋记》，张镃不远二千里遗书事在其后一年，即绍熙四年（1193）。

绍熙五年甲寅（1194）　四十二岁

正月初七己巳人日，张镃撰成《玉照堂梅品》一卷，并序，列叙梅花之神奇及其品质特性。

周密录张镃《玉照堂梅品》："梅花为天下神奇，而诗人尤所酷好。淳熙岁乙巳，予得曹氏荒圃于南湖之滨，有古梅数十，散漫弗治。爰辍地十亩，移种成列，增取西湖北山别圃江梅，合三百余本，筑堂数间以临之。又挟以两室，东植千叶缃梅，西植红梅各一二十章。前为轩楹如堂之

193

数。花时居宿其中，莹洁辉映，夜如对月，因名曰玉照。复开涧环绕，小舟往来，未始半月舍去，自是客有游桂隐者，必求观焉。顷亚太保周益公秉钧，予尝造东阁，坐定者首顾予曰：'一棹径穿花十里，满城无此好风光。'人境可见矣！盖予旧诗尾句，众客相与歆艳，于是游玉照者，又必求观焉。值春凝寒，又能留花，过孟月始盛。名人才士，题咏层委，亦可谓不负此花矣。但花艳并秀，非天时清美不宜；又标韵孤特，若三间大夫，首阳二子，宁槁山泽，终不肯俯首屏气，受世俗湔拂。间有身亲貌悦，而此心落落不相领会；甚至于污亵附近，略不自揆者。花虽眷客，然我辈胸中空洞，几为花呼叫称冤，不特三叹、屡叹、不一叹而足也。因审其性情，思所以为奖护之策，凡数月乃得之。今疏花宜称、憎嫉、荣宠、屈辱四事，总五十八条，揭之堂上，使来者有所警省。且示人徒知梅花之贵，而不能爱敬也。使予之言，传闻流诵，亦将有愧色云。绍熙甲寅人日约斋居士书。

花宜称。凡二十六条：

澹阴。晓日。薄寒。细雨。轻烟。佳月。夕阳。微雪。晚霞。珍禽。孤鹤。清溪。小桥。竹边。松下。明窗。疏篱。苍厓。绿苔。铜瓶。纸张。林间吹笛。膝下横琴。石枰下棊。扫雪煎茶。美人淡妆簪戴。

花憎嫉。凡十四条：

狂风。连雨。烈日。苦寒。丑妇。俗子。老鸦。恶诗。谈时事。论差除。花径喝道。对花张绯幕。赏花动鼓板。作诗用调羹驿使事。

花荣宠。凡六条：

主人好事。宾客能诗。列烛夜赏。名笔传神。专作亭馆。花边歌佳词。

花屈辱。凡十二条：

俗徒攀折。主人悭鄙。种富家园内。与粗婢命名。蟠结作屏。赏花命猥妓。庸僧窗下种。酒食店内插瓶。树下有狗屎。枝下晒衣裳。青纸屏粉画。生猥巷秽沟边。"（《齐东野语》卷十五）

三月中澣沐休日，张镃邀楼钥、陈傅良中书两舍人、黄裳待制、彭龟年右史、黄由匠监、沈有开（字应先）大著过桂隐，即席作《木兰花慢》词。

张镃《木兰花慢》序："甲寅（1194）三月中澣，邀楼大防、陈君举中书两舍人、黄文叔待制、彭子寿右史、黄子由匠监、沈应先大著过桂隐，即席作。"词云："清明初过后，正空翠，霭晴鲜。念水际楼台，城隅花柳，春意无边。清时自多暇日，看联镳飞盖拥群贤。朱邸横经满座，紫薇渊思如泉。　　高情那更属云天。语笑杂歌弦。向啼鴂声中，落红影里，忍负芳年。浮生转头是梦，恐它时高会却难全。快吐淋浪醉墨，要令海内喧传。"（《南湖集》卷十）

按：沈有开（1134—1212），常州无锡人。孝宗淳熙五年（1178）进士。历官太学博士，枢密院编修官兼实录院检讨官，秘书丞，著作郎，迁起居舍人、起居郎兼侍讲，历知太平州致仕。尝从张栻、吕祖谦、薛季宣、陈傅良等游，治诗赋。

叶适《朝请大夫直龙图阁致仕沈公墓志铭》："嘉定五年三月朏，越明日，朝请大夫、直龙图阁沈公卒。……沈氏自汉以后，冠冕名闻之盛，代不绝于乌程，公六世祖遇，始别居常州。至曾祖宗道，犹未能以仕显。至王父复、考松年及公，皆中进士第。复为朝奉大夫，松年登太学为博士，而公教授处州，掌刑工部架阁文字，国子录，太学博士，枢密院编修官兼实录院检讨官，秘书丞，著作郎，赞读嘉王府兼兵部郎官，迁起居舍人，起居郎，皆兼侍讲，有位有贤，相继益章，然后无锡之沈始亢其大宗。公讳有开，字应先，少学，志其大者。张钦夫、吕伯恭官京师，浙西士不知敬，公独从之。薛士隆、陈君举客于毗陵，公又从之。……盖晚乃奏上舍名，朝廷方选旧人使教国子，而公在焉。竟讲，下帘重扉深拒，未尝妄请谒。留丞相异之，唤语揖坐，常耸听移日。当是时，丞相患淳熙末知名士不采察而沉废于贱冗，数年间拔用几尽。士欢喜诵说，以为自赵元镇、陈应求才有此尔。丞相既得誉于天下，而公阴赞密请，力尤多。天下虽知公助之，而莫知其所以进者何人；公默不以语人，虽子弟亦莫知也。然不悦者固已忌公。及教嘉邸，反复深切，尤详于君子小人之际，则忌益甚。上即位，欲习知国家事，故官僚二三人日再宣，引入禁中赐坐，问民疾苦，皆非前例所有。由是忌者合势相与排公，最先罢；又以危语中之，坐废斥十年，公恬不为动。已而稍悔痞，使知徽州。不得已强起，屡求去。奉使江东，迎吏守门迫公行，固不往。复以知太平州，遂乞致仕。又几十年，年七十九而后卒。"（《叶适集·水心文集》卷二十一）

《南宋馆阁录·续录》卷七："丞。……绍熙以后七人。……沈有开。字应先，常州无锡人，淳熙五年姚颖榜进士出身，治诗赋。三年正月除，十月为著作郎。"

同书卷八："著作郎。……绍熙以后八人。……沈有开。三年十月除，五年七月为起居舍人。"

夏季，杨万里以诗寄张镃，有《寄张功父》。

杨万里《寄张功父》："问讯子张子，诗狂除未除？年时一健步，寄我数行书。旧矣哦《招隐》，谁欤送子虚？江湖隔京洛，不是爱相疏。"（《杨万里集笺校》卷三六）

《杨万里年谱》载：绍熙五年甲寅（1194），"夏季，以诗寄陆游、张镃"。

闰十月十日丁卯，朱熹（字元晦，一字仲晦）饯范仲黼于张镃南湖之上。张镃出所藏黄庭坚书赠朱熹。朱熹跋之，有《跋鲁直书践阼篇》。

朱熹《跋鲁直书践阼篇》："绍熙甲寅闰十月十日，饯范文叔于张功父南湖之上。功父出此为赠，云旧得其真迹藏之，近以主上践阼，已训释并上御府矣。因省数日前入侍讲筵，上语尝及此也。熹谨记。"（《晦庵先生朱文公文集》卷八十三）

按：朱熹（1130—1200），号晦庵、晦翁、考亭先生等。徽州婺源人，寓建州。高宗绍兴十八年（1148）进士，与张镃父张宗元为同年。主泉州同安簿。孝宗朝，以荐召为秘书郎，知南康军，提举江西常平茶盐公事，提点江西刑狱公事，秘阁修撰。光宗即位，除知漳州，主管南京鸿庆宫。宁宗即位，除焕章阁待制、侍讲，庆元二年为御史所劾，落职罢祠。理宗宝庆三年赠太师，追封信国公，改徽国。熹少有求道之志，穷理以致其知，反躬以践其实，终成南宋理学大宗。有《晦安集》一百卷。又有《诗集传》、《大学中庸章句》、《孟子集注》、《楚辞集注》、《宋名臣言行录》、《近思录》、《河南程氏遗书》、《伊洛渊源录》等著述多种行于世。

《绍兴十八年同年小录》：“第五甲……第九十人：朱熹。字元晦，小名沈郎，小字季延。年十九。九月十五日生。外氏祝。偏侍下。第五一。兄弟无。一举。娶刘氏。曾祖绚，故，不仕。祖森，故，赠承事郎。父松，故，任左承议郎。本贯建州建阳县群玉乡三桂里。自为户。”

《宋史》卷四百二十九《列传第一百八十八·道学三·朱熹传》：“朱熹字元晦，一字仲晦，徽州婺源人。父松字乔年，中进士第。……熹幼颖悟，甫能言，父指天示之曰：‘天也。’熹问曰：‘天之上何物？’松异之。就傅，授以《孝经》，一阅，题其上曰：‘不若是，非人也。’尝从群儿戏沙上，独端坐以指画沙，视之，八卦也。年十八贡于乡，中绍兴十八年进士第。主泉州同安簿，选邑秀民充弟子员，日与讲说圣贤修已治人之道，禁女妇之为僧道者。罢归请祠，监潭州南岳庙。明年，以辅臣荐，与徐度、吕广问、韩元吉同召，以疾辞。……时相汤思退方倡和议，除熹武学博士，待次。乾道元年，促就职，既至而洪适为相，复主和，论不合，归。三年，陈俊卿、刘珙荐为枢密院编修官，待次。五年，丁内艰。六年，工部侍郎胡铨以诗人荐，与王庭珪同召，以未终丧辞。七年，既免丧，复召，以禄不及养辞。九年，梁克家相，申前命，又辞。克家奏熹屡召不起，宜蒙褒录，执政俱称之，上曰：‘熹安贫守道，廉退可嘉。’特改合入官，主管台州崇道观。熹以求退得进，于义未安，再辞。淳熙元年，始拜命。二年，上欲奖用廉退，以励风俗，龚茂良行丞相事，以熹名进，除秘书郎，力辞，且以手书遗茂良，言一时权幸。群小乘间诪毁，乃因熹再辞，即从其请，主管武夷山冲佑观。五年，史浩再相，除知南康军，降旨便道之官，熹再辞，不许。至郡，兴利除害，值岁不雨，讲求荒政，多所全活。……陈俊卿以旧相守金陵，过阙入见，荐熹甚力。宰相赵雄言于上曰：'士之好名，陛下疾之愈甚，则人之誉之愈众，无乃适所以高之。不若因其长而用之，彼渐当事任，能否自见矣。'上以为然，乃除熹提举江西常平茶盐公事。旋录救荒之劳，除直祕阁，以前所奏纳粟人未推赏，辞。会浙东大饥，宰相王淮奏改熹提举浙东常平茶盐公事，即日单车就道，复以纳粟人未推赏，辞职名。纳粟赏行，遂受职名。……时郑丙上疏诋程氏之学且以沮熹，淮又擢太府寺丞陈贾为监察御史。贾面对，首论近日搢绅有所谓'道学'者，大率假名以济伪，愿考察其人，摈弃勿用。盖指熹也。十年，诏以熹累乞奉祠，可差主管台州崇道观，既而连奉云台、鸿庆之祠者五年。十四年，周必大相，除熹提点江西刑狱公事，以疾辞，不许，遂行。十五年，淮罢相……时曾觌已死，王抃亦逐，独内侍甘昪尚在，熹力以为言。上曰：'昪乃德寿所荐，谓其有才耳。'熹曰：'小人无才，安能动人主。'翌日，除兵部郎官，以足疾丐祠。……除直宝文阁，主管西京嵩山崇福宫。未逾月再召，熹又辞。……除主管太一宫，兼崇政殿说书。熹力辞，除秘阁修撰，奉外祠。光宗即位，再辞职名，仍旧直宝文阁，降诏奖谕。居数月，除江东转运副使，以疾辞，改知漳州。奏除属县无名之赋七百万，减经总制钱四百万。……明年，以子丧请祠。时史浩入见，请收天下人望，乃除熹秘阁修撰，主管南京鸿庆宫。熹再辞，诏：'论撰之职，以宠名儒。'乃拜命。除荆湖南路转运副使，辞。漳州经界竟报罢，以言不用自劾。除知静江府，辞，主管南京鸿庆宫。未几，差知潭州，力辞。黄裳为嘉王府翊善，自以学不及熹，乞召为宫僚，王府直讲彭龟年亦为大臣言之。留正曰：'正非不知熹，但其性刚，恐到此不合，反为累耳。'熹方再辞，有旨：'长沙巨屏，得贤为重。'遂拜命。……宁宗即位，赵汝愚首荐熹及陈傅良，有旨赴行在奏事。熹行且辞，除焕章阁待制、侍讲，辞，不许。……庆元元年初，赵汝愚既相，收召四方知名之士，中外引领望治，熹独惕然以佞幸用事为虑。既屡为上言，又数以手书启汝愚，当用厚赏酬其劳，勿使得预朝政，有'防微杜渐，谨不可忽'之语。汝愚方谓其易制，不以为意。及是，汝愚亦以诬逐，而朝廷大权悉归佞幸矣。熹始以庙议自劾，不许，以疾再乞休致，诏：'辞职谢事，非朕优贤之意，依旧秘阁修撰。'二年，沈继祖为监察御史，诬熹十罪，诏落职罢祠，门人蔡元定亦送道州编管。四年，熹以年近七十，申乞致仕，五年，依所请。明年卒，年七十一。……熹登第五十年，仕于外者仅九考，立朝才四十日。……嘉泰初，学禁稍弛。二年，诏：'朱熹已致仕，除华文阁待制，与致仕恩泽。'后佞幸死，诏赐熹遗表恩泽，谥曰文。寻赠中大夫，特赠宝谟阁直学士。理宗宝庆三年，赠太师，追封信国公，改徽国。始，熹少时，慨然有求道之志。……其为学，大抵穷理以致其知，反躬以践其实，而以居敬为主。……所著书有：《易本义》、《启蒙》、《蓍卦考误》，《诗集传》，《大学中庸章句》、《或问》，《论语》、《孟子集注》，《太极图》、《通书》、《西铭解》，《楚辞集注》、《辨证》、《韩文考异》；所编次有：《论孟集议》，《孟子指要》，《中庸辑略》，《孝经刊误》，《小学书》，《通鉴纲目》，《宋名臣言行录》，《家礼》，《近思录》，《河南程氏遗书》，《伊洛渊源录》，皆行于世。"

冬，秘书郎杨方（字子直）以诗赠张镃，有《馆中简张约斋》。

杨方《馆中简张约斋》其一："书生赋分合穷愁，官与休辰不肯休。清晓犯寒开省户，谁家见雪似瀛洲。"

其二："烂银宫阙云中见，素柰园林月下游。说与南湖张秘阁，速来同直道山头。"（《宋诗纪事》卷五十三）

按：杨方《馆中简张约斋》其二有"说与南湖张秘阁，速来同直道山头"句，可见是诗乃杨方除职馆阁之际而作。《南宋馆阁录·续录》卷八载："秘书郎。……绍熙以后十人。……杨方。字子直，汀州人，隆兴元年木待问榜进士出身，治《礼记》。五年九月除，庆元元年五月知吉州。"知杨方绍熙五年（1194）九月至庆元元年（1195）五月在秘书郎任上。则其诗必作于此间。又，杨方《馆中简张约斋》其一有"清晓犯寒开省户，谁家见雪似瀛洲"句，所言当为冬季。故系于绍熙五年冬。

杨方（约1133—1210），长汀县人。孝宗隆兴元年（1163）进士。调弋阳尉，改清远簿，权宗正簿，倅庐陵。淳熙末守建昌，寻召除编修。宁宗登极，除校书郎，复守庐陵，进考功郎，加宝谟阁直兼庚事，入象州卒。方尝师朱熹，清秀笃孝，操履刚正，治《礼记》。《全宋诗》录诗十首。

《临汀志·进士题名》："隆兴元年癸未木待问榜：杨方。字子直，长汀县人。清秀笃孝，行己拔俗，中乙科。平昔心师朱文公（熹），调弋阳尉还，特取道崇安参请，数月面受所传而归。未赴，改清远簿。广宪姚孝资檄摄曲江坑冶纲船入境剽掠，禽获五千余人，径上之郡。官广七年，以廉介刚直著。武宁丞满，当路交荐改秩。适赵忠定公（汝愚）开蜀辟阃，辟制机，逾二年用赵公荐，召对，孝宗喜其刚直骨鲠，权宗正簿。俄避嫌请外除，倅庐陵。淳熙末守建昌，寻召除编修，首言过宫事，恳切无所隐。宁宗登极，除校书郎，复守庐陵。明年韩（侂胄）专柄，以伪学排天下正士，或指为忠定党，竟罢去，俸余尽寄公帑，退居章贡，开阁读书，无复仕进念。即所居植淡竹，自号淡轩老叟。嘉泰三年，以临川守起家，仅五月力乞祠归。嘉定更化，以侍右召，进考功，复赵忠定谥议详允，在廷推服，然操履刚正，终与时忤，未盈季复去国。阅二年，广右开漕，择老成鲠介者，加宝谟阁直兼庚事，至即循历属部，发责奸贪，軺车连岁冒畏途，入象州，以疾终，年七十八。桂岭稚耄闻之，莫不涕泣。菊坡崔公与之祭文曰：'一死为民，可谓明白。'北山陈孔硕挽诗云：'南民

何德辱公忧，六䘏周遭死始休。'"（马蓉等点校《永乐大典方志辑佚》第二册）

《宋诗纪事》卷五十三："杨方。方字子直，长汀人，自号淡轩老叟。隆兴元年进士。尝受学于朱子之门，仕至直宝谟阁、广西提刑。"

宁宗庆元元年乙卯（1195）　　四十三岁

三月十四日己亥，张镃弟张鉴初度，与姜夔自南昌同游西山玉隆宫，买酒茅舍，痛饮至午夜乃寝。

姜夔《鹧鸪天》词序："予与张平甫自南昌同游西山玉隆宫，止宿而返，盖乙卯（1195）三月十四日也。是日即平甫初度，因买酒茅舍，并坐古枫下。古枫，旌阳在时物也。旌阳尝以草屦悬其上，土人以屦为屩，因名曰挂屩枫。苍山四围，平野尽绿，隔涧野花红白，照影可喜，使人采撷，以藤紃缠著枫上。少焉，月出，大于黄金盆，逸兴横生，遂成痛饮，午夜乃寝。"（《白石道人歌曲》卷二）

按：西山玉隆宫，在南昌。王象之撰《舆地纪胜》卷二十六《江南西路·隆兴府·景物上》："西山。在新建西大江之外，高二千丈，周三百里，压豫章数县之地。《寰宇记》云：'又名南昌山。'《九域志》云：'吴王濞铸钱之所。'《余襄公靖记》云：'西山，在县西四十里，岩岫四出，千峰北来，岚光染空，连属三百里，其所经行，尽西山之景。'"是书同卷《江南西路·隆兴府·景物下》："玉隆观。在新建界，旧名游帷观。初，许旌阳（逊）学道于丹阳黄堂，尝以五色锦帷施于黄堂。及旌阳上升，锦帷飞还故宅，俄复升天。晋故立游帷观。唐有道士胡惠超，有道术，能役鬼神，其创观也，以夜兴工，至晓则止。今正殿雄丽，非人工所能，牓有'游帷之观'四字，乃徐铉所书。国朝祥符中改赐玉隆观额。"

六月三日丙辰，张镃自司农寺主簿任上放罢。

《宋会要辑稿·职官》七三之二〇："（宋宁宗庆元元年）六月三日，司农寺主簿张镃放罢，以臣僚言镃与叔（张）宗尹交争沙滩。"

庆元二年丙辰（1196）　　四十四岁

三月十四日甲午，张镃弟张鉴初度，姜夔有《鹧鸪天》、《阮郎归》等词，歌以寿之。

姜夔《鹧鸪天》词序云："予与张平甫自南昌同游西山玉隆宫，止宿而返，盖乙卯（1195）三月十四日也。……明年（1196），平甫初度，欲治舟往封禺松竹间，念此游之不可再也。歌以寿之。"词云："曾共君侯历聘来。去年今日踏莓苔。旌阳宅里疏疏磬，挂屩枫前草草杯。　呼煮酒，摘青梅。今年官事莫裹徊。移家径入蓝田县，急急船头打鼓催。"（《白石道人歌曲》卷二）

姜夔《阮郎归·为张平甫寿，是日同宿湖西定香寺》其一："红云低压碧玻璃。惺惚花上啼。静看楼角拂长枝。朝寒吹翠眉。　休涉笔，且裁诗。年年风絮时。绣衣夜半草符移。月中双桨归。"

其二："旌阳宫殿昔裹徊。一坛云叶垂。与君闲看壁间题。夜凉笙鹤期。　茅店酒，寿君时。老枫临路岐。年年强健得追随。名山游遍

归。"（《白石道人歌曲》卷二）

马维新《姜白石先生年谱》载：庆元二年（1196）"三月十四日，与张平甫同宿湖西定香寺，有《阮郎归》二首。"

夏末秋初之际，姜夔因慕张镃曾祖张俊之功，而惜其细行小节人罕知者，撰成《张循王遗事》。楼钥嘉其志，为作跋，有《跋姜尧章所编张循王遗事》。

楼钥《跋姜尧章所编张循王遗事》："柳河东以《段太尉逸事》上史馆，自言好问老校退卒，能言其事。考其所载者三：戮郭晞之军士，抚焦令谌之农者，不受朱泚大绫之币。顾太尉忠节显著，何必俟此三者而后为贤？盖惜其逸坠，且以见太尉之平昔，非一时奋不虑死以得名者。《旧唐史》之传虽详，以未见河东之状，故三事皆阙而不书。宋景文公谨谨书之，其为佳传之助多矣。尧章慕循王大功，而惜其细行小节，人罕知者，矻矻然访问而得此，将以补史氏之遗，其志可嘉也。"（《攻媿集》卷七十一）

马维新《姜白石先生年谱》载：庆元二年（1196）三月，"先生撰《张循王遗事》成。楼钥为之跋。……案：《攻媿集·循王遗事跋下》有《跋了翁门颂帖》。有句云：'庆元二年八月上澣，有二僧叩门，袖出了翁真迹及与延庆第四代明智讲主论此颂二帖。'又次首《跋施武子所藏诸帖》云：'庆元二年孟冬壬子，见余姚施令尹。'是白石《循王遗事》，亦当成于是岁夏末秋初。且先生感念平甫知遇之隆，因及其先人之德，为此以报，亦人之恒情也。"

按：姜夔《张循王遗事》，已佚。

秋，张镃与姜夔会饮张达可家，张镃约姜夔同赋，以授歌者。张镃赋《满庭芳·促织儿》词，先成。姜夔寻成《齐天乐·蟋

203

蟀》词。

张镃《满庭芳·促织儿》词："月洗高梧，露溥幽草，宝钗楼外秋深。土花沿翠，萤火坠墙阴。静听寒声断续，微韵转、凄咽悲沉。争求侣，殷勤劝织，促破晓机心。儿时曾记得，呼灯灌穴，敛步随音。任满身花影，犹自追寻。携向华堂戏斗，亭台小，笼巧妆金。今休说，从渠床下，凉夜伴孤吟。"（《南湖集》卷十）

姜夔《齐天乐》词序："丙辰岁，与张功父会饮张达可之堂，闻屋壁间蟋蟀有声。功父约予同赋，以授歌者。功父先成，辞甚美。予徘徊茉莉花间，仰见秋月，顿起幽思，寻亦得此。蟋蟀，中都呼为促织，善斗。好事者或以二三十万钱致一枚，镂象齿为楼观以贮之。"词云："庾郎先自吟愁赋。凄凄更闻私语。露湿铜铺，苔侵石井，都是曾听伊处。哀音似诉。正思妇无眠，起寻机杼。曲曲屏山，夜凉独自甚情绪。西窗又吹暗雨，为谁频断续。相和砧杵，候馆迎秋，离宫吊月，别有伤心无数。幽诗漫与。笑篱落呼灯，世间儿女。写入琴丝，一声声更苦。（自注：宣政间有士大夫制《蟋蟀吟》。）"（《白石道人歌曲》卷三）

马维新《姜白石先生年谱》载：庆元二年（1196）秋，"先生与张功父会饮张达可家，有《齐天乐·蟋蟀》词。"

冬，张镃弟张鉴与姜夔、俞灏（字商卿）、葛天民（字无怀）自封禺同载诣梁溪，道吴淞。既归，各得诗词若干解，钞为一卷，命之曰《载雪录》。

姜夔《庆宫春》词序："绍熙辛亥（1191）除夕，予别石湖归吴兴。雪后夜过垂虹，尝赋诗云：'笠泽茫茫雁影微，玉峰重叠护云衣。长桥寂寞春寒夜，只有诗人一舸归。'后五年（1196）冬，复与俞商卿、张平甫、铦朴翁自封禺同载诣梁溪，道经吴松，山寒天迥，雪浪四合，中夕相呼步垂虹，星斗下垂，错杂渔火，朔吹凛凛，厄酒不能支。朴翁以衾自缠，犹相与行吟，因赋此阕。盖过旬涂稿乃定。朴翁咎予无益，然意所耽，不能自已也。平甫、商卿、朴翁皆工于诗，所出奇诡，予亦强追逐之。此行既归，各得五十余解。"词云："双桨莼波，一蓑松雨，暮愁渐满空阔。呼我盟鸥，翩翩欲下，背人还过木末。那回归去，荡云雪，孤舟夜发。伤心重见，依约眉山，黛痕低压。　　采香泾里春寒，老子婆娑，自歌谁答。垂虹西望，飘然引去，此兴平生难遏。酒醒波远，政凝想，明珰素襪。如今安在。唯有阑干，伴人一霎。"（《白石道人歌曲》卷三）

《浩然斋雅谈》卷中："庆元丙辰（1196）冬，姜尧章与俞商卿、铦朴翁、张平甫自封禺同载，诣梁溪，道吴淞。既归，各得诗词若干解，钞为一卷，命之曰《载雪录》。其自叙云：'予自武康与商卿、朴翁同载，至南溪，道出苕雪、吴淞，天寒野回，仰见雁鹜飞下玉鉴中，诗兴横发，嘲哰吟讽，造次出语便工，而朴翁尤敏不可敌。未浃日，得七十余解，复有伽语小词，随事一笑。大要三人鼎立，朴翁似曹孟德，据诗社出奇无穷。商卿似江东，多奇秀英妙之士。独予椎鲁不武，虽自谓汉家子孙，然不敢与二豪抗也。'且云此编向见之雪林李和父，后归之僧颐蒙，乃朴翁手书也。古律、绝句、赞、颂、偈、联句、词曲、纪梦，凡一百五十三，多集中所无者。萧介父题云：'乱云连野水连空，只有沙鸥共数公。想得句成天亦喜，雪花迎棹入吴中。'孙季蕃云：'诗字峥嵘照眼开，人随尘劫挽难回。清苕载雪流寒碧，老我扁舟独自来。'"

按：俞灏（1146—1231），世居杭州，父徙乌程。光宗绍熙四年（1193）进士。授吴县尉，辟户部，知盱眙军招信县，改镇江都统司主管机宜文字。宁宗朝充淮东安抚司参议官，知临安府，添差淮东安抚司参议官，知安丰军、常德府，提举湖北常平茶盐。理宗宝庆间致仕。有《青松居士集》，已佚。《全宋诗》录诗七首。《全宋词》录词一首。

洪咨夔《提举俞太中行状》："公讳灏，字商卿。……世居杭，为著姓。太中娶于吴兴之乌程，因徙家焉。公幼敏悟，吐辞辄不凡。既冠，挹浙漕举，材名郁起，大家贵公子竞延致为师。登绍熙癸丑乙科，授吴县尉。秩满，辟户部，犒赏武康酒库，以格知宁国府宣城县，未上，辟。知盱眙军招信县。逾年，改辟镇江都统司主管机宜文字。嘉定初元，充淮东安抚司参议官。二年，知临安府。城南左厢公事未上，监行在都，进奏院，兼添差淮东安抚司参议官。三年，知安丰军。六年，知常德府。七年，提举湖北常平茶盐，寻主管冲佑观。十二年，辟淮东安抚司参议官，不就，主管崇禧观，提举千秋鸿禧观。宝庆二年，引年致其事。……晚喜观释氏书，疾革，屏药饵弗御，索笔大书偈语而逝，绍定四年四月朔前三日也，享年八十有六。……侄孙松得公诗百篇，锓为《青松居士集》。"（《平斋文集》卷三十二）

《咸淳临安志》卷六十七《人物八·列传》："俞灏。字商卿，世居杭，父徙乌程。登绍熙四年第。仕东淮，宣抚丘崈令佐毕再遇救山阳，灏料敌必窥采石，请回军石梁河以遏其锋，寇捣虚不入而遁。再遇知扬州，荡平胡海，多灏计画。再遇欲诛胁从者，救活甚众。开禧议开边，政府密引灏，言：'轻脱寡谋之人不可信。赵良嗣、张觉往辙可鉴。'历麾节皆有声。宝庆二年致仕，筑室九里松，买舟西湖，会意处竟日忘返，以诗词自适。号青松居士。有集。"

葛天民，山阴人。初为僧，名义铦，字朴翁。后返初服，隐居西湖上。有《无怀小集》。

周密撰；吴企明点校《癸辛杂识·别集上》"葛天民赏雪"条："葛天民字无怀，后为僧，名义铦，字朴翁。其后返初服，居西湖上，一时所交皆胜士。有二侍姬，一名如梦，一曰如幻。一日，天大雪，方拥炉煎茶，忽有皂衣阚户，将大珰张知省之命（即水张太尉也），招之至总宜园。清坐高谈竟日，雪甚寒剧，且腹馁甚，亦不设杯酒，直至晚，一揖而散。天民大患，步归，以为无故为阉人所辱。至家则见庭户间罗列奁筐数十，红布囊亦数十，凡楮币、薪米、酒殽，甚至香茶适用之物，无所不具。盖此珰故令先怒而后喜，戏之耳。"

张端义《贵耳集》卷上："铦朴翁，秦望山人。能诗，诗愈工，俗念愈炽。后加冠巾曰葛天民。筑室苏堤，自号柳下。《即事》云：'壁为题诗暗，池因洗砚浑。闲知真富贵，醉到古乾坤。'《清明访白石》云：'花荞悬灯柳插檐，老怀那复似饧甜。画船已载先生去，燕子无人自入帘。'《绝句》云：'夜雨涨波高一尺，失却捣衣平正石。明朝水落石依然，老夫一夜空相忆。'《江头送客》云：'大江中夜满，双橹半空鸣。'……老子兴不浅也。"

《两宋名贤小集》卷二百八十五："葛天民字无怀，山阴人。好学攻诗，忽祝发为僧，更名义铦，字朴翁。其后仍返初服，隐居钱唐湖上，足不入城市，日惟吟咏自乐。有《无怀小集》。"

庆元三年丁巳（1197）　　四十五岁

十一月，张镃弟张镇病卒，年三十有八。

按：陆游《承议张君墓志铭》："君讳镇，字深父，年三十有八，庆元三年（1197）十一月壬辰病卒。"（《陆游集·渭南文集》卷三十六）

庆元四年戊午（1198）　　四十六岁

九月十二日丁未，张镃自司农寺丞任上与宫观。

《宋会要辑稿·职官》七三之二五："（宋宁宗庆元四年）九月十二

日，司农寺丞张镃与宫观，理作自陈，以臣僚言镃'本娶刘氏累年，一旦弃之，初无可出之过。继娶郑氏'。"

九月二十五日庚申，张镃弟张镇之子张渥葬镇于临安府西湖佛首山之原，并以镇友人陈公道所撰行状请陆游为之铭。

陆游《承议张君墓志铭》："君讳镇，字深父，年三十有八，庆元三年（1197）十一月壬辰病卒。以（庆元）四年（1198）九月庚申，孤某葬君于临安府西湖佛首山之原。因其伯父寺丞功父镃，以君之友太学内舍生陈公道原状，请铭。予与功父交二十年，信重其言，而陈君所叙文，亦甚美，可考据，遂与为铭。"（《陆游集·渭南文集》卷三十六）

约在是年，曾三聘以梅词寄张镃。张镃赋《卜算子·无逸寄示近作梅词，次韵回赠》。

张镃《卜算子·无逸寄示近作梅词，次韵回赠》："常记十年前，共醉梅边路。别后频收尺素书，依旧情相与。　　早愿却来看，玉照花深处。风暖还听柳际莺，休唱闲居赋。"（《南湖集》卷十）

按：前述淳熙十六年（1189）曾三聘（字无逸）入朝为掌故，以诗寄张镃。张镃有《酬曾无逸架阁见寄》、《走笔和曾无逸掌故，约观玉照堂梅诗，六首》等诗作与之唱和。宁宗立，曾三聘兼考功郎，旋知郢州。李之亮《宋代京朝官通考》亦载："考功郎中，考功员外郎……宁宗庆元元年己卯（1195）。曾三聘。《桂林石刻》第三〇〇页《游似忠节曾公神道碑》：'除秘书郎，兼考功郎。力求去，未许。右正言黄艾论公邪说横议，罢之。旋起知郢州。'"张镃《卜算子·无逸寄示近作梅词，次韵回赠》有"常记十年前，共醉梅边路。别后频收尺素书，依旧情相与"。以淳熙十六年曾三聘入京与张镃交往算起，至宁宗庆元四年（1198）为十年，时曾三聘恰已离朝。曾三聘原词已不传。

庆元五年己未（1199）　四十七岁

秋，杨万里幼子幼舆（字稚宾）入京换授。杨万里有《与张寺丞》函致张镃，介幼舆往见。函引苏轼语称“我儿即公儿也”，托望甚重。

杨万里《与张寺丞》：“某伏以即日千崖秋高，恭惟功父寺丞诗兄：大隐隐朝，自天陨祉，台候动止万福。某老病余生，人事尽废，书问不入帝城，平生故人有厚于吾功父者乎？无也，亦复作疏。可不可也？寸心孤往，惟夜梦多见之耳。吾曹抽手板付丞相，良一细事，某乃四年三请而后得之。士大夫以跻攀分寸而上为难，不知乞身谢事，其戛戛乃尔。功父所挟者古，而所售者今，所赏者稀，而所偭者众。十里九山，一武再止，想前知其然而怡然不怪也。觞豆湖山，箫勺风月，优哉游哉，聊以卒岁，肯遽以此而易彼乎？小儿幼舆入京换授，敬令一见。东坡与王定国书云：‘我儿即公儿也。’惟面命而耳提，是所望者。愿言珍重，当有夜诵《子虚》者。”（《杨万里集笺校》卷一〇六）

《杨万里年谱》载：庆元五年己未（1199）秋，“函张镃，介幼子幼舆往见”。

按：杨幼舆，吉州吉水人。杨万里幼子。号碧梧。以父荫补官，终朝奉郎、琼管安抚使。《全宋诗》录诗二首。

《忠节杨氏总谱·湴塘延宗公派总图》：“幼舆，行八七，字稚宾，号碧梧，以父荫，官终朝奉郎、琼管安抚使，年五十五而殁。配罗氏，同葬六十二都仙居侧，同地异兆。生四子，宾言，行小二，字端季，以父荫补官将仕郎、鄂州判官，与胡刚简友善。宾秩，行四五，字初季，官至文林郎、澧州司户。宾王，行四六，字国季，以父荫官迪功郎、兴国丞。”（《杨万里集笺校·附录四》）

八月二十六日丙戌，权礼部侍郎何异（字同叔）放罢。以臣僚言异与张镃厚密；既留正去国，异在言路，卒无一语之弹。

《宋会要辑稿·职官》七三之二六：“（宋宁宗庆元五年八月二十六日）权礼部侍郎何异放罢。以臣僚言异顷为奉常，与张镃厚密，燕觞狎婢；既留正去国，异在言路，卒无一语之弹，置之礼侍，尤为罔上。”

按：何异，抚州崇仁人。号月湖。高宗绍兴二十四年（1154）进士。调石城主簿，知萍乡县，迁国子监主簿、国子监丞，擢监察御史。光宗时迁右正言，授湖南转运判官，浙西提点刑狱。宁宗朝除秘书监兼实录院检讨官，权礼部侍郎。以言者劾罢，久乃予祠。起知夔州兼本路安抚，除刑部侍郎，权工部尚书，以宝章阁直学士知泉州，进宝章阁学士，转一官致仕。异标韵清绝，有诗名，有《月湖诗集》、《何氏山庄次序本末》等，已佚。《全宋诗》录诗十三首。

《宋史》卷四百〇一《列传第一百六十·何异传》：“何异字同叔，抚州崇仁人。绍兴二十四年进士，调石城主簿。历两任，知萍乡县。丞相周必大、参政留正以院辖拟异，孝宗问有无列荐，正等以萍乡政绩对，乃迁国子监主簿。迁丞，转对，所言帝喜之，曰：‘君臣一体，初不在事形迹，有所见闻，于银台司缴奏。’擢监察御史。异奏与丞相留正旧同官，不敢供职，御札不许引嫌，遂拜命。迁右正言。时光宗愆于定省，异入疏谏，不报。约台官联名，言奸人离间父子，当明正典刑，语极峻，又不报。丐外，授湖南转运判官。偶摄帅事，长蛮侵扰邵阳，异募山丁捕首乱者，蒲来矢以众来降。寻为浙西提点刑狱。以太常少卿召，改秘书监兼实录院检讨官，权礼部侍郎、太常寺。太庙芝草生，韩侂胄率百官观焉，异谓其色白，虑生兵妖，侂胄不悦。又以刘光祖于异交密，言者遂以异在言路不弹丞相留正及受赵汝愚荐，劾罢之，久乃予祠。起知夔州兼本路安抚。异以夔民土狭食少，同转运司籴米桩积，立循环通济仓。七月丙戌，西北有星白芒坠地，其声如雷，异曰：'戌日酉时，火土交会，而妖星自东南冲西北，化为天狗，蜀其将有兵乎？'丐祠，以宝谟阁待制提举太平兴国宫。后四年，吴曦果叛。起知潭州，乞闲予祠者再。嘉定元年，召为刑部侍郎。……明年，权工部尚书。告老……以宝章阁直学士知泉州，从所乞予祠，进宝章阁学士，转一官致仕。卒，年八十有一。异高自标致，有诗名，所著《月湖诗集》行世。"

《直斋书录解题》卷八《地理类》："《何氏山庄次序本末》一卷。尚书崇仁何异同叔撰。其别墅曰三山小隐。'三山'者，浮石山、岩石山、玲珑山，其实一山也，周回数里，叙其景物次序为此编。自号月湖，标韵清绝，如神仙中人，膺高寿而终。其山闻今芜废矣。"

庆元六年庚申（1200）　　四十八岁

春，张镃送《约斋集》于杨万里。杨万里有《谢张功父送近诗集》，称赞张镃为继范成大、尤袤、萧德藻、陆游四人之后的诗坛健将。

杨万里《谢张功父送近诗集》："十年不梦软红尘，恼乱闲心得我嗔。两夜连翻《约斋集》，双明再见帝城春。莺花世界输公等，泉石膏肓叹病身。近代风骚四诗将，非君摩垒更何人？（自注：四人范石湖、尤梁溪、萧千岩、陆放翁。"（《杨万里集笺校》三九）

《杨万里年谱》载：庆元六年庚申（1200）春，"张镃送诗集，有诗谢之"。

夏秋间，辛弃疾（字幼安）闲居铅山，作《贺新郎》词三首。张镃与之次韵唱和，有《贺新郎·次辛稼轩韵寄呈》，表达对稼轩的倾慕之情，其词亦具稼轩词慷慨悲壮之风神。

辛弃疾《贺新郎·题傅君用山园》："曾与东山约，为鲦鱼、从容分得，清泉一勺。堪笑高人读书处，多少松窗竹阁。甚长被、游人占却。万卷何言达时用，士方穷、早与人同乐。新种得，几花药。　　山头怪石蹲秋鹗。俯人间、尘埃野马，孤撑高攫。拄杖危亭扶未到，已觉云生两脚。更换却、朝来毛发。此地千年曾物化，莫呼猿、且自多招鹤。吾亦有，一丘壑。"

又《用前韵题赵晋臣敷文积翠岩，余谓当筑陂于其前》："拄杖重来约。到东风、洞庭张乐，满空箫勺。巨海拔犀头角出，束向此山高阁。尚依旧、争前又却。老我伤怀登临际，问何方、可以平哀乐？唯是酒，万金药。　　劝君且作横空鹗。更休论、人间腥腐，纷纷乌攫。九万里风斯在下，翻覆云头雨脚。快直上、昆仑濯发。好卧长虹陂十里，是谁言、听取双黄鹤。携翠影，浸云壑。"

又《韩仲止判院山中见访席上用前韵》："听我三章约：有谈功、谈名者舞，谈经深酌。作赋相如亲涤器，识字子云投阁。算枉把、精神费却。此会不如公荣者，莫呼来、政尔妨人乐。医俗士，苦无药。　　当年众鸟看孤鹗。意飘然、横空直把，曹吞刘攫。老我山中谁来伴？须信穷愁有脚。似剪尽、还生僧发。自断此生天休问，倩何人、说与乘轩鹤。吾有志，在丘壑。"（邓广铭《稼轩词编年笺注》卷四《瓢泉之什》）

张镃《贺新郎·次辛稼轩韵寄呈》："邂逅非专约。记当年、林堂对竹，艳歌春酌。一笑乘鸾明月影，余事丹青麟阁。待宇宙、长绳穿却。念我中原空有梦，渺风尘、万里迷长乐。愁易老，欠灵药。　　别来几度霜天鹗。厌纷纷、吞腥啄腐，狗偷乌攫。东晋风流兼慷慨，公自阳春有脚。

妙悟处、不存毫发。何日相从云水去，看精神峭紧芝田鹤。书壮语，遍岩壑。"（《南湖集》卷十）

邓广铭《辛稼轩年谱》载："庆元六年庚申（1200），稼轩六十一岁。家居铅山。"

按：邓广铭《稼轩词编年笺注》卷四编辛弃疾《贺新郎》三词于"庆元六年（1200）"，认为"此三词定当作于是年夏秋二季"。据张镃《贺新郎·次辛稼轩韵寄呈》词意，其次韵之作当在稼轩创作《贺新郎》三词之后不久。

按：辛弃疾（1140—1207），齐州历城人。原字坦夫，后改字幼安，号稼轩。高宗绍兴三十二年（1162），奉表南归，至建康，高宗召见，授右承务郎。孝宗乾道中通判建康，迁司农寺主簿，出知滁州，提点江西刑狱，加秘阁修撰，调京西转运判官，差知江陵府兼湖北安抚，迁知隆兴府兼江西安抚。以大理少卿召，出为湖北转运副使，寻知潭州兼湖南安抚，创飞虎军，声震四方。加右文殿修撰，差知隆兴府兼江西安抚，以言者落职。光宗绍熙二年，起福建提点刑狱，迁大理少卿，加集英殿修撰知福州，兼福建安抚使。宁宗庆元元年落职。久之，起知绍兴府兼浙东安抚使，加宝谟阁待制，寻差知镇江府，知绍兴府，两浙东路安抚使，进宝文阁待制，又进龙图阁，知江陵府。进枢密都承旨，未受命而卒。弃疾豪爽英迈，雅善长短句，悲壮激烈。有《稼轩集》，已佚。有《稼轩词》传世。《全宋诗》录诗二卷。

《宋史》卷四百〇一《列传第一百六十·辛弃疾传》："辛弃疾字幼安，齐之历城人。少师蔡伯坚，与党怀英同学，号辛、党。始筮仕，决以蓍，怀英遇《坎》，因留事金，弃疾得《离》，遂决意南归。金主亮死，中原豪杰并起。耿京聚兵山东，称天平节度使，节制山东、河北忠义军马，弃疾为掌书记，即劝京决策南向。……绍兴三十二年，京令弃疾奉表归宋，高宗劳师建康，召见，嘉纳之，授承务郎、天平节度掌书记，并以节使印告召京。会张安国、邵进已杀京降金，弃疾还至海州，与众谋曰：

'我缘主帅来归朝，不期事变，何以复命？'乃约统制王世隆及忠义人马全福等径趋金营，安国方与金将酣饮，即众中缚之以归，金将追之不及。献俘行在，斩安国于市。仍授前官，改差江阴金判。弃疾时年二十三。乾道四年，通判建康府。六年，孝宗召对延和殿。时虞允文当国，帝锐意恢复，弃疾因论南北形势及三国、晋、汉人才，持论劲直，不为迎合。作《九议》并《应问》三篇、《美芹十论》献于朝，言逆顺之理，消长之势，技之长短，地之要害，甚备。以讲和方定，议不行。迁司农寺主簿，出知滁州。……辟江东安抚司参议官，留守叶衡雅重之，衡入相，力荐弃疾慷慨有大略。召见，迁仓部郎官、提点江西刑狱。平剧盗赖文政有功，加秘阁修撰。调京西转运判官，差知江陵府兼湖北安抚。迁知隆兴府兼江西安抚，以大理少卿召，出为湖北转运副使，改湖南，寻知潭州兼湖南安抚。盗连起湖湘，弃疾悉讨平之。……乞依广东摧锋、荆南神劲、福建左翼例，别创一军，以湖南飞虎为名……军成，雄镇一方，为江上诸军之冠。加右文殿修撰，差知隆兴府兼江西安抚。……以言者落职，久之，主管冲佑观。绍熙二年，起福建提点刑狱。召见，迁大理少卿，加集英殿修撰、知福州兼福建安抚使。……庆元元年落职，四年，复主管冲佑观。久之，起知绍兴府兼浙东安抚使。四年，宁宗召见，言盐法，加宝谟阁待制、提举佑神观，奉朝请。寻差知镇江府，赐金带。坐缪举，降朝散大夫、提举冲佑观，差知绍兴府、两浙东路安抚使，辞免。进宝文阁待制，又进龙图阁、知江陵府。令赴行在奏事，试兵部侍郎，辞免。进枢密都承旨，未受命而卒。赐对衣、金带，守龙图阁待制致仕，特赠四官。弃疾豪爽尚气节，识拔英俊，所交多海内知名士。……雅善长短句，悲壮激烈，有《稼轩集》行世。绍定六年，赠光禄大夫。咸淳间，史馆校勘谢枋得过弃疾墓旁僧舍，有疾声大呼于堂上，若鸣其不平，自昏暮至三鼓不绝声。枋得秉烛作文，且且祭之，文成而声始息。德祐初，枋得请于朝，加赠少师，谥忠敏。"

《四库全书总目》卷一百九十八《集部·词曲类一》："《稼轩词》四

卷，宋辛弃疾撰。弃疾有《南烬纪闻》，已著录。其词慷慨纵横，有不可一世之概，于倚声家为变调。而异军特起，能于翦红刻翠之外，屹然别立一宗，迄今不废。"

是年，张镃南湖园营建告竣，规模始全。镃自淳熙十四年丁未秋舍宅为寺，爰命桂隐堂馆桥池诸名，各赋小诗，逮庆元六年庚申，历十有四年之久。其间，得诗凡数百首。

张镃《桂隐百课》序："淳熙丁未秋，余舍所居为梵刹，爰命桂隐堂馆桥池诸名，各赋小诗，总八十余首。逮庆元庚申，历十有四年之久，匠生于心，指随景变，移徙更葺，规模始全，因删易增补，得诗凡数百。纲举而言之：东寺为报上严先之地。西宅为安身携幼之所。南湖则管领风月。北园则娱宴宾亲。亦庵晨居植福，以资静业也。约斋昼处观书，以助老学也。至于畅怀林泉，登赏吟啸，则又有众妙峰山，包罗幽旷，介于前六者之间。区区安恬嗜静之志，造物亦不相负矣。或问予曰：'造物不负子，子其忍负造物哉？释名宦之拘囚，享天真之乐适，要当于筋骸未衰时。今子三仕中朝，颠华齿堕，涉笔才十二句，如之何则可？'余应之曰：'仕虽多，不使胜闲日，余之愿也，余之幸也，敢不勉旃。'壬戌岁仲夏，张镃功父书。(《南湖集·附录上》)

嘉泰元年辛酉 （1201） 四十九岁

张镃除太府寺丞。

虞俦《张镃太府寺丞制》："朕惟出纳邦财，属之外府。丞哉丞哉，

朕不以轻界人也。尔勋阀之胄，乃能刻意篇翰，涉笔其间，人孰尔訾。钦哉。往能其官，毋忝朕命。"（《尊白堂集》卷五）

李之亮《宋代京朝官通考》"太府寺丞"条："嘉泰元年辛酉（1201）……张镃。《尊白堂集》卷五《张镃太府寺丞制》，嘉泰元年制。"

五月八日丁巳，张镃应史达祖（字邦卿）之谒，为史达祖《梅溪词》作序，称赞史词"辞情俱到"，"妥帖轻圆"，"有瑰奇警迈、清新闲婉之长，而无訑荡汙淫之失，端可以分镳清真（周邦彦），平睨方回（贺铸），而纷纷三变（柳永）行辈，几不足比数"。

张镃《梅溪词序》："《关雎》而下三百篇，当时之歌词也，圣师删以为经。后世播诗章于乐府，被之金石管弦，屈、宋、班、马繇是乎出。而自变体以来，司花傍辇之嘲，沈香亭北之咏，至与人主相友善。则世之交人才士，游戏笔墨于长短句间，有能瑰奇警迈，清新闲婉，不流于訑荡汙淫者，未易以小伎言也。余扫轨林扃，草长门径。一日，闻剥啄声，园丁持谒入，视之，汴人史生邦卿也。迎坐竹阴下，郁然而秀整。俄起谓余曰：'某自冠时，闻约斋之号，今亦既有年矣。君身益湮晦，某是以来见，无他求。'袖出词一编，余惊笑而不答。生去，始取读之，大凡如行帝苑仙瀛，辉华绚丽，欣昕骇接，因掩卷而叹曰：'有是哉，能事之无遗恨也！'盖生之作，辞情俱到，织绡泉底，去尘眼中，妥帖轻圆，特其余事。至于夺莟艳于春景，起悲音于商素，有瑰奇警迈、清新闲婉之长，而无訑荡汙淫之失，端可以分镳清真，平睨方回，而纷纷三变行辈，几不足比数。山谷以行谊文章宗匠一代，至序小晏词，激昂婉转以伸吐其怀抱；而杨花、谢桥之句，伊川犹称可之。生满襟风月，鸾吟凤啸，锵洋乎口吻之际者，皆自漱涤书传中来，况欲大肆其力于五七言，回鞭温、韦之涂，掉鞅李、杜之域，跻攀风雅，一归于正，不于是而止。虽然，余方以耽泥声律，而颠踏摈弃，令又区区以勉生，非惑耶？若览斯集者，不梏于玄黄

216

牝牡哀沈而悼未遇，实系时之所尚。余老矣，生须发未白，数路得人，恐不特寻美于汉，生姑待之。生名达祖，邦卿其字云。嘉泰岁辛酉五月八日，张镃功甫序。"（史达祖《梅溪词》卷首）

吴衡照《莲子居词话》卷一："史邦卿奇秀清逸，为词中俊品，张功甫序其集而行之"。

按：史达祖，汴人。尝得韩侂胄赏识，随李壁使金，韩侂胄开禧北伐失败被诛，史达祖亦致黥。以词名，有《梅溪词》一卷。《全宋诗》录诗二首。

叶绍翁撰，沈锡麟、冯惠民点校《四朝闻见录·戊集》"侂胄师旦周筠等本末"条："（苏）师旦既逐，韩（侂胄）为平章。事无决，专倚省吏史邦卿奉行文字，拟帖撰旨，俱出其手。权炙缙绅，侍从简札，至用申呈。时有李其姓者，尝与史游，于史几间大书云：'危哉邦卿，侍从申呈。'未几致黥云。"

《浩然斋雅谈》卷上："史达祖邦卿，开禧堂吏也，当平原用事时，尽握三省权，一时士大夫无廉耻者，皆趋其门，呼为梅溪先生。韩败，达祖亦贬死。善词章，多有脍炙人口者。李和父云：'其诗亦间有佳者。'"

《四库全书总目》卷一百九十九《集部五十二·词曲类二》："《梅溪词》一卷，宋史达祖撰。达祖字邦卿，号梅溪，汴人。田汝成《西湖志余》称韩侂胄有堂吏史达祖，擅权用事，与之名姓皆同。今考集中《齐天乐》第五首注：'中秋宿真定驿。'《满江红》第二首注：'九月二十一日出京怀古。'《水龙吟》第三首注：'陪节欲行，留别社友。'《鹧鸪天》第四首注：'卫县道中。'《惜黄花》一首注：'九月七日定兴道中。'核其词意，必李壁使金之时，侂胄遣之随行觇国，故有诸词。知撰此集者即侂胄所用之史达祖。又考玉津园事，张镃虽预其谋，而镃实侂胄之狎客，故于满头花生辰得移厨张乐于其邸。此篇前有镃序，足证其为侂胄党。序末称'数路得人，恐不特寻美于汉。'亦足证其实为掾史，确非两人。惟序作于嘉泰元年辛酉，而集中有壬戌立春一首。序称初识达祖，出词一编，而集中有与镃唱和词二首。则此本又后来所编，非镃所序之本矣。达祖人不足道，而词则颇工。镃称其'分镳清真，平睨方回，而纷纷三变行辈，不足比数。'清真为周邦彦之号，方回为贺铸之字，三变为柳永之原名。其推奖未免稍溢。然清词丽句，在宋季颇属铮铮，亦未可以其人掩其文矣。"

十二月，张镃排比十有二月燕游次序，名之曰《四并集》，又名《赏心乐事》，并序。

张镃《赏心乐事》（并序）："余扫轨林扃，不知衰老，节物迁变，花鸟泉石，领会无余。每适意时，相羊小园，殆观风景与人为一。间引客携筋，或幅巾曳杖，啸歌往来，澹然忘归。因排比十有二月燕游次序，名之曰《四并集》，授小庵主人，以备遗忘。非有故，当力行之。然为具真率，毋至劳费，及暴殄沉湎，则天之所以与我者，为无负无亵。昔贤有云：'不为俗情所染，方能说法度人。'盖光明藏中，孰非游戏。若心常清净，离诸取著，于有差别境中，而能常入无差别定，则淫房酒肆，徧历道场，鼓乐音声，皆谈般若。倘情生智隔，境逐源移，如鸟黏黐，动伤躯命，又乌知所谓说法度人者哉？圣朝中兴七十余载，故家风流，沦落几尽。有闻前辈典刑，识南湖之清狂者，必长哦曰：'人生不满百，常怀千岁忧。昼短苦夜长，何不秉烛游？'一旦相逢，不为生客。嘉泰元年，岁次辛酉十有二月，约斋居士书。

正月孟春

岁节家宴。立春日，迎春春盘。人日，煎饼会。玉照堂赏梅。天街观灯。诸馆赏灯。丛奎阁山茶。湖山寻梅。揽月桥观新柳。安闲堂扫雪。

二月仲春

现乐堂赏瑞香。社日社饭。玉照堂西，赏缃梅。南湖挑菜。玉照堂东，赏红梅。餐霞轩看樱桃花。杏花庄赏杏花。群仙绘幅楼前打球。南湖泛舟。绮互亭赏千叶茶花。马塍看花。

218

三月季春

生朝家宴。曲水修禊。花院观月季。花院观桃柳。寒食，祭先扫松。清明，踏青郊行。苍寒堂西，赏绯碧桃。满霜亭北，观棣棠。碧宇观笋。斗春堂赏牡丹芍药。芳草亭观草。宜雨亭赏千叶海棠。花苑蹴秋千。宜雨亭北，观黄蔷薇。花院赏紫牡丹。艳香馆观林檎花。现乐堂观大花。花院尝煮酒。瀛峦胜处，赏山茶。经寮斗新茶。群仙绘幅楼下，赏芍药。

四月孟夏

初八日，亦庵早斋，随诣南湖放生，食糕糜。芳草亭斗草。芙蓉池赏新荷。蕊珠洞赏荼蘼。满霜亭观橘花。玉照堂赏青梅。艳香馆赏长春花。安闲堂观紫笑。群仙绘幅楼前，观玫瑰。诗禅堂观盆子山丹。餐霞轩赏樱桃。南湖观杂花。鸥渚亭观五色莺粟花。

五月仲夏

清夏堂观鱼。听莺亭摘瓜。安闲堂解粽。重午节，泛蒲家宴。烟波观碧芦。夏至日，鹅脔。绮互亭观大笑花。南湖观萱草。鸥渚亭观五色蜀葵。水北书院采苹。清夏堂赏杨梅。丛奎阁前，赏榴花。艳香馆尝蜜林檎。摘星轩赏枇杷。

六月季夏

西湖泛舟。现乐堂尝花白酒。楼下避暑。苍寒堂后碧莲。碧宇竹林避暑。南湖湖心亭纳凉。芙蓉池赏荷花。约斋赏夏菊。霞川食桃。清夏堂赏新荔枝。

七月孟秋

丛奎阁上，乞巧家宴。餐霞轩观五色凤儿。立秋日，秋叶宴。玉照堂赏荷。西湖荷花泛舟。南湖观稼。应铉斋东，赏葡萄。霞川观云。珍林剥枣。

八月仲秋

湖山寻桂。现乐堂赏秋菊。社日，糕会。众妙峰赏木犀。中秋，摘星楼赏月家宴。霞川观野菊。绮互亭赏千叶木犀。浙江亭观潮。群仙绘幅楼观月。桂隐攀桂。杏花庄观鸡冠黄葵。

九月季秋

重九，家宴。九日，登高把萸。把菊亭采菊。苏堤上，玩芙蓉。珍林尝时果。芙蓉池赏五色拒霜。景全轩尝金橘。杏花庄篘新酒。满霜亭尝巨螯香橙。

十月孟冬

旦日，开炉家宴。立冬日，家宴。现乐堂暖炉。满霜亭赏蚤霜。烟波观买市。赏小春花。杏花庄挑荠。诗禅堂试香。绘幅楼庆暖阁。

十一月仲冬

摘星轩观枇杷花。冬至节，家宴。绘幅楼食馄饨。味空亭赏蜡梅。孤山探梅。苍寒堂赏南天竺。花院赏水仙。绘幅楼削雪煎茶。绘幅楼前观雪。

十二月季冬

绮互亭赏檀香蜡梅。天街阅市。南湖赏雪。家宴试灯。湖山探梅。花院观兰花。瀛峦胜处赏雪。二十四夜，饧果食。玉照堂赏梅。除夜，守岁家宴。起建新岁，集福功德。"（《武林旧事》卷十；《南湖集·附录上》）

张镃《四并集》附蒋瑞藻记："《四并集》，宋张镃撰。镃字功父，一字时可，号约斋，循忠烈王诸孙。先世为秦川人也。功父以将门之后而博学工诗词，有《南湖集》。一时名彦如洪景卢、杨诚斋、陆放翁、姜白石、辛稼轩、楼大防、陈龙川、叶正则，无不交好。开禧间官右司郎。韩侂胄之诛，与有力焉，不言禄而禄亦弗及。旋史弥远专政，复欲以故智去之，事泄，谪象台而殁。时咸冤之。尝得曹氏废圃于南湖之滨，治宅移居，楼台亭榭之盛，声伎服玩之丽甲于天下。《齐东野语》之所纪，犹可考焉。此集一名《赏心乐事》，见《武林旧事》。每一展读，不禁神往，愿与普天下风雅好事者共赏之。民国甲寅（1914）壮月十四日花朝生蒋瑞藻记。"（何藻辑《古今文艺丛书》第五集）

按：张镃《四并集》（又名《赏心乐事》），周密《武林旧事》卷十、

220

何藻辑《古今文艺丛书》第五集等各本所录，均题为张镃撰。清鲍廷博辑《知不足斋丛书》第八集《南湖集》附录上《赏心乐事》，即系据周密《武林旧事》卷十辑入。影印《丛书集成初编》本《南湖集》附录上《赏心乐事》，又系据鲍廷博辑《知不足斋丛书》本排印。故《知不足斋丛书》本、《丛书集成初编》本《南湖集》所录《赏心乐事》亦题作张镃撰。然《续修四库全书》据北京图书馆藏清水边林下丛书本影印《赏心乐事》一卷，则题为宋张鉴撰（《续修四库全书》第885册，上海：上海古籍出版社，2002年，第458—461页）。前述张鉴乃张镃弟，字平甫，以词名。考《四并集》内容，是集当为张镃撰无疑，《续修四库全书》据北京图书馆藏清水边林下丛书影印本题作张鉴撰，误。

嘉泰二年壬戌（1202）　　五十岁

　　春，张镃在太府寺丞任上。时杨万里退居江西。前此，张镃有《南湖》第三集新编诗稿及书函寄杨万里，尝谓杨万里为师。杨万里有《和张寺丞功父八绝句》，指出张镃时由学习北宋黄、陈江西诗学转而师法唐人李白的诗学变化，对张镃的思念之情亦甚笃；又有《答张功父寺丞书》，示以不敢为师之意，并称赞张镃《南湖》第三集诗老而逸夷而工，指出张镃诗风的又一新变。

　　杨万里《和张寺丞功父八绝句》其一："约斋太瘦古仙真，寄我诗篇字字新。受业陈三能几日？无端参换谪仙人。"

　　其二："古来官职妒诗篇，二物双违不肯全。君被诗篇折官职，如何又寄一新编?"

其三:"与子相望天一方,有书无使倩谁将?归鸿欲下还飞去,不作书邮有底忙?"

其四:"金华不敢比东坡,此后东坡尔许多。扰扰胸中百周孔,不愁柳柳笑人何?"

其五:"问讯南湖作么生,日撞金玉奏《英茎》。无人打杀净饭子,放出渠头七步行。"

其六:"新岁南湖春又浓,海棠旧入我诗中。别来君有相思字,寄与江西花信风。"

其七:"湖边花底旧论诗,再要寻盟今若为?道是莺啼无点泪,教莺闻此也垂洟。"

其八:"断当湖山我与公,问公别后却谁同?一生海内金石友,万事人间牛马风。"(《杨万里集笺校》卷四〇)

杨万里《答张功父寺丞书》:"某伏以春寒即日,恭惟功父寺丞约斋先生:坚卧南湖,弹琴赋诗,咏歌先王之风,神介台候,动止万福,契家玉眷均庆。某行年七十有六,而未有闻焉,宜捐而收,宜疏而休。功父之于某何如也?古人投分之义,每有相思,千里命驾,而功父深居帝城,非野人之迹所宜至。既不得相见,而心欲相见者,不以面则以书。而野人姓名,又不宜入修门。不知功父察否也?敢谓不远千里,走一介行李,移书寄诗,后山清厉刻深之句,宝晋沉著痛快之字,荡耳目而醒肝胆,此惠已不赀矣。又加遗笔墨、吴笺、北果、海错,厚焉,礼加渥,意加勉,野人何以拜此?独窃怪功父趋舍有不可晓者:功父近九重之居,若此其甚也;瞻光范之门,若此其不遐也。操数寸之颖,奏三千之牍。颂圣明而陈治安,朝侣邹枚,暮参夔龙,直易易耳。顾乃结苇苕之巢于霜松雪竹之内,访麋鹿之迹于兔遥牛涔之外,所向一何左也?此其不可晓者一也。问其奚事,则讲云议月;问其奚求,则唱风和雪。既征子云之牛坻,又索子厚之上炭。舍炉而冰之附,吐饴而蘗之茹,所欲又何诡也!此其不可晓者二

222

也。然而有可诮者。古之诗人文士，所挟异于人，则所趋固异于人也。至于其所施于某者，则可大骇者矣。《孟子》曰：'人之患在好为人师。'柳子答士人书，累累百千言，其虑患微也。昔之人固有毅然不顾而居然当仁者矣。然的之立，矢之集；矢之来，的之灾。今功父号我以师，而自号以弟子。诘其实则朝同朝也，游同游也，志同志也。友云者实也，师弟子云者浮也。浮而非实，无乃欺乎？无乃谀乎？功父固非欺且谀者，然而云云若尔者，尚古人敬老之义，而欲行之以厚俗也。此在功父不失为盛德事，在某则有所大不安者。敬我不若安我，安我不若免我之为的。它日赐书，惟无曰师弟子云者，则老友之盛福也。诹及陈诗，有点勘而无去取。此本今在南昌大儿许，惟曾端伯《百家诗选》，则尝为儿辈择其粹者为一编，凡四帙，此非为作者设也。今附便了呈似。不晚次公入京受署，却望界之以归，要遮老眼也。近睹邸吏报，窃承功父已有进擢之命，即日遂为贵人。所谓家贫愿邻富也，然从此萧郎是路人也。一笑。《南湖》第三集，诗老而逸夷而工，亦磨丹以摘佳句，以为盗窃褌贩之府。三碑得荣睹，尤幸。未见，惟爱重大业，以世其官，以宏其施。建茶五十銙，聊伴空函，匪报也。"（《杨万里集笺校》卷六八）

李之亮《宋代京朝官通考》 "太府寺丞"条： "嘉泰二年壬戌（1202）……张镃。"

《杨万里年谱》载：嘉泰二年壬戌（1202）春，"和张镃八绝句；又复函谢书礼，并示'不敢为师'之意"。

按：杨万里《和张寺丞功父八绝句》其一云："约斋太瘦古仙真，寄我诗篇字字新。受业陈三能几日？无端参换谪仙人。"考杨万里《仲良见和再和谢焉》四首其二："谁谓陈三远，髯张下笔亲。夫何此意合？恐有宿生因。我岂慵开眼，年来寡见人。更烦雕好句，割取楚江春。（自注：陈三，后山先生也。）"（《杨万里集笺校》卷一）又《与周丞相贺冬》："陈三诗云：'人言寒士莫作事，鬼夺客偷天破碎。'"（《杨万里集笺校》一〇七）又考陈师道《谢寇十一惠端砚》诗，有"人言寒士莫作事，鬼夺客偷天破碎"（陈师道撰；任渊注；冒广生补笺；冒怀新整理《后山诗注补笺》卷十）。可见，杨万里所谓"陈三"指陈师道无疑。而杨万里所谓"受业陈三能几日，无端参换谪仙人"，盖指张镃时由学习北宋黄、陈江西诗学转而学习唐代谪仙李白的诗学变化。

仲夏，张镃撰成《桂隐百课》一卷，并序，历叙其别业之东寺、西宅、亦庵、约斋、南湖、北园、众妙峰山等诸处景致近百处。

张镃《桂隐百课》（并序）："淳熙丁未秋（1187），余舍所居为梵刹，爰命桂隐堂馆桥池诸名，各赋小诗，总八十余首。逮庆元庚申（1200），历十有四年之久，匠生于心，指随景变，移徙更葺，规模始全，因删易增补，得诗凡数百。纲举而言之：东寺为报上严先之地。西宅为安身携幼之所。南湖则管领风月。北园则娱宴宾亲。亦庵晨居植福，以资静业也。约斋昼处观书，以助老学也。至于畅怀林泉，登赏吟啸，则又有众妙峰山，包罗幽旷，介于前六者之间。区区安恬嗜静之志，造物亦不相负矣。或问予曰：'造物不负子，子其忍负造物哉？释名宦之拘囚，享天真之乐适，要当于筋骸未衰时。今子三仕中朝，颠华齿堕，涉笔才十二旬，如之何则可？'余应之曰：'仕虽多，不使胜闲日，余之愿也，余之幸也，敢不勉旃。'壬戌岁仲夏，张镃功父书。

东寺（敕额广寿慧云）

大雄尊阁，千佛铁像。静高堂，寝室。真如轩，种竹。

西宅

丛奎阁，安奉被赐四朝宸翰。德勋堂，祖庙以高宗御书二字名。儒闻堂，前堂用告词字取名。现乐堂，中堂用朱岩壑语。安闲堂，后堂。绮互亭，有小四轩。瀛峦胜处，东北小楼，前后山水。柳堂花院。应铉斋，筮得鼎卦故名。振藻，取告词中字名。宴颐轩。尚友轩。赏真亭，山水。

亦庵

法宝千塔，铁铸千塔，藏经千卷。如愿道场，药师佛坛。传衣庵。写经寮，书《华严》等大乘诸经。

约斋

泰定轩。

南湖

阆春堂，牡丹、芍药。烟波观。天镜亭，水心。御风桥，十间。鸥渚亭。把菊亭。泛月阙，水门。星槎，船名。

北园

群仙绘幅楼，前后十一间，下临丹桂五六十株，尽见江湖诸山。桂隐，诸处总名，今揭楼下。清夏堂，面南临池。玉照堂，梅花四百株。苍寒堂，青松二百株。艳香馆，杂春花二百株。碧宇，修竹十亩。水北书院，对山临溪。界华精舍，梦中得名。抚鹤亭，近水村。芳草亭，临池。味空亭，蜡梅。垂云石，高二丈，广十四尺。揽月桥。飞雪桥，在默林中。蕊珠洞，荼蘼二十五株。芙蓉池，红莲十亩，四面种芙蓉。珍林，杂果小园。涉趣门，总门入松径。安乐泉，竹间井。杏花庄，村酒店。鹊泉，井名。

众妙峰山

诗禅堂。黄宁洞天。景白轩，置香山画像，并文集。文光轩，临池。绿昼轩，木犀临侧。书叶轩，柿十株。俯巢轩，高桧旁。无所要轩。长不昧轩。摘星轩。餐霞轩，樱桃三十余株。读易轩。咏老轩，《道德经》。凝熏堂。楚佩亭，兰。宜雨亭，千叶海棠二十株，近流水。满霜亭，橘五十余株。听莺亭，柳边竹外。千岁庵，仁皇飞白字。恬虚庵。凭晖亭。弄芝亭。都微别馆，诵度人经处，经乃徽宗御书。水湍桥。漪岚洞。施无畏洞，观音铜像。澄霄台，面东。登啸台。金竹岩。隐书岩，石函仙书，在岩穴中，可望不可取。古雪岩。新岩。叠翠庭，茂林中，容十数人坐。钓矶。菖蒲涧，上有小石桥。中池，养金鱼在山涧中。珠旒瀑。藏丹谷。煎茶磴。"（《南湖集·附录上》）

225

五月，朝廷以孝宗、光宗两朝实录及三朝史未就，宣召于淳熙十六年在知严州任上为何澹劾罢归里的陆游以元官提举佑神观，兼实录院同修撰兼同修国史。六月十四日丁亥，陆游入都。张镃闻陆游赴召，赋《陆严州赴召喜成三诗》。

张镃《陆严州赴召喜成三诗》其一："精舍欣闻已解骖，风樯不易到江干。一缄试读幽人语，莫作时情贺礼看。"

其二："荣辱心中总不疑，因公环召独成诗。秖愁相见无多话，不似寻常梦里时。"

其三："知己从来自有天，除书宁复待人传。青云直上非逾分，占上声名五十年。"（《南湖集》卷七）

于北山《陆游年谱》载：嘉泰二年壬戌（1202）五月，"朝廷以孝宗、光宗两朝实录及三朝史未就，宣召以元官提举佑神观兼实录院同修撰兼同修国史，免奉朝请。六月十四日入都。张镃闻务观赴召，喜而赋诗"。

是年，陆游赠月石砚屏于张镃。张镃有《陆编修送月石砚屏》诗，对陆游一生学识、文辞、仙风侠气与报国情怀予以称赞。

张镃《陆编修送月石砚屏》："何年商颢澄中秋，中光列籍稀校雠。冰轮充满不复玷，玉斧弃置无烦修。虾蟆遁走兔老黜，历历可认浑银楼。扬光厌倦落凡眼，臭黄涨雾纷蜉蝣。收芒转彩向林壑，孕秀石腹非雕镂。夜深辉怪想出没，肯混瓦砾埋荒幽。地神疏踊竞持护，山鬼睥睨潜惊偷。扶疏桧影亦透入，非假幻化人能不。谁将作屏伴几砚，窗日互耀摇双眸。三山放翁实赠我，镇纸恰称金犀牛。（自注：新得古铜犀牛。）翁今巨宋清庙器，咸钟韶磬铿鸣球。所学况不负天子，报国岂暇官资谋。子虚赋传赐科第，始计兵说神宸旒。倾城宠易妒亦速，巴蜀寄宦瓯闽游。仙风侠气愈卓越，锦袍玉局当朋俦。平生专车秖文稿，江汉万古词源流。昆仑垠圠大巧在，乃欲绘画真堪羞。精神闻道尚遒紧，恨未面觌肝肠投。此屏远送有深意，绝胜龟甲围香篝。用张舍避立必直，铭戒要我参李尤。拙诗酬贶忘不逮，是亦一痴何从瘳。菱租鱼市仰高咏，乘舆未果随子猷。来春流水鳜肥好，看我坐钓书船头。（自注："鱼作市"、"菱为租"，取陆《思故山》诗中语。）"（《南湖集》卷二）

于北山《陆游年谱》载：嘉泰二年（1202），"五月，朝廷以孝宗、光宗两朝实录及三朝史未就，宣召以元官提举佑神观兼实录院同修撰兼同修国史，免奉朝请。六月十四日入都。……十二月，除秘书监（正四品）。"

按：陆游嘉泰二年（1202）入朝，嘉泰三年（1203）即以进《孝宗实录》五百卷、《光宗实录》一百卷毕，上疏请守本官致仕去国，自此未再至杭州。张镃《陆编修送月石砚屏》也是可考的张镃与陆游最后的交游唱和之作。

嘉泰三年癸亥（1203）　五十一岁

夏，辛弃疾起知绍兴府兼浙东安抚使，于六月十一日戊申到浙东任，创秋风亭，有《汉宫春·会稽秋风亭观雨》词寄张镃。张镃次稼轩《汉宫春》词韵，抒发登高念远之情，并对稼轩豪气及其规恢意概表示赞许。

辛弃疾《汉宫春·会稽秋风亭观雨》："亭上秋风，记去年袅袅，曾到吾庐。山河举目虽异，风景非殊。功成者去，觉团扇、便与人疏。吹不断、斜阳依旧，茫茫禹迹都无。　千古茂陵词在，甚风流章句，解拟相如。只今木落江冷，眇眇愁余。故人书报：'莫因循、忘却莼鲈。'谁念我、新凉灯火，一编《太史公书》。"（《稼轩词编年笺注》卷六《两浙、铅山诸什》）

张镃《汉宫春》词序："稼轩帅浙东，作秋风亭成，以长短句寄余，欲和久之。偶霜晴，小楼登眺，因次来韵，代书奉酬。"词云："城畔芙蓉，爱吹晴映水，光照园庐。清霜乍凋岸柳，风景偏殊。登楼念远，望越山、青补林疏。人正在，秋风亭上，高情远解知无。　江南久无豪气，看规恢意概，当代谁如。乾坤尽归妙用，何处非予。骑鲸阆海，更那须、采菊思鲈。应会得、文章事业，从来不在诗书。"（《南湖集》卷十）

邓广铭《辛稼轩年谱》载：嘉泰三年."夏，知绍兴府兼浙东安抚使。……嘉泰三年六月十一日到任……创秋风亭。张镃《南湖集》卷十《汉宫春》词题云：'稼轩帅浙东，作秋风亭成，以长短句寄余；欲和久之，偶霜晴，小楼登眺，因次来韵，代书奉酬。'"

十月，杨万里有《进退格，寄功父、姜尧章》诗赠张镃，誉其为追步尤袤、萧德藻、范成大、陆游等人的诗坛"上将"，以之与姜夔齐名。

杨万里《进退格，寄功父、姜尧章》："尤萧范陆四诗翁，此后谁当第一功？新拜南湖为上将，更推白石作先锋。可怜功等俱痴绝，不见词人到老穷。谢遣管城侬已晚，酒泉端欲乞移封。（自注：功父诗号《南湖集》，尧章号白石道人。）"（《杨万里集笺校》卷四一）

罗大经撰；王瑞来点校《鹤林玉露》丙编卷二："姜尧章学诗于萧千岩，琢句精工。有诗云：'夜暗归云绕柁牙，江涵星影雁团沙。行人怅望苏台柳，曾与吴王扫落花。'杨诚斋喜诵之。尝以诗《送〈江东集〉归诚斋》云：'翰墨场中老斫轮，真能一笔扫千军。年年花月无虚日，处处江山怕见君。箭在的中非尔力，风行水上自成文。先生只可三千首，回视江东日暮云。'诚斋大称赏，谓其冢嗣伯子曰：'吾与汝弗如姜尧章也。'报之以诗云：'尤萧范陆四诗翁，此后谁当第一功。新拜南湖为上将，更差白石作先锋。可怜公等皆痴绝，不见词人到老穷？谢遣管城俵已晚，酒泉端欲乞疏封。'南湖谓张功父也，尧章自号白石道人。"

《杨万里年谱》载：嘉泰三年癸亥（1203）十月，"有寄诗张镃、姜夔"。

按：考姜夔有七律《送〈朝天续集〉归诚斋，时在金陵》："翰墨场中老斫轮，真能一笔扫千军。年年花月无闲日，处处山川怕见君。箭在的中非尔力，风行水上自成文。先生只可三千首，回施江东日暮云。"（《白石道人诗集》卷下）知罗大经《鹤林玉露》所载姜夔尝以诗《送〈江东集〉归诚斋》云云，当为姜夔《送〈朝天续集〉归诚斋时在金陵》之误。考于北山《杨万里年谱》、马维新《姜白石先生年谱》，姜夔送《朝天续集》归诚斋事均在光宗绍熙二年（1191）。而杨万里以《进退格，寄功父、姜尧章》诗赠张镃、姜夔事，则在宁宗嘉泰三年（1203）。二事前后相差十余年。罗大经《鹤林玉露》载姜夔以诗称颂杨万里，而杨万里报之以《进退格，寄功父、姜尧章》，以二事为同时，属附会之谈。

嘉泰四年甲子（1204）　　五十二岁

是年，张镃有感岁月虚度，年华老大，情怀怅然，戏题《临江仙》词。

张镃《临江仙》词序："余年三十二，岁在甲辰，尝画七圈于纸，揭之坐右，每圈横界作十眼，岁涂其一。今已过五十有二，怅然增感，戏题此词。"词云："七个圈儿为岁数，年年用墨糊涂。一圈又剩半圈余。看

看云蔽月，三际等空虚。　　纵使古稀真个得，后来争免呜呼。肯闲何必更悬车。非关轻利禄，自是没工夫。"（《南湖集》卷十）

按：关于此阕《临江仙》词，冯沅君《南宋词人小记·张镃略传》称，"五十二与三十二相益，故云八十四也"，认为作于理宗端平三年（1236）张镃八十四岁之时（见《冯沅君古典文学论文集》，第458页）。然而金宁芬《张镃〈临江仙〉词写作时间辨》（《文学遗产》1982年第3期）提出异议，认为作于嘉泰四年张镃五十二岁之际。

关于《临江仙》词作年，当以金说为是。其一，考《临江仙》词意，词中"今已过五十有二"，当为张镃自称其年龄，而非指其三十二岁之后所涂之眼。其二，词中有"纵使古稀真个得，后来争免呜呼"句，说明是时张镃年岁尚未及七十之龄，离八十四岁相差更远。其三，张镃今存诗词文著作，凡可考写作时间者，皆为其嘉定四年（1211）编管象州之前的作品。其四，据王秀林、王兆鹏《张镃生卒年考》，张镃卒于端平二年（1235），故无端平三年还有创作之可能。

开禧元年乙丑（1205）　　五十三岁

春，张镃邀权礼部侍郎兼直学士院李壁（字季章）赏玉照堂梅，有《祝英台近·邀李季章直院赏玉照堂梅》词。

张镃《祝英台近·邀李季章直院赏玉照堂梅》："暖风回，芳意动，吹破冻云凝。春到南湖，检校旧花径。手栽一色红梅，香笼十亩，忍轻负、酒肠诗兴。　　小亭凭。几多月魄，重重乱林影。却忆年时，同醉正同咏。问公白玉堂前，何如来听。玉龙喷碧溪烟冷。"（《南湖集》卷十）

《宋中兴学士院题名》："李壁。嘉泰四年十二月以权礼部侍郎兼直学士院。开禧元年七月除礼部侍郎兼枢密都承旨，依旧兼。"

王德毅编《李焘父子年谱》："嘉泰四年甲子，（李）壁四十六岁……七月，壁除权兵部侍郎，仍兼权同修国史实录院同修撰。八月改权礼侍，亦兼史职，又兼内制同知。十二月兼直学士院"。

按：据《宋中兴学士院题名》、《李焘父子年谱》，李壁自嘉泰四年（1204）十二月至开禧元年（1205）在直学士院任上。以张镃《祝英台近》词中"春到南湖，检校旧花迳"句，知张镃邀李壁赏玉照堂梅事在春季。故系于开禧元年。

李壁（1159—1222），眉之丹稜人。号雁湖居士。李焘第三子。以父任入官，后登光宗绍熙元年（1190）进士第。宁宗朝累迁礼部尚书、参知政事、兼同知枢密院事。与父李焘、弟李埴皆以文学知名，蜀人比之三苏。有《雁湖集》一百卷、《中兴战功录》三卷、《王荆公诗注》五十卷等著述多种。然《雁湖集》已久佚。今《全宋诗》据《永乐大典》等书辑录李壁诗，编为一卷。《全宋词》录词十首。

《宋史》卷三百九十八《列传第一百五十七·李壁传》："李壁字季章，眉之丹稜人。父焘，典国史。壁少英悟，日诵万余言，属辞精博，周必大见其文，异之曰：'此谪仙才也。'孝宗尝问焘：'卿诸子孰可用？'焘以壁对。以父任入官，后登进士第。召试，为正字。宁宗即位，徙著作佐郎兼刑部郎、权礼部侍郎兼直学士院。时韩侂胄专国，建议恢复，宰相陈自强请以侂胄平章国事，遂召壁草制，同礼部尚书萧达讨论典礼，命侂胄三日一朝，序班丞相上。壁受命使金，行次扬州，忠义人朱裕挟宋帅袭涟水，金人愤甚，壁乞枭裕首境上，诏从其请。壁至燕，与金人言，披露肝胆，金人之疑顿释。壁归，侂胄用师意方锐，壁言：'进取之机，当重发而必至，毋轻出而苟沮。'既而陈景俊使北还，赞举兵甚力，钱象祖以沮兵议忤侂胄得罪贬，壁论襄阳形势，深以腹心为忧，欲待敌先发，然后应之，侂胄意不怿，于是四川、荆、淮各建宣抚而师出矣。……初，侂胄

231

召叶适直学士院，草出师诏，适不从，乃以属壁，由是进权礼部尚书……拜参知政事。……方信孺使北归，言金人欲缚送侂胄，故侂胄忿甚，用兵之意益急。壁方与共政，或劝其速去，毋与侂胄分祸，壁曰：'嘻，国病矣，我去谁适谋此？'会礼部侍郎史弥远谋诛侂胄，以密旨告壁及钱象祖，象祖欲奏审，壁言事留恐泄，侂胄迄诛，壁兼同知枢密院事。御史叶时论壁反复诡谲，削三秩，谪居抚州。后辅臣言诛侂胄事，壁实预闻，乃令自便。复官提举洞霄宫，久之，复以御史奏削三秩，罢祠。越四年，复除端明殿学士……嘉定十五年六月卒，进资政殿学士致仕，谥文懿。壁嗜学如饥渴，群经百氏搜抉靡遗，于典章制度尤综练。为文隽逸，所著有《雁湖集》一百卷、《涓尘录》三卷、《中兴战功录》三卷、《中兴奏议》若干卷、内外制二十卷、《援毫录》八十卷、《临汝闲书》百五十卷。壁父子与弟埴皆以文学知名，蜀人比之三苏云。"

《四库全书总目》卷一百五十三《集部六·别集类六》："《王荆公诗注》五十卷，宋李壁撰。……壁字季章，号雁湖居士。初以荫入官，后登进士。宁宗朝累迁礼部尚书、参知政事、兼同知枢密院事。谥文懿。事迹具《宋史》本传。是书乃其谪居临川时所作。……笺释之功，足裨后学。"

冬十二月，张镃夜梦一道士，自称见独处士，谓以人间虚幻，当清净寡欲以享万寿之语。惊觉，因赋《水龙吟》词，抒发隐退情怀。

张镃《水龙吟》词序："夜梦行修竹林中，有道士颀然而长，风神秀异，自称见独处士。谓余曰：'人间虚幻，子能毕辞荣宠，清净寡欲，当享万寿。'惊觉，因赋此词。乙丑冬十二月也。"词云："这番真个休休，梦中深谢仙翁教。浮生幻境，向来识破，那堪又老。苦我身心，顺他眼耳，思量颠倒。许多时打哄，鲇鱼上竹，被人弄知多少。　　解放微官系缚，似笼槛、猿归林草。云山有约，儿孙无债，为谁烦恼。自古高贤，急

流勇退，直须闻早。把忧煎换取长伸脚睡，大开口笑。"（《南湖集》卷十）

开禧二年丙寅（1206）　　五十四岁

　　五月，韩侂胄（字节夫）用兵伐金。时项安世（字平甫）方丁内艰，起复，知鄂州。张镃以《满江红·贺项平甫起复知鄂渚》词送之，词有"说项无人堪叹息，瞻韩有意因恢复。用真儒、同建太平功，心相属"，对项安世之知鄂寄予厚望。

　　张镃《满江红·贺项平甫起复知鄂渚》："公为时生，才真是禁中颇牧。擎天手，十年犹在，未应藏缩。说项无人堪叹息，瞻韩有意因恢复。用真儒、同建太平功，心相属。　　忠与孝，荣和辱。武昌柳，南湖竹。一箪瓢非欠，万钟非足。知命何曾怀喜愠，轻身岂为干名禄。看可汗生缚洗烟尘，机神速。"（《南湖集》卷十）

　　《宋史》卷三百九十七《列传第一百五十六·项安世传》："开禧用兵，猎起帅荆渚，安世方丁内艰。起复，知鄂州。"

　　按：韩侂胄（1152—1207），安阳人。韩琦曾孙。以荫入官，历阁门祗候、宣赞舍人、带御器械。孝宗崩，光宗以疾不能执丧，与赵汝愚等拥立宁宗。进保宁军承宣使，拜保宁军节度使，拜少傅，封豫国公，迁少师，封平原郡王，进太傅，拜太师，为平章军国事，立班丞相之上。庆元间设伪学之禁，一时善类悉罹党祸。以开禧北伐失败被诛。

　　《宋史》卷四百七十四《列传第二百三十三·韩侂胄传》："韩侂胄字节夫，魏忠献王琦曾孙也。父诚，娶高宗宪圣慈烈皇后女弟，仕至宝宁军承宣使。侂胄以父任入官，历阁门祗候、宣赞舍人、带御器械。淳熙末，以汝州防御使知阁门事。孝宗崩，光宗以疾不能执丧，中外汹汹，赵汝愚议定策立皇子嘉王。时宪圣太后居慈福宫，而侂胄雅善慈福内侍张宗尹，汝愚乃使侂胄介宗尹以其议密启太后。侂胄两至宫门，不获命，彷徨欲退，遇重华宫提举关礼问故，入白宪圣，言甚恳切，宪圣可其议。礼以告侂胄，侂胄驰白汝愚。……翌日，宪圣太后即丧次垂簾，宰臣传旨，命嘉王即皇帝位。……侂胄进保宁军承宣使，提举佑神观。自是，侂胄益用事……拜保宁军节度使，提举佑神观。又设伪学之目，以网括（赵）汝愚、朱熹门下知名之士……而坐伪学逆党得罪者五十有九人。……（庆元）四年，侂胄拜少傅，封豫国公。……五年……迁少师，封平原郡王。六年，进太傅。……拜太师。……或劝侂胄立盖世功名以自固者，于是恢复之议兴。……自兵兴以来，蜀口、汉、淮之民死于兵戈者，不可胜计，公私之力大屈，而侂胄意犹未已，中外忧惧。礼部侍郎史弥远，时兼资善堂翊善，谋诛侂胄，议甚秘，皇子荣王入奏，杨皇后亦从中力请，乃得密旨，弥远以告参知政事钱象祖、李壁。……侂胄入朝，（夏）震呵止于途，拥至玉津园侧殛杀之。……侂胄用事十四年，威行宫省，权震宇内。尝凿山为园，下瞰宗庙。出入宫闱无度。孝宗畴昔思政之所，偃然居之，老宫人见之往往垂涕。"

项安世（1129—1208），号平庵。其先括苍人，后家江陵。孝宗淳熙二年（1175）进士。调绍兴府教授。光宗绍熙间除秘书省正字，迁校书郎。宁宗朝出通判池州，移通判重庆府，坐党禁久废。韩侂胄开禧用兵，起复知鄂州，除户部员外郎、太府卿等。与朱熹为学侣，深于经学。有《周易玩辞》、《项氏家说》、《平庵悔稿》等著述多种。

《宋元学案》卷四十九《晦翁学侣·龙图项平庵先生安世》："项安世，字平甫，其先括苍人，后家江陵。登淳熙进士，除秘书正字。光宗以疾不过重华宫，先生上书切谏，不报，求去，寻迁校书郎。宁宗即位，先生应诏言当省兵及宫掖之费。时朱子召至阙，未几予祠。先生言：'朱熹本二千里外一庶官，陛下即位未数日，召侍经幄，天下皆以为初政之美。供职甫四十日，即以内批逐之，举朝不知所措。愿留朱熹，使辅圣学。'不报。俄以伪党罢。先生素善吴文定猎，坐学禁久废。开禧用兵，文定起帅荆渚，先生起知鄂州。淮、汉师溃，以文定为宣抚使，寻以宣谕使入蜀，朝命先生权宣抚使，升太府卿。因私忿杀文定客王度，坐免。绳以道谊之交，先生不能无遗议也。后以直龙图阁为湖南运判，未上，用台章夺职罢。嘉定元年，卒。所著《易玩辞》等书，行于世。"

《四库全书总目》卷三《经部三·易类三》："《周易玩辞》十六卷，宋项安世撰。安世字平甫，松阳人。《馆阁续录》载其淳熙二年同进士出身，绍熙五年除校书郎，庆元元年添差通判池州。陈振孙《书录解题》称为太府卿，则所终之官也。事迹具《宋史》本传。振孙又称安世当庆元时谪居江陵，杜门不出，诸经皆有论说，而《易》为全书。然据其自述，盖成于嘉泰二年壬戌之秋。……盖《伊川易传》惟阐义理，安世则兼象数而求之。其意欲于程传之外补所不及，所谓各明一义者也。……安世又有《项氏家说》，其第一卷亦解《易》，董真卿尝称之，世无传本。今始以《永乐大典》所载裒合成编，别著于录。合观两书，安世之经学深矣。"

韩侂胄起兵北伐不久，南宋淮、汉师溃。项安世以韩侂胄赏识除湖广总领，升太府卿，索词于张镃。张镃赋《水调歌头·项平甫大卿索赋武昌凯歌》赠项安世，词有"畅皇威，宣使指，领全师。襄阳耆旧，请公直过洛之西"，希望项安世不负使命，凯旋而归。

张镃《水调歌头·项平甫大卿索赋武昌凯歌》："忠肝贯日月，浩气抉云霄。诗书名帅，谈笑果胜棘门儿。牛弩旁穿七札，虎将分行十道，先解近城围。一骑夜飞火，捷奏上天墀。　畅皇威，宣使指，领全师。襄阳耆旧，请公直过洛之西。箪食欢呼迎处，已脱毡裘左衽，还著旧藏衣。笳鼓返京阙，风采震华夷。"（《南湖集》卷十）

《宋史》卷三百九十七《列传第一百五十六·项安世传》："开禧用兵……俄淮汉师溃，薛叔似以怯懦为侂胄所恶，安世因贻侂胄书，其末曰：'偶送客至江头，饮竹光酒，半醉，书不成字。'侂胄大喜曰：'项平父乃尔闲暇。'遂除户部员外郎、湖广总领。"

《宋元学案》卷四十九《晦翁学侣·龙图项平庵先生安世》："开禧用兵……先生起知鄂州。淮、汉师溃……朝命先生权宣抚使，升太府卿。"

十月二十一日戊辰，张镃以臣僚弹劾，落奉议郎、直焕章阁、主管建宁府武夷山冲佑观之职，罢宫观。

《宋会要辑稿·职官》七四之二三："（宋宁宗开禧二年十月）二十一日，朝议大夫丁常任降三官，奉议郎、直焕章阁、主管建宁府武夷山冲佑观张镃落职，罢宫观，以臣僚言常任碌碌庸流，徒务货殖，镃内行不修，且复轻猥。"

开禧三年丁卯（1207）　五十五岁

十一月三日乙亥，韩侂胄方早朝，史弥远（字同叔）密遣兵伏六部桥侧，拥侂胄至玉津园，椎杀之。张镃与礼部尚书卫泾（字清叔）、著作郎王居安（字资道）等皆预其谋。

《四朝闻见录·丙集》"虎符"条："虎符半在禁中，半在殿岩。开禧间，慈明阴赞宁皇诛韩侂胄，出御批三。其一以授钱象祖、卫泾、史弥远，其一以授张镃，又其一以授李孝纯。二批俱未发，独象祖亟授殿岩夏震。震初闻欲诛韩，有难色，及视御批，则曰：'君命也，震当效死。'

翌日，震遂遣其帐下郑发、王斌，邀韩车于六部桥，径出玉津园夹墙，用铁鞭中韩阴乃死。（原注：韩裹软缠，故难中。）地名磨刀坑。镃始预史议诛韩，史以韩为大臣，且近戚，未有以处。张谓史曰：'杀之足矣。'史退而谓钱、卫曰：'镃，真将种也。'心固忌之。至是，镃赏伐自言，史昌言于朝：'臣子当为之事，何为言功？'遂讽言者贬镃于雪，自是不复有言诛韩之功者矣。御批云：'已降御笔付三省，韩侂胄已与在外宫观，日下出国门，仰殿前司差兵士三十人防护，不许疏失。'后有虎符印，盖牙章也，文曰'如律令'，本汉制云。震以御笔建为巨阁，刻之乐石，命其属为之记。初时，御笔皆侂胄矫为，及是皆慈明所书。发、斌排韩车，语以'有御笔押平章出国门'。韩仓忙曰：'御笔我所为也。'行至玉津，许郑发以节度使，郑不从。又曰：'我当出北关门，（原注：韩第在于湖州。）如何出候潮门？'又曰：'我何罪？'又语发以'何得无礼大臣'？郑叱以国贼而鞭之，归报震。震直趋省中。时钱象祖、陈自强犹在省，震至，钱不觉起而问之曰：'了事否？'震曰：'已了事。'象祖始诵言韩已诛，陈作而再拜钱，且辞象祖，乞以同寅故，保全末路。象祖许之。后卫泾又以同谋诛韩忌史，史故黜泾，事在乙集。镃后以旨放还，因史变□法，又欲谋史，故贬置象台。先是，有告御批之谋于韩者，韩答以当以死报国。又告之者甚苦，（原注：告者即周筠。）侂胄始与自强谋。自强荐林行可为谏议大夫，欲于诛韩日上殿，一网尽扫象祖以下出国门，韩居中应之。幸韩不得入内，若韩用私人小车径自和宁门入，斌、发必不觉，则谋韩者虀粉矣。然诛韩之计甚疏，王大受、赵汝谈皆预始谋，至书所欲施行之事于掌，（一有'记'字。）幸不败尔，败则慈明、景宪殆哉。时宁皇闻韩出玉津园，亟用笺批殿司：'前往追回韩太师。'慈明持笺泣，且对上以'他要废我与儿子'，又以'杀两国百万生灵，若欲追回他，我请先死'。宁皇收泪而止，慈明遂□笺云。"

《贵耳集》卷下："卫社稷宗社者，大臣职也。死社稷宗社者，大臣之不幸也。韩侂胄柄国，皆由道学诸公激之使然。绍熙五年七月，光宗属疾，宁皇未内禅，外朝与中禁势相隔绝。赵忠定招侂胄通太后意，中官关礼同任往来之旨。宁庙即位，诸公便掩侂胄一日之劳，嗾台谏给舍攻其专辄之罪。此时侂胄本不知弄权怙势为何等事，道学诸公反教之如此为之弄权，如此为之怙势。及至太阿倒持，道学之祸起矣。后十年，坤鉴一进资善一疏，起于张镃、吴衡、王居安之谋，其它皆因人成事者也。"

《齐东野语》卷三"诛韩本末"条："嘉泰元年五月，监太平惠民局夏允中，请用文彦博故事，以侂胄为平章军国重事。侂胄恐，乞致仕，免允中官。

二年十二月，拜侂胄为太师，立贵妃杨氏为皇后。初，恭淑后既崩，椒房虚位，杨贵妃、曹美人皆有宠。侂胄畏杨权数，以曹柔顺，劝上立之，上意向杨，侂胄不能夺也。太学生王梦龙，为后兄次山客，监杂卖场赵汝说与梦龙为外兄弟，知其事。于是以侂胄之谋告次山，次山以白后，后由是怨之，始有谋侂胄之意矣。

三年，金国盗起，洊饥，惧我乘隙用兵，于是沿边聚粮增戍，且禁襄阳府榷场。边衅之开，盖自此始。而侂胄久用事，亦欲立奇功以固位。会邓友龙等廉得北方事以告，而苏师旦等又从而臾之。

开禧元年四月，以李义为镇江都统，皇甫斌为江陵都统兼知襄阳。金人以侵掠、增戍、渝盟见责，遂诏内外诸军密为行计。七月，侂胄为平章军国事，立班丞相上。苏师旦为安远军节度使，领阁门事。师旦本平江书佐，侂胄顷为钤辖日，尝以为笔吏，后依韩门。会上登极，审名藩邸，用随龙恩得官，骤至贵显。八月，以殿帅郭倪为镇江都统、兼知扬州。

二年，以薛叔似为湖北京西宣抚使，程松为四川宣抚使，吴曦为副使，邓友龙为两淮宣抚使。十二月，金人使赵之杰、完颜良弼来贺正旦，倨慢无礼。于是以北伐告于宗庙，下诏出师。已而，陈孝庆复泗州，又复虹县。许进复新息县。孙成复保信县。田琳复寿春府。未几，王大节攻蔡州，不克军溃。皇甫斌败于唐州。秦世辅军乱于城固县。郭倬、李汝翼攻宿州，败绩，执统制田俊迈以往。李爽攻寿州，败。于是诛窜诸将败事者，更易诸闸。以丘崈为两淮宣抚使。分诸将三衙江上之兵，合十六万余人，分守江淮要害。既而吴曦遣其客姚淮源献关外四州之地于金人，遂封为蜀王。至此，侂胄始觉为师旦等所误，遂罢师旦，除名，送韶州安置，仍籍其家财，赐三宣抚司为犒军费。斩郭倬于镇江，罢程松四川宣抚使。九月，金人陷和尚原。十月，渡淮，围楚州。十一月，以殿帅郭杲驻真州，以援两淮。丘崈以签书开督府。既而围襄阳，犯庐、和、真、西和州、德安府，陷随、濠、阶、成州、信阳、安丰军、大散关。郭倪弃扬州走。

三年正月，丘崈罢，以枢密张岩督师。二月，金人始退师。四川宣抚司、随军转运使安丙及李好义、杨巨源等讨吴曦，斩之，四川平。以杨巨源为四川宣抚使，安丙副之。既而次第复阶、凤、西和州，大散关。四月，遣萧山县丞方信孺奉使，通谢金国。六月，安丙杀杨巨源。八月，信孺回白事，言金人欲割两淮，增岁币、犒军金帛，索回陷没及归正人，又有不敢言者。侂胄再三问之，乃曰：‘欲太师首级。’侂胄大怒，坐信孺以私觌物，擅作大臣馈虏人，降三官，临江军居住。乃以赵淳为江淮制置使，而用兵之谋复起。再遣监登闻鼓院王枏出使焉。

于是杨次山与皇后谋，俾王子荣王曮入奏，言‘侂胄再启兵端，谋危社稷’，上不答。皇后从旁力请再三，欲从罢黜，上亦不答。后惧事泄，于是令次山于朝行中择能任事者。时史弥远为礼部侍郎、资善堂翊善，遂欣然承命。钱参政象祖，尝以谏用兵贬信州，乃先以礼召之。礼部尚书卫泾，著作郎王居安，前右司郎官张镃，皆预其谋。议既定，始以告参政李壁。

前一日，弥远夜易服，持文书往来二参第。时外间籍籍有言其事者。一日，侂胄在都堂，忽谓李参曰：‘闻有人欲变局面，相公知否？’李疑事泄，面发赤，徐答曰：‘恐无此事。’而王居安在馆中，与同舍大言曰：‘数日之后，耳目当一新矣。’其不密如此。弥远闻之大惧，然未有杀之之意，遂谋之张镃。镃曰：‘势必不两立，不如杀之。’弥远抚几曰：‘君

239

真将种也，吾计决矣。'

时开禧三年十一月二日，侂胄爱姬三夫人号'满头花'者生辰。张镃素与之通家，至是，移庖侂胄府，酣饮至五鼓。其夕，周筠闻其事，遂以覆帖告变。时侂胄已被酒，视之曰：'这汉又来胡说。'于烛上焚之。初三日，将早朝，筠复白其事，侂胄叱之曰：'谁敢？谁敢？'遂升车而去。甫至六部桥，忽有声诺于道旁者，问为何人，曰：'夏震。'时震以中军统制权殿司公事，选兵三百俟于此。复问：'何故？'曰：'有旨，太师罢平章事，日下出国门。'曰：'有旨，吾何为不知？必伪也。'语未竟，夏挺、郑发、王斌等，以健卒百余人，拥其轿以出，至玉津园夹墙内，挝杀之。

是夕之事，弥远称有密旨。钱参政欲奏审，史不许曰：'事留，恐泄。'遂行之。是夕，史彷徨立候门首，至晓犹寂然，至欲易衣逃去。而宰执皆在漏舍以俟。既而侂胄前驱至，传呼太师来。钱、李二公疑事泄，皆战栗无人色。俄而寂不闻声，久之，夏震乃至，白二公曰：'已了事矣。'钱参政乃探怀中堂帖授陈自强曰：'有旨，太师及丞相皆罢。'陈曰：'何罪？'钱不答，于是揖二公，遂登车去。是夕，使侂胄不出，则事必泄矣。

二参继赴延和殿奏事，遂以窜殛侂胄闻，上愕然不信。及台谏交章论列，三日后，犹未悟其死。盖此夕之谋，悉出于中宫及次山等，宫省事秘，不能详也。遂下诏暴侂胄首开兵端等罪，官籍其家。而夫人张氏、王氏闻变，尽取宝货碎之。其后二人皆坐徒断。

夏震为福州观察使、主管殿前司公事。斩苏师旦于韶州。程松宾州，陈自强雷州，郭倪、郭僎皆除名安置，并籍其家。李壁、张岩皆降官居住。毛自知夺伦魁恩，以首论用兵故也。乃拜钱象祖为右相，卫泾、雷孝友并参政，史弥远知枢密事，林大中签书院事，杨次山开府仪同三司，赐玉带。遂以窜殛事，牒报对境三省；以咨目遍遗二宣抚、二制置、十都统，告以上意。谏议大夫叶时，请枭首于两淮，以谢天下，上不许。

时王枏以出使在金人帐。一日，金人呼枏问韩太师何如人？枏因盛称其忠贤威略。虏徐以边报示之曰：'如汝之言，南朝何故诛之？'枏窘惧不能对。于是无厌之求，难塞之请，皆不敢与较，一切许之，以为脱身之计。及归，乃以金人欲求侂胄函首为辞，而叶时复有枭首之请，于是诏侍从两省台谏集议。先是诸公间亦有此请，上重于施行。至是，林枢密大中、楼吏书钥、倪兵书思，皆以为和议重事，待此而决，奸凶已毙之首，又何足惜？与其亡国，宁若辱国，而倪公主之尤力；且谓在朝有受其恩，欲为之地者。盖朝堂集议之时，独章文庄良能于众中以事关国体，抗词力争。所谓欲为之地者，指章也。（叶清逸《闻见录》云：'良能首建议函首，王介以为不可。'此非事实。）于是遣临安府副将尹明，斫侂胄棺，取其首，送江淮制置大使司；且以咨目谕诸路宣抚制置以函首事。遂命许奕为通谢使。王枏竟函首以往，且增岁币之数。

当时识者，殊不谓然。且当时金虏实已衰弱，初非阿骨打、吴乞买之比。丙寅之冬，淮、襄皆受兵，凡城守者，皆不能下。次年，遂不复能出师，其弱可知矣。倪能稍自坚忍，不患不和，且礼秩岁币，皆可以杀。而当路者畏懦，惟恐稍失其意，乃听其恐喝，一切从之。且吾自诛权奸耳，而函首以遗之，则是虏之县鄙也，何国之为？惜哉！且枏，侂胄所遣，今欲议和，当别遣使，亦不当复遣枏也。至有题诗于侍从宅曰：'平生只说楼攻媿，此媿终身不可攻。'又诗曰：'自古和戎有大权，未闻函首可安边。生灵肝脑空涂地，祖父冤雠共戴天。晁错已诛终叛汉，于期未遣尚存燕。庙堂自谓万全策，却恐防胡未必然。'又云：'岁币顿增三百万，和戎又送一于期。无人说与王枏道，莫遣当年寇准知。'此亦可见一时公论也。明年，阁门舍人周注销使过赵州，观所谓石桥者，已具述其事。纪功勒铭，大书深刻桥柱矣。金主尝令引南使观忠缪侯墓，且释云：'忠于为国，缪于为身。'询之，乃韩也。和议既成，乃尽复秦桧官爵，以其尝主和故耳。"

《癸辛杂识·后集》"韩平原之败"条："韩平原被诛之夕，乃其宠姬四夫人诞辰，张功甫移庖大燕，至五更方散，大醉几不可起。干办府事周筼以片纸入投云：'闻外间有警，不佳，乞关闭门免朝。'韩怒曰：'谁敢如此！'至再三，皆不从。乃盥栉，取瑞香番罗衣一袭衣之，登车而往。旋即殿司军已围绕府第矣。是夕所用御前乐部伶官皆闭置于内，饥饿三日始放去。时赵元父祖母蕲国夫人徐氏与其母安部头皆在府中，目击其事。其后斥卖其家所有之物，至于败衣破絮亦各分为小包，包为价若干。时先妣母谩以数券得一包，则皆妇人弊鞋也。方恚恨以为无用，欲弃之，疑其颇重，则内藏大北珠二十粒。盖诸婢一时藏匿为逃去之计，适仓惶遗之云耳。"

《宋史》卷二百四十三《列传第二·后妃下·恭圣仁烈杨皇后传》："恭圣仁烈杨皇后，少以姿容选入宫，忘其姓氏，或云会稽人。庆元元年三月，封平乐郡夫人。三年四月，进封婕妤。有杨次山者，亦会稽人，后自谓其兄也，遂姓杨氏。五年，进婉仪。六年，进贵妃。恭淑皇后崩，中宫未有所属，贵妃与曹美人俱有宠。韩侂胄见妃任权术，而曹美人性柔顺，劝帝立曹。而贵妃颇涉书史，知古今，性复机警，帝竟立之。次山客王梦龙知其谋，密以告后，后深衔之，与次山欲因事诛侂胄。会侂胄议用兵中原，俾皇子曮入奏：'侂胄再启兵端，将不利于社稷。'帝不答。后从旁赞之甚力，亦不答。恐事泄，俾次山择廷臣可任者，与共图之。礼部侍郎史弥远，素与侂胄有隙，遂欣然奉命。参知政事钱象祖，尝谏用兵贬信州，弥远乃先告之。礼部尚书卫泾、著作郎王居安、前右司郎官张镃皆预其谋。开禧三年十一月三日，侂胄方早朝，弥远密遣中军统制夏震伏兵六部桥侧，率健卒拥侂胄至玉津园，槌杀之。复命弥远。象祖等俱赴延和殿，以殛侂胄闻，帝不之信，越三日，帝犹谓其未死。盖是谋悉出中宫及次山等，帝初不知也。后既诛侂胄，弥远日益贵用事。"

按：史弥远（1164—1233），鄞县人。史浩第三子。孝宗淳熙十四年（1187）进士。光宗朝授大理司直，迁太常寺主簿。宁宗朝除诸王宫大小学教授，授枢密院编修官，迁太常丞，兼工部郎官，改刑部，提举浙西常平，授司封郎官兼国史编修、实录检讨，迁秘书少监、起居郎，兼资善堂直讲，改礼部兼同修国史、实录院同修撰。开禧北伐失败，议诛韩侂胄，寻代其位，历知枢密院事、参知政事，拜右丞相兼枢密使，终太师左丞相兼枢密使，封会稽郡王。弥远相宁宗十有七年，又相理宗九年，擅权用事，诤臣正士多遭斥逐。

《宋史》卷四百十四《列传第一百七十三·史弥远传》："史弥远字同叔，浩之子也。淳熙六年，补承事郎。八年，转宣义郎，铨试第一，调建康府粮料院，改沿海制置司干办公事。十四年，举进士。绍熙元年，授大理司直。二年，迁太社令。三年，迁太常寺主簿，以亲老请祠，主管冲佑观。丁父忧。庆元二年，复为大理司直，寻改诸王宫大小学教授。……四年，授枢密院编修官，迁太常丞，寻兼工部郎官，改刑部。六年，改宗正丞。丐外，知池州。嘉泰四年，提举浙西常平。开禧元年，授司封郎官兼国史编修、实录检讨，迁秘书少监，迁起居郎。二年，兼资善堂直讲。……三年，改礼部兼同修国史、实录院同修撰，仍兼刑部。兵端既开，败衄相属，累使求和，金人不听。都城震摇，宫闱疑惧，常若祸在朝暮，然皆畏侂胄莫敢言。弥远力陈危迫之势，皇子询闻之，亟具奏，乃罢侂胄并陈自强右丞相。既而台谏、给舍交章论驳，侂胄乃就诛。……既诛韩侂胄，相宁宗十有七年。迨宁宗崩，废济王，非宁宗意。立理宗，又独相九年，擅权用事，专任憸壬。理宗德其立已之功，不思社稷大计，虽台谏言其奸恶，弗恤也。弥远死，宠渥犹优其子孙，厥后为制碑铭，以'公忠翊运，定策元勋'题其首。济王不得其死，识者群起而论之，而弥远反用李知孝、梁成大等以为鹰犬，于是一时之君子贬窜斥逐，不遗余力云。"

卫泾（1160—1226），嘉兴人，后徙昆山。初号拙斋居士，改号西园居士，别号后乐居士。孝宗淳熙十一年（1184）举进士第一。宁宗开禧初，拜御史中丞，官至参知政事，赠太师，封秦国公。有《后乐集》七十卷，已佚，清四库馆臣据《永乐大典》辑为二十卷。

《姑苏志》卷五十一《人物九·名臣》："卫泾字清叔，其先齐人，唐末避乱南迁，多居华亭。祖圜始占籍昆山之石浦。父季敏通判镇江府。泾少有异操，入行在，从永嘉李去智学。李卒，为制服执丧，人咸义之。淳熙十一年，孝宗擢泾进士第一。……授泾承事郎，添差镇东军签判。……十四年，除秘书省正字。……绍熙元年，迁著作郎，兼司封郎官。……出为淮东、浙东二路提举。庆元初，召为尚右郎官。……三年，以起居舍人假工部尚书。使金国还……除直焕章阁，知庆元府沿海制置使，以言者论罢。是时权奸用事，泾不为势怵，斥去十年不调。于里中辟西园，取范文正公之言，名其堂曰'后乐'。开禧元年，得旨入朝。明年，除中书舍人，兼直学士院。应诏论北伐，非计不听。三年，自吏部尚书拜御史中丞，请诛韩侂胄，论罢陈自强，拜参知政事，封昆山县开国伯。嘉定初，兼太子宾客。始侂胄之诛，泾功居多。既又患史弥远有专恣之渐，因欲去之。弥远为景献旧学，知泾，谋讽御史劾罢之。五年，知潭州。八年，知隆兴府。上以泾三世同居，有堂曰'友顺'，御书二大字。太子亦为书'后乐堂'，牓赐之。九年，知扬州。十七年，除资政殿学士、金紫光禄大夫致仕，进封吴郡开国公。宝庆二年，卒。理宗辍视朝一日，特赠太师，追封秦国公，赐谥文节。泾仕三朝，出入内外四十余年，忧国忘家，始终一节，谋深虑远，不徼近功。其进退之际，与时升降。尝语人曰：'官职自有定分，名谊千古不磨。'故其在朝，孤立自守，不畏强御，以贤才为立国之基，荐进搜举，汲汲如不及。……在潭时，与朱熹有交承之好。侂胄斥熹，侂胄死，泾奏召熹还朝，而熹已卒。复移文新安，取熹诸经四书传注刊刻以传。又请为张栻赐谥，表章正学之力为多。别号后乐居士。所著文章五十卷，曰《后乐集》。"

《四库全书总目》卷一百六十一《集部十四·别集类十四》："《后乐集》二十卷，宋卫泾撰。泾字清叔，华亭人。徙居昆山。登淳熙十一年进士第一。……累官参知政事，封秦国公。卒谥文节。其事迹不具于《宋史》。……泾初号拙斋居士，改号西园居士。后筑堂成，取范仲淹

《岳阳楼记》中语题之曰后乐堂。遂以自号，并名其集。原本凡七十卷，乃其子樵所编，尝刻之于永州。岁久亡佚。……今从《永乐大典》中裒辑编次，厘为二十卷。卫氏在宋世，以文学知名。……泾所作大都和平温雅，具有体裁。……当韩侂胄用事时，隐居十年。于所居石浦，辟西园，坚卧不出。其进退之际，盖能以礼自守者。"

王居安，黄岩人。始名居敬，字简卿，号方岩。淳熙十四年（1187）进士。授徽州推官，迁江东提刑司干官，入为国子正、太学博士。宁宗朝为秘书丞，迁著作郎兼国史实录院检讨编修官。韩侂胄诛，擢右司谏。理宗朝以龙图阁直学士致仕。有《方岩集》十卷，已佚。《全宋诗》录诗八首。

《宋史》卷四百〇五《列传第一百六十四·王居安传》："王居安字资道，黄岩人。始名居敬，字简卿，避祧庙嫌易之。……入太学，淳熙十四年举进士，授徽州推官，连遭内外艰，柄国者以居安十年不调，将径授职事官，居安自请试民事，乃授江东提刑司干官。使者王厚之厉锋气，人莫敢婴，居安遇事有不可，平面力争不少屈。入为国子正、太学博士。……改司农丞。御史迎意论劾，主管仙都观。踰年，起知兴化军。既至，条奏便民事，乞行经界。……迁著作郎兼国史实录院检讨编修官，兼权考功郎官。诛韩侂胄，居安实赞其决。翼日，擢右司谏。……徙镇襄阳，以言者罢，闲居十有一年。嘉定十五年与魏了翁同召，迁工部侍郎。时方受宝，中朝皆动色相贺。入对，首言：'人主畏无难而不畏多难，舆地宝玉之归，盍思当时之所以失。'言极切至。甫两月，以集英殿修撰提举玉隆宫。未几，以宝谟阁待制知温州，郡政大举。理宗即位，以敷文阁待制知福州，升龙图阁直学士，转大中大夫，提举崇福宫。……卒，累赠少保。居安宅心公明，待物不贰。有《方岩集》行世。"

吴子良《方岩王公文集序》："丙寅冬，韩侂胄以弄权误国诛。著作郎王公居安拜左司谏，抗疏请明正宪典，并陈自强、郭倪窜岭外伸雪，故大府丞吕祖俭承务郎于进布衣吕祖泰之冤而褒其忠。究极治本乱阶曰如此则治，否则乱。分别君子小人曰此不可以再误，再误是一侻胄死一侻胄复生。……嗟夫，慷慨而立风节，谈笑而成功名，非具奇禀，负杰气，讵能如此易易耶？自古养才如养木，木虽坚劲耐岁寒，要亦以培植而成，以摧拉而毁。乾、淳间培植而成者众，嘉定后摧拉而毁者多。如公之瑰磊卓特，当其拜司谏、帅隆兴时，傥不以忌谗去，得直遂而迅上，所树立岂在乾、淳人物之下哉？此可为浩叹者也。公之子畴集遗文十卷，属余序。余读之，明白夷畅，绝类其胸襟。诗尤圆妥旷远。尝有句云：'高下水痕元自定，后先花信不须催。'公之于出处去就，此二语可以占矣。"（林民表编《赤城集》卷十七）

十七日己丑，张镃于司农少卿任上追两官，送广德军居住。

卫泾《论新除司农少卿张镃乞赐窜责状》："臣仰惟陛下，奋发干刚，诛锄元恶，中外庆快，万口一词。惟是更化之初，一黜一陟，天下观瞻，所系不容少有差失。傥使奸人投隙而进，岂不致中外之疑。谨按：新除司农少卿张镃，狠甚虎狼，毒于蛇虺。立朝则猥贱而无耻，居家则渎乱而朋淫。其回邪奸慝之迹，虽尽南山之竹不足登载，而前后亦略见于台臣之章疏矣。若其凶残著于心本，奴婢厮役之徒，少忤其意，必潜置之死地。当苏师旦用事之时，镃倾其故弟家财，强抑孤女与师旦子为婚。其女出嫁之夕，号泣登车，指镃而恸曰：'叔要做好官，却以我嫁书表司之子。'闻者为之悲感。有衔不怯，卒殒非命。自此益得罪于公议，不复以人类待之。废放终身，犹为侥幸。忽传除目，大骇听闻，转相顾语，莫测其端，识者尤为疑惧。况张镃既为师旦姻家，情好稠密，崇资显秩，皆自师旦得之。师旦既斥，每怀觖望，近正典刑，当益怀鞅鞅。既为刑人死党，岂宜寘之卿列，而俾近君侧乎？臣职在弹劾，若不于几微之始，亟锄其奸，设或镃交结非类，益肆枭张，则为国蟊贼，将有不可胜言者。用敢冒昧以闻，伏望圣断，将张镃削夺官资，重赐窜责，以清朝列，以杜奸萌，中外幸甚。取进止。（十一月十五日，三省同奉圣旨，张镃特降两官，送广德

246

军居住。)"（《后乐集》卷十一）

《宋会要辑稿·职官》七三之三九："（宋宁宗开禧三年十一月）十七日，新除司农少卿张镃追两官，送广德军居住，以臣僚言镃'立朝则猥贱无耻，居家则渎乱朋淫。（苏）师旦既斥，每怀觖望。既为刑人死党，岂宜置之卿列'。"

李之亮《宋代京朝官通考》"司农少卿"条："开禧三年丁卯（1207）……张镃。《会要·职官》七三之三九：'（开禧三年十一月）十七日，新除司农少卿张镃追两官，送广德军居住。'"

郭黎安《宋史地理志汇释》："（江南西路）广德军，同下州。太平兴国四年，以宣州广德县为军。……治广德（今县）。"

十二月一日壬寅，王居安自起居郎兼崇政殿说书任上降一官放罢，以御史中丞雷孝友言其私附邓友龙，又与张镃狎昵。

《宋会要辑稿·职官》七三之三九："（宋宁宗开禧三年）十二月一日，起居郎兼崇政殿说书王居安降一官放罢，以御史中丞雷孝友言其私附邓友龙，荐黄甫斌，又与张镃狎昵。"

按：《齐东野语》卷二十"张功甫豪侈"条载："张镃功甫，号约斋，循忠烈王诸孙，能诗，一时名士大夫莫不交游，其园池声妓服玩之丽甲天下。尝于南湖园作驾霄亭于四古松间，以巨铁絙悬之空半而羁之松身。当风月清夜，与客梯登之，飘摇云表，真有挟飞仙、溯紫清之意。王简卿侍郎尝赴其牡丹会云：'众宾既集，坐一虚堂，寂无所有。俄问左右云："香已发未？"答云："已发。"命卷帘，则异香自内出，郁然满坐，群妓以酒肴丝竹，次第而至。别有名姬十辈皆衣白，凡首饰衣领皆牡丹，首带照殿红一枝，执板奏歌侑觞，歌罢乐作乃退。复垂帘谈论自如，良久，香起，卷帘如前。别十姬，易服与花而出。大抵簪白花则衣紫，紫花则衣鹅黄，黄花则衣红，如是十杯，衣与花凡十易。所讴者皆前辈牡丹名词。酒竟，歌者、乐者无虑数百十人，列行送客。烛光香雾，歌吹杂作，客皆恍然如仙游也。'"《齐东野语》所载尝赴张镃牡丹会之王简卿侍郎，即为王居安。可见，张镃与王居安不仅同预诛韩之议，亦确有私交。

嘉定元年戊辰（1208） 五十六岁

是年，张镃当谪居于广德军。

《四朝闻见录·丙集》"虎符"条："镃始预史议诛韩，史以韩为大臣，且近戚，未有以处。张谓史曰：'杀之足矣。'史退而谓钱、卫曰：'镃，真将种也。'心固忌之。至是，镃赍伐自言，史昌言于朝：'臣子当为之事，何为言功？'遂讽言者贬镃于雪，自是不复有言诛韩之功者矣。"

方回《读张功父南湖集并序》："功父预谋诛韩而史忌之，韩既诛，即有桐川之谪，后得归。坐前憾，谪死象台，天下冤之。"（《桐江续集》卷八）

《宋会要辑稿·职官》七三之三九："（宋宁宗开禧三年十一月）十七日，新除司农少卿张镃追两官，送广德军居住，以臣僚言镃'立朝则猥贱无耻，居家则渎乱朋淫。（苏）师旦既斥，每怀觖望。既为刑人死党，岂宜置之卿列'。"

朱文藻《书南湖集后》："当韩侂胄之诛，其时公官右司郎，未尝管枢要，握兵柄，得以锄奸去邪。然公以勋旧之裔，心存报国，莫由表见，诗中往往寓之。诛韩之举，公适预谋，因而移庖酾饮，使韩不疑。此实公之平日忠诚，藉以自矢，未必有意希赏也。而叶绍翁、周公谨俱谓其赍伐自言，赏不满意。今观公诗文，多自写其淡忘荣利之见，如所谓'钱物用多常是解，权门路便不曾钻'，已足略见其概。藉使朝廷果赏其功，不过加右司郎而上之官亦无几。如公果有志于此，则自三十五岁通判临安，至此年已五十五矣。计二十年之中，稍事夤缘，何难早陟要途，岂必待此以自效乎？要之，贬雪溪，谪象台，由于公'杀之足矣'一言，而取忌于史弥远。史称弥远诛韩之后，独相两朝，擅权用事，专任憸壬，台谏言其奸，而朝廷弗恤。则公之被斥逐，势有必然。"（《南湖集·书后》）

　　按：张镃与史弥远等人合谋诛韩之后，先后两遭贬斥，最终贬死于象台（今属广西），各文献记载相同。然第一次贬谪之地，史有多称：《宋会要辑稿·职官》七三之三九、卫泾《论新除司农少卿张镃乞赐窜责状》称"广德军"；方回《读张功父南湖集并序》称"桐川"；叶绍翁《四朝闻见录·丙集》"虎符"条称"雪"；朱文藻《书南湖集后》称"雪溪"。考宋人黄震《广德军沧河浮桥记》："桐川郡北踰十里，有渡曰沧河，南受天目、宣歙诸水，冲溃奔驶，然后演迤以入于海。"（《黄氏日钞》卷八十七）《江南通志》卷十八《舆地志·山川八》："桐川。水在（广德）州西北二十五里。左传楚子期伐吴，至桐汭。杜预注云：广德县，有桐水源出白石山西北，流入丹阳湖，即此，亦名白石水。白石涧，在建平县东南，上接桐川，下合郎溪。"《辞源》载："桐江，水名。在今浙江桐庐县北，和桐溪叫桐江，即钱塘江中游自严州至桐庐一段的别称。源出天目山，流入浙江。"同书又载："雪溪，水名，亦称雪川。在浙江吴兴县境，自浮玉山曰苕溪。自铜岘山曰前溪，自天目山曰余不溪，自德清县前北流至州南兴国寺前曰雪溪，入太湖。也为吴兴县之别称。参阅《太平寰宇记》九四《湖州·乌程县》。"郭黎安《宋史地理志汇释》亦考证云："广德军，同下州。太平兴国四年，以宣州广德县为军……治广德（今县）。县二：广德……建平（治今郎溪县）。"综上可见，诸文献所载张镃贬谪之地，虽有"广德军"、"桐川"、"雪"、"雪溪"等多称，事实上所指相同，即宋代江南西路之广德军。张镃乃开禧三年（1207）十一月于司农少卿任上追两官送广德军居住，以时间推之，嘉定元年戊辰（1208）当居广德军。

嘉定二年己巳（1209）　　五十七岁

张镃约于是年以旨放还。

《四朝闻见录·丙集》"虎符"条："（史弥远）讽言者贬镃于雪，自是不复有言诛韩之功者矣。……镃后以旨放还，因史变□法，又欲谋史，故贬置象台。"

方回《读张功父南湖集并序》："功父预谋诛韩而史忌之，韩既诛，即有桐川之谪，后得归。坐前憾，谪死象台，天下冤之。"（《桐江续集》卷八）

按：张镃以旨放还事，在开禧三年（1207）十一月贬谪广德军至嘉定四年（1211）十二月编管象州之间，具体时间尚难确考。姑系于嘉定二年。

嘉定三年庚午（1210）　　五十八岁

是年，张镃自定《南湖集》前集二十五卷，收编诗歌三千余首，并作序。

方回《读张功父南湖集并序》："乾、淳以来称尤、杨、范、陆，而萧千岩东夫、姜梅山邦杰、张南湖功父亦相伯仲。梁溪之槁淡细润，诚斋之飞动驰掷，石湖之典雅标致，放翁之豪荡丰腴，各擅一长。千岩格高而意苦。梅山律熟而语新。南湖生于绍兴癸酉，循忠烈王之曾孙，近得其前集二十五卷，三千余首，嘉定庚午自序，盖所谓得活法于诚斋者。生长于富贵之门，辇毂之下，而诗不尚丽，亦不务工。洪景卢谓功父深目而癯，予谓其诗亦犹其为人也。'溪清花鸭聚，岸绿草虫多'；'燕子初归曾识面，牡丹未放已知名'。不知何人以朱笔加点，专取此等句，予亦谓不然。且如'人生守定梅花死'，此句殊佳，何人辄用朱笔圈改，予窃谓朱笔之人未得所谓正法眼藏也。功父预谋诛韩而史忌之，韩既诛，即有桐川之谪，后得归。坐前憾，谪死象台，天下冤之。言官程松尝论功父，谓将家子强吟小诗，此乃刻薄无忌惮之言，不足与校。其诗活法妙处，予未能尽举，当续书之。今且题八句以寄予心"。诗云："生长勋门富贵中，粃糠将相以诗雄。端能活法参诚叟，更觉豪才类放翁。举似今人谁肯信，元来妙处不全工。镂金组绣同时客，合向南湖立下风。"（《桐江续集》卷八）

鲍廷博《刻南湖集缘起》："《南湖集》，宋循王曾孙张公约斋所著。集成于嘉定庚午。故不见收于晁氏《读书志》，而陈氏《书录解题》及《宋史·艺文志》亦不详其目。惟明文渊阁及叶氏《菉竹堂书目》并载《南湖集》五册。其余藏书家罕有著录者。"（鲍廷博《知不足斋丛书》第八集《南湖集》卷首）

朱文藻《书南湖集后》："己亥仲冬，藻客京师，从邵太史二云得见《四库全书》馆臣裒集《永乐大典》中所载张镃诗词，编定为《南湖集》十卷，传钞副本携归虎坊寓斋，粗校一过，而未能详考也。鲍（廷博）君以文增辑遗文逸事为附录、外录，合刻竣工。……史称（史）弥远诛韩（侂胄）之后，独相两朝，擅权用事……则公之被斥逐，势有必然……观公之自定其诗，在宁宗嘉定三年，去谪象之年不远，公殆有先见矣。"（《南湖集·书后》）

嘉定四年辛未（1211） 五十九岁

十二月七日乙酉，张镃于奉议郎任上追毁出身以来文字，除名勒停，永不收叙，送象州羁管。先是，张镃以臣僚弹劾追五官，送全州居住。既而复有弹劾者，故有是命。

《续编两朝纲目备要》卷十二："嘉定四年……十二月癸未，体访会子价。……是月，窜张镃，坐扇摇国本除名，象州羁管。"

《宋史》卷三十九《本纪第三十九·宁宗三》："（嘉定四年）十二月辛巳，奉议郎张镃坐扇摇国本除名，象州羁管。"

《宋会要辑稿·职官》七三之四五："（宋宁宗嘉定四年）十二月七日，奉议郎张镃追毁出身以来文字，除名勒停，永不收叙，送象州羁管。先是，臣僚言镃不安命义，觊图非望之福，追五官，送全州居住。既而复言其凿空妄议，欺天罔人，肆为阴谋，犯命义之大戒，合正邦刑，故有是命。"

毕沅《续资治通鉴》卷一百五十九："（宋宁宗嘉定四年）十二月辛巳，奉议郎张镃坐扇摇国本，除名，象州羁管。镃，俊之（曾）孙也。初，史弥远欲去韩侂胄，镃预其谋，方议所以处侂胄，镃曰：'杀之足矣！'弥远语人曰：'真将相种也！'心忌之，至是乃构以罪。"

郭黎安《宋史地理志汇释》："（广南西路）象州，下，象郡，景德四年，升防御。景定三年，徙治来宾县之蓬莱。……治阳寿（今广西象州县）。"

张镃至象州，友人张良臣之子张峕（字居卿）尝从之。

《浩然斋雅谈》卷中："张良臣，字武子，近世诗人，有《雪窗集》。有子时，尝从张公父至象台。"

按：张峕，籍贯拱州。随父张良臣居四明。尝客张镃之门。宋末元初著名文学批评家方回曾从之学作诗之法。

《癸辛杂识·后集》"十三故事"条："余试吏部，铨第十三人。外舅杨泳斋遗书贺先君，其间一联云：'第十三传衣钵，已兆前闻；若九万搏扶摇，更期远到。'盖用和凝登第名在十三，及为知举，取范质即以第十三处之，场屋间谓之传衣钵。盖外舅向亦以十三名中选故耳，以此闻之，最为切当。盖张时先辈笔也。时乃张武子良臣之子，昔为张功父之客云。"

《瀛奎律髓汇评》卷四十七张良臣《次韵持上人题延庆寺清玉轩》诗之评："张武子字良臣，关中人。……予及识其子讳峕字居卿先生，教予以作诗之法尤至，但律诗少耳。"

方岳《秋崖先生小稿》卷二二《访张居卿不值》："与客敲门野竹边，蹇驴何许兀吟鞭。苍头不访孤山鹤，素手空回剡曲船。书不疗饥聊尔耳，酒能作病岂其然。曾留一则山中话，可问南湖雪后天。"

周密《浩然斋雅谈》、《癸辛杂识》所谓张时，方回《瀛奎律髓》称张峕。当以方回之说为是，因方回尝亲识之，且从之学诗，所记当不误。而《浩然斋雅谈》所谓张公父，应为张功父，或为传刻之误。张镃编管象州、落魄尤甚之际，张峕从之至远贬之地，可见张良臣、张峕父子与张镃情谊之深挚。

嘉定五年壬申（1212） 六十岁

谪居象州。

吴泳《张镃追复奉议郎致仕制》："敕具官某，国家以法绳士大夫，而以恩绥之，未有终身放焉而不齿者也。尔勋臣裔孙，逮事先帝，文雅才艺，殊无将家之风。一债二纪，遂死瘴乡。士之不幸，亦可悯矣。尽复元官，泽及后嗣。"（《鹤林集》卷九）

嘉定六年癸酉（1213） 六十一岁

谪居象州。

见吴泳《张镃追复奉议郎致仕制》。

嘉定七年甲戌（1214）　六十二岁

谪居象州。

见吴泳《张镃追复奉议郎致仕制》。

嘉定八年乙亥（1215）　六十三岁

谪居象州。

见吴泳《张镃追复奉议郎致仕制》。

嘉定九年丙子（1216）　六十四岁

谪居象州。

见吴泳《张镃追复奉议郎致仕制》。

嘉定十年丁丑（1217）　六十五岁

谪居象州。

见吴泳《张镃追复奉议郎致仕制》。

嘉定十一年戊寅（1218）　六十六岁

谪居象州。

见吴泳《张镃追复奉议郎致仕制》。

嘉定十二年己卯（1219）　六十七岁

谪居象州。

见吴泳《张镃追复奉议郎致仕制》。

嘉定十三年庚辰（1220）　六十八岁

谪居象州。

见吴泳《张镃追复奉议郎致仕制》。

嘉定十四年辛巳（1221）　六十九岁

谪居象州。

见吴泳《张镃追复奉议郎致仕制》。

嘉定十五年壬午（1222）　七十岁

谪居象州。

见吴泳《张镃追复奉议郎致仕制》。

嘉定十六年癸未（1223）　七十一岁

谪居象州。

见吴泳《张镃追复奉议郎致仕制》。

嘉定十七年甲申（1224）　七十二岁

谪居象州。

见吴泳《张镃追复奉议郎致仕制》。

理宗宝庆元年乙酉（1225）　七十三岁

谪居象州。

见吴泳《张镃追复奉议郎致仕制》。

宝庆二年丙戌（1226） 七十四岁

谪居象州。

见吴泳《张镃追复奉议郎致仕制》。

宝庆三年丁亥（1227） 七十五岁

谪居象州。

见吴泳《张镃追复奉议郎致仕制》。

绍定元年戊子（1228） 七十六岁

谪居象州。

见吴泳《张镃追复奉议郎致仕制》。

绍定二年己丑（1229）　七十七岁

谪居象州。

见吴泳《张镃追复奉议郎致仕制》。

绍定三年庚寅（1230）　七十八岁

谪居象州。

见吴泳《张镃追复奉议郎致仕制》。

绍定四年辛卯（1231）　七十九岁

谪居象州。

见吴泳《张镃追复奉议郎致仕制》。

绍定五年壬辰（1232） 八十岁

谪居象州。

见吴泳《张镃追复奉议郎致仕制》。

绍定六年癸巳（1233） 八十一岁

谪居象州。

见吴泳《张镃追复奉议郎致仕制》。

端平元年甲午（1234） 八十二岁

谪居象州。

见吴泳《张镃追复奉议郎致仕制》。

端平二年乙未（1235） 八十三岁

卒于象州家中。在昔日佣工的周济下方得以安葬。

吴泳《张镃追复奉议郎致仕制》："一债二纪，遂死瘴乡。"（《鹤林集》卷九）

《癸辛杂识·后集》"张约斋佣者"条："张约斋（功）甫初建园宅，佣工甚众。内有一人，貌虽瘠而神采不凡者，张颇异之。因讯其所以，则云本象人，以事至京，留滞无以归，且无以得食，故不免为此。张问其果欲归否？答曰：'虽欲归，奈无路途之费。'张曰：'然则所用几何？'遂如数赒之。且去，不复可知其如何也。未几，张以罪谪象州，牢落殊甚。一日，忽有来访者，审则其人也。于是为张营居止，且贷以资，使为生计，张遂赖以济。后张殁于家，其人周其葬，事毕亦莫知所在。"

按：吴泳《张镃追复奉议郎致仕制》称张镃"一债二纪，遂死瘴乡"。一纪为十二年，二纪即二十四年。张镃于宁宗嘉定四年（1211）编管象州，至理宗端平二年（1235），恰二十四载。关于张镃卒年，详见王秀林、王兆鹏《张镃生卒年考》。

附　录

一　《全宋文》张镃残文一篇补正

　　全部付梓出版的《全宋文》，皇皇三百六十册，录宋代九千余位作家的各体文章十七万余篇，为总成有宋一代文章的重大文献工程，惠益学人，厥功甚伟。但因数量极大，疏漏在所难免。顷阅《全宋文》，见卷六五六五所载张镃《舍宅誓愿疏文》残缺甚多。兹依所见予以补正，以供学界参考。

　　为比照补正，兹先录《全宋文》所收张镃《舍宅誓愿疏文》如下：

　　　　大乘菩萨：戒弟子承事郎、直秘阁、新权通判临安军府事兼
　　管内劝农事张镃，右镃一心归命本师释迦牟尼佛，当来下生弥勒
　　尊佛、西方极乐世界阿弥陀佛、十方法界诸佛、诸大菩萨，缘觉
　　声闻、大梵天王、帝释、尊天四大天王，韦陀尊天守护正法、天
　　龙八部、大权圣众、五岳四渎名山大川祠庙神祇。伏□不离真
　　际，普赐证明。镃恭以欲导群迷，必阐扬于佛道；□兴遗教，宜
　　建立于僧坊。胜福难思，契经具载。镃生佛灭后，值法住时，幸
　　发无上心愿，学第一义。念真乘难逢于旷劫，思慧命常续于未
　　来。助行欲妙于庄严，随力当施于利益。深心所在，至愿方陈。
　　阎浮乃众生选佛之场，震旦多大乘得道之器。教法东渐，而独此
　　为盛；祖师西来，而其传不穷。由是众多之伽蓝，遍我清净之国
　　土。或据名山胜地，或居赤县神州，皆古德之所兴，实檀那之自
　　创。伏遇皇上体佛心而治天下，崇祖道而护宗门。惟钱塘驻跸之

方，乃寰宇观光之地，昔相国曾闻□之建，今□在所未见（已下原钞缺一页。《武林金石记》卷九。又见国家图书馆藏拓片·缪专二五三六。）①

据此，知该文录自《武林金石记》卷九，计329字，乃残篇，有四处脱文，缺原钞一页文字。

《武林金石记》系清人丁敬辑，共十卷，《全宋文》未明何本。笔者检阅影印民国五年（1916）吴隐西泠印社活字印邀盦金石丛书本《武林金石记》，卷九录张镃《舍宅誓愿疏文》②，文字与《全宋文》所录完全相同，亦为残篇。

按，张镃（1153—1235），字功父，号约斋，乃南宋高宗朝名将张俊曾孙，是活跃于南宋中兴诗坛的著名诗人，有《南湖集》。《南湖集》初为时人尤袤《遂初堂书目》著录，然传本极罕，宋陈振孙《直斋书录解题》和元修《宋史·艺文志》均未见著录，明初杨士奇编《文渊阁书目》著录《南湖集》一部五册，明人叶盛《菉竹堂书目》亦载有五册，至明万历中张萱编《内阁书目》已不登录。今存《南湖集》十卷，乃清四库馆臣自《永乐大典》中辑出。③ 四库全书本《南湖集》，存诗九卷，词一卷，无张镃此文。

笔者近阅清乾隆四十六年（1781）鲍廷博重刊《南湖集》，见附录中有鲍氏所辑张镃《舍宅誓愿疏文》完篇。兹标点迻录如下：

舍宅誓愿疏文

按，此文从石刻对录，凡剥蚀字，以叶石君《金石文随录》手稿增补，小字侧书以别之

---

① 曾枣庄、刘琳主编《全宋文》第289册，上海：上海辞书出版社、合肥：安徽教育出版社，2006年，第36—37页。
② 见《续修四库全书》第910册，上海：上海古籍出版社，2002年，第425—426页；又见《石刻史料新编》（第一辑）第15册，台北：新文丰出版公司，1982年，第10958页。
③ 参祝尚书《宋人别集叙录》卷二十三，北京：中华书局，1999年，第1152—1154页。

大乘菩萨：戒弟子承事郎、直秘阁、新权通判临安军府事兼管内劝农事张镃，右镃一心归命本师释迦牟尼佛、当来下生弥勒尊佛、西方极乐世界阿弥陀佛、十方法界诸佛、诸大菩萨、缘觉声闻、大梵天王、帝释、尊天四大天王、韦陀尊天守护正法、天龙八部、大权圣众、五岳四渎名山大川祠庙神祇，伏望不离真际，普赐证明。镃恭以欲导群迷，必阐扬于佛道；将兴遗教，宜建立于僧坊。胜福难思，契经具载。镃生佛灭后，值法住时，幸发无上心愿，学第一义。念真乘难逢于旷劫，思慧命常续于未来。助行欲妙于庄严，随力当施于利益。深心所在，至愿方陈。阎浮乃众生选佛之场，震旦多大乘得道之器。教法东渐，而独此为盛；祖师西来，而其传不穷。由是众多之伽蓝，徧我清净之国土。或据名山胜地，或居赤县神州，皆古德之所兴，实檀那之自创。伏遇主上体佛心而治天下，崇祖道而护宗门。惟钱塘驻跸之方，乃寰宇观光之地，昔相国曾闻十禅之建，今在所未见一刹之隆。如来演教于王城，盖居精舍。宗师接人于闹市，可乏丛林。都民胶扰，而罕闻说法之音。衲子往来，而靡有息肩之处。慨斯阙典，久矣经怀。昨倦处于旧庐，遂更谋于别业。园得百亩，地占一隅。幽当北郭之邻，秀踞南湖之上。虽混京尘，而有山林之趣。虽在人境，而无车马之喧。爰剪荆榛，式营栋宇。劳一心而经始，历二岁而落成。念胜处可作精蓝，而薄德岂宜于大厦。顾栖身之尚赖，姑假舍而寓居。浮生自叹于艰虞，幻质累萦于疾疢。求佛祖之加被，祈天龙之护持。增长善根，销除宿业。年得逾于知命，运获度于多灾。必法尊经，变秽方而成净域。定依前哲，舍居宅而为梵宫。用分常产之田，永作香厨之供。愿主席者皆有道行，使挂锡者咸悟心源。为东方立光明幢，与末世洒甘露雨。插草不离于当念，布金何借于他缘。言弗苟陈，誓无终悔。镃切虑事有多障，时不待人。先期或至于报终，异议恐纷于身后。宗族长幼，朋友亲姻。或称乱命之难从，或谓名教之有害。引屈到嗜芰之说，诮王旦削发之言。坏我良因，夺我素志。以至恃势力而求指占，由贿赂而请住持。辄污招提，妄谈般若。是出佛身之血，是断正法之轮。死当堕于阿鼻，生巫遭于奇祸。特将此誓，痛警若人。俾革一时之狂心，勿受历劫之极苦。盖念起立塔庙，饭食沙门。流通大事之缘，成就圆机之善。恭愿皇图巩固，睿算增延。期永措于兵刑，庶宏持于像教。上荐祖先父母，次及知识冤亲。八难三涂，四生九类。悉资熏而获益，总解脱以超轮。广此愿心，周乎法界。作菩提之妙行，为净业之正因。佛国俱空，毕竟首登于极乐。法身非有，不妨面奉于弥陀。普与有情，同成此道。谨疏。淳熙十四年，岁次丙午，七月初七日。大乘菩萨戒弟子：承事郎、直秘阁、新权通判临安军府事、兼管内劝农事，张镃，疏。景定壬戌中秋，蜀阆州许文安，捐金命工重刊，永为不朽之传。住山息峰行海立石。御前应奉余刊。[①]

按，上文黑体字部分即为《全宋文》中张镃《舍宅誓愿疏文》正文的脱文和缺页文字。张镃《舍宅誓愿疏文》完篇应有 932 字，《全宋文》中的脱文和缺页文字共计 603 字，缺近三分之二的文字。而《全宋文》中所录文字，除有一字之外（《全宋文》中"皇上"，上文作"主上"），均与上文相同。

据鲍廷博案语，知鲍氏所辑张镃《舍宅誓愿疏文》乃他亲自从石刻对录，又以他书校勘增补，有据可信。据鲍氏所录"景定壬戌中秋，蜀阆州许文安，捐金命工重刊，永为不朽之传。住山息峰行海立石"一段石刻题名，可见鲍氏录文为南宋理宗景定三年（1262）蜀中阆州人许文安命工刊刻之石碑文。考景定三年张镃之孙张柽在史浩《广寿慧云禅寺之记》文后所撰跋语云："先大父少卿舍宅一区以筑梵宫，割田亩有奇以

---

① 鲍廷博《知不足斋丛书》第八集，北京：中华书局，1999 年，第 507—508 页。

给僧饭……所著发愿文雄碑，对峙丛林，逮今传颂。绍定厄于劫火，寺虽重建，而记文皆不存。蜀人许居士所藏发愿文旧刻，即先大父手笔，慨然捐金砻石，并寺记重勒，以成山中之阙典，请跋于余……景定壬戌重阳后十日，孙承信郎、阁门看班祗候张柽百拜谨书。"① 可知张镃尝亲刻《舍宅誓愿疏文》，但刻文在理宗绍定（1228—1233）间毁于火，故蜀人许文安据张镃手书，于理宗景定三年将张镃《舍宅誓愿疏文》勒石重刻，该文由此得以流传。

考鲍廷博《刻南湖集缘起》云："《南湖集》，宋循王曾孙张公约斋所著……不见于晁氏《读书志》，而陈氏《书录解题》及《宋史·艺文志》亦不详其目……圣天子右文稽古，命儒臣检集《永乐大典》中遗籍，汇入《四库全书》……馆阁原编校写既毕，偶检志乘，补其遗佚。至于遗文逸事，与夫后人景仰题咏之作，亦辑而附焉。爰付剞劂，以广流传"②。可知鲍廷博在四库全书本《南湖集》的基础上，辑补张镃"遗文逸事"，编为附录，重刻《南湖集》，刊入《知不足斋丛书》。故现存张镃文集以《知不足斋丛书》本为完善，今《丛书集成初编》本《南湖集》即是据《知不足斋丛书》本排印。张镃《舍宅誓愿疏文》正是鲍氏重刻《南湖集》时所辑入。

又考鲍廷博所录《舍宅誓愿疏文》，末云："淳熙十四年，岁次丙午，七月初七日。大乘菩萨戒弟子：承事郎、直秘阁、新权通判临安军府事、兼管内劝农事，张镃，疏。"据此，张镃在临安舍宅为寺并撰疏文的时间在孝宗淳熙十四年（1187）。检《南湖集》，张镃有《桂隐纪咏》组诗，序云："淳熙丁未秋，仆自临安通守，以疾丐祠。既归桂隐，遂捐故庐为东寺，指新舍为西宅，南湖以经其前，北园以奠其后"③。淳熙丁未即淳熙十四年。《桂隐纪咏》诗序所记张镃在临安舍宅为寺的时间及其事件，

① 《知不足斋丛书》第八集《南湖集·附录中》，第509页。
② 《知不足斋丛书》第八集《南湖集》卷首，第377—378页。
③ 《南湖集》卷七，北京：中华书局1985年影印《丛书集成初编》本，第111页。

与鲍廷博所录《舍宅誓愿疏文》吻合。这也进一步证实了鲍氏录文的可靠性。

再检明代钱塘人吴之鲸撰《武林梵志》，卷一亦录有张镃《舍宅誓愿疏文》。以吴氏录文与鲍廷博录文进行对照，吴氏所录正文无"淳熙十四年，岁次丙午，七月初七日。大乘菩萨戒弟子：承事郎、直秘阁、新权通判临安军府事、兼管内劝农事，张镃，疏"一段文字，其它文字与鲍廷博录文相同，也基本上为完篇。又考吴之鲸有记云："广寿慧云禅寺，在三拨营畔。宋淳熙十四年张循王之孙镃舍宅建寺……寺迄今犹呼为张家寺，公之真诚在人也。慧云其旧所赐额，踞杭北城艮山门之西南湖之上，其中东西井各一原碑……公之誓文可畏也……其碑现存"①。可见，吴之鲸曾亲见《舍宅誓愿疏文》石碑全文。吴氏所见碑文，或即前考理宗景定三年蜀人许文安命工重刻之石碑文。吴氏所记张镃在临安舍宅为寺的时间及其事件，与前文考述亦相合。

笔者又查国家图书馆善本古籍文献库藏张镃《舍宅誓愿疏文》拓片，中间残缺了少数文字，但也基本上是全文。这是补正《全宋文》张镃残文的又一确证。

张镃亲撰的《舍宅誓愿疏文》，是其生平、思想研究的重要文献。一方面，张镃虽然是南宋中期的一位重要作家，但《宋史》无传，生平事迹散见于诸文献之中，学界尚无专文辑考。其《舍宅誓愿疏文》，尤其是《全宋文》缺漏的部分，记载了孝宗淳熙年间张镃历官承事郎、直秘阁、权通判临安军府事兼管内劝农事等仕履，还记载了张镃于淳熙十二年乙巳（1185）开始在临安北郊大规模兴建私宅南湖园并于淳熙十四年丁未（1187）捐出高宗赐给其曾祖张俊的南湖故宅为寺院等活动，系考订张镃生平事迹的重要资料。另一方面，张镃礼佛悦禅，与寺僧多有往来唱和，

---

① 《武林梵志》卷一，《影印文渊阁四库全书》第588册，台湾：商务印书馆，1986年，第7—10页。

其《南湖集》中有《宿余杭普救兰若，同讷义二僧，访法喜寺寻，登绿野亭》、《真珠园和净慈僧韵》、《赠崇先寺长老》、《访安福寺叶上人》等数十首诗作可证。而《舍宅誓愿疏文》正是张镃礼佛举动和悦禅思想的集中反映。

由此可见，做文献辑录工作，于底本之选择不可不慎。

二 引用书目

（以年谱中出现顺序排列）

《海陵集》，周麟之撰，韩国钧辑《海陵丛刻》本，民国九年（1920）排印

《宋史》，脱脱等撰，北京：中华书局，1977年

《武林旧事》，周密辑，北京：中华书局1991年影印《丛书集成初编》本

《绍兴十八年同年小录》，佚名撰，徐乃昌辑《宋元科举三录》，民国十二年（1923）南陵徐氏景刊明弘治本

《苕溪集》，刘一止撰，影印文渊阁四库全书本

《陆游集》，陆游著，北京：中华书局，1976年

《陵阳集》，牟巘撰，影印文渊阁四库全书本

《宋人别集叙录》，祝尚书著，北京：中华书局，1999年

《宋史地理志汇释》，郭黎安编著，合肥：安徽教育出版社，2002年

《南湖集》，张镃撰，北京：中华书局1985年影印《丛书集成初编》本

《建炎以来系年要录》，李心传撰，北京：中华书局1985年影印《丛书集成初编》本

《宋会要辑稿》，徐松辑，北京：中华书局，1957年

《杨万里集笺校》，杨万里撰，辛更儒笺校，北京：中华书局，2007年

《直斋书录解题》，陈振孙著，徐小蛮、顾美华点校，上海：上海古籍出版社，1987年

《四库全书总目》，永瑢等撰，北京：中华书局，1965年

《杨万里年谱》，于北山著，上海：上海古籍出版社，2006年

《瀛奎律髓汇评》，方回选评，李庆甲集评校点，上海：上海古籍出版社，2005年

《咸淳临安志》，潜说友纂修，《宋元方志丛刊》第四册，北京：中华书局，1990年

《齐东野语》，周密撰，张茂鹏点校，北京：中华书局，1983年

《图绘宝鉴》，夏文彦撰，上海：商务印书馆，1937年

《紫桃轩杂缀》，李日华撰，《李竹嬾先生说部全书》，明刊清乾隆三十三年（1768）曹秉钧修补本

《词征》，张德瀛撰，唐圭璋编《词话丛编》第五册，北京：中华书局，1986年

《桐江续集》，方回撰，影印文渊阁四库全书本

《灵谿词说》，缪钺、叶嘉莹合撰，上海：上海古籍出版社，1987年

《三朝北盟会编》，徐梦莘撰，影印文渊阁四库全书本

《宋代官制辞典》，龚延明著，北京：中华书局，1997年

《盘洲文集》，洪适撰，四部丛刊初编本

《洪文惠公年谱》，钱大昕著，《宋人年谱丛刊》第八册，成都：四川大学出版社，2003年

《嘉泰吴兴志》，谈钥纂修，《宋元方志丛刊》第五册，北京：中华书局，1990年

《宋两淮大郡守臣易替考》，李之亮著，成都：巴蜀书社，2001年

《宋两江郡守易替考》，李之亮著，成都：巴蜀书社，2001年

《玉海》，王应麟辑，扬州：广陵书社，2003年

《剑南诗稿校注》，陆游著，钱仲联校注，上海：上海古籍出版社，

1985 年

《陆游年谱》，于北山著，上海：上海古籍出版社，2006 年

《老学庵笔记》，陆游撰，北京：中华书局 1985 年影印《丛书集成初编》本

《白石道人诗集》，姜夔撰，北京：中华书局 1985 年影印《丛书集成初编》本

《宋史翼》，陆心源辑撰，北京：中华书局，1991 年

《文忠集》，周必大撰，影印文渊阁四库全书本

《嘉泰会稽志》，沈作宾修，施宿等纂，《宋元方志丛刊》第七册，北京：中华书局，2006 年

《元和郡县图志》，李吉甫撰，上海：商务印书馆，1937 年

《夷坚志》，洪迈撰，何卓点校，北京：中华书局，1981 年

《南宋馆阁录·续录》，陈骙、佚名撰，张富祥点校，北京：中华书局，1998 年

《挥麈录》，王明清辑，北京：中华书局 1985 年影印《丛书集成初编》本

《景定建康志》，马光祖修，周应合纂，《宋元方志丛刊》第二册，北京：中华书局，1990 年

《建炎以来朝野杂记》，李心传撰，徐规点校，北京：中华书局，2000 年

《尊白堂集》，虞俦撰，《宋集珍本丛刊》第六十三册，北京：线装书局，2004 年

《赵氏铁网珊瑚》，赵琦美编，影印文渊阁四库全书本

《宋宰辅编年录校补》，徐自明撰，王瑞来校补，北京：中华书局，1986 年

《文献通考》，马端临撰，北京：中华书局，1986 年

《宋史全文》，佚名撰，李之亮校点，哈尔滨：黑龙江人民出版社，

2005 年

《袁州府志》，严嵩纂修，《天一阁藏明代方志选刊》第四十九册，上海：上海古籍书店，1963 年影印

《名臣碑传琬琰之集》，杜大珪编，影印文渊阁四库全书本

《吴郡志》，范成大撰，《宋元方志丛刊》第一册，北京：中华书局，2006 年

《姑苏志》，王鏊撰，台北：台湾学生书局，1965 年

《韩世忠年谱》，邓广铭著，北京：生活·读书·新知三联书店，2007 年

《宝庆四明志》，胡榘修，方万里、罗浚撰，《宋元方志丛刊》第五册，北京：中华书局，1990 年

《鄮峰真隐漫录》，史浩撰，《宋集珍本丛刊》第四十二、四十三册，北京：线装书局，2004 年

《宋僧录》，李国玲编著，北京：线装书局，2001 年

《攻媿集》，楼钥撰，北京：中华书局 1985 年影印《丛书集成初编》本

《延祐四明志》，马泽修，袁桷纂，《宋元方志丛刊》第六册，北京：中华书局，1990 年

《两宋名贤小集》，陈思编，陈世隆补编，《宋集珍本丛刊》第一百〇一、一百〇二、一百〇三册，北京：线装书局，2004 年

《剡源集》，戴表元撰，北京：中华书局 1985 年影印《丛书集成初编》本

《六艺之一录》，倪涛撰，影印文渊阁四库全书本

《宋元学案》，黄宗羲原著，全祖望补修，陈金生，梁运华点校，北京：中华书局，1986 年

《浩然斋雅谈》，周密撰，北京：中华书局 1985 年影印《丛书集成初编》本

《慈湖遗书》，杨简撰，影印文渊阁四库全书本

《尤袤年谱》，吴洪泽编，《宋人年谱丛刊》第九册，成都：四川大学出版社，2003 年

《洪迈年谱》，凌郁之著，上海：上海古籍出版社，2006 年

《洪文敏公年谱》，钱大昕编，洪汝奎增订，张尚英校点，《宋人年谱丛刊》第九册，成都：四川大学出版社，2003 年

《仪顾堂集》，陆心源撰，清同治十三年（1874）福州刊本

《洪容斋先生年谱》，王德毅编，《宋人年谱丛刊》第九册，成都：四川大学出版社，2003 年

《全宋诗》，北京大学古文献研究所编，北京：北京大学出版社，1991—1999 年

《梅山续稿》，姜特立撰，《宋集珍本丛刊》第四十八册，北京：线装书局，2004 年

《知不足斋丛书》，鲍廷博辑，北京：中华书局，1999 年

《涉斋集》，许及之撰，《宋集珍本丛刊》第六十一册，北京：线装书局，2004 年

《续编两朝纲目备要》，佚名编，汝企和点校，北京：中华书局，1995 年

《氏族大全》，佚名撰，影印文渊阁四库全书本

《吴兴备志》，董斯张撰，影印文渊阁四库全书本

《白石道人歌曲》，姜夔撰，北京：中华书局 1985 年影印《丛书集成初编》本

《姜白石先生年谱》，马维新编，《宋人年谱丛刊》第十一册，成都：四川大学出版社，2003 年

《姜白石词编年笺校》，夏承焘笺校辑著，北京：中华书局，1958 年

《嘉定镇江志》，史弥坚修，卢宪纂，《宋元方志丛刊》第三册，北京：中华书局，1990 年

《梦粱录》，吴自牧撰，北京：中华书局 1985 年影印《丛书集成初编》本

《茶山集》，曾几撰，北京：中华书局 1985 年影印《丛书集成初编》本

《范石湖集》，范成大著，北京：中华书局，1962 年

《二十史朔闰表》，陈垣著，北京：中华书局，1962 年

《范成大年谱》，于北山著，上海：上海古籍出版社，2006 年

《宋代京朝官通考》，李之亮撰，成都：巴蜀书社，2003 年

《名义考》，周祈撰，影印文渊阁四库全书本

《皇宋中兴两朝圣政》，不著撰人，台北：文海出版社，1967 年

《陈龙川传》，邓广铭著，北京：生活·读书·新知三联书店，2007 年

《全宋文》，曾枣庄、刘琳主编，上海：上海辞书出版社、合肥：安徽教育出版社，2006 年

《五灯会元》，普济著，苏渊雷点校，北京：中华书局，1984 年

《嘉定赤城志》，陈耆卿纂，《宋元方志丛刊》第七册，北京：中华书局，1990 年

《宋中兴学士院题名》，何异撰，《续修四库全书》第七百四十八册，上海：上海古籍出版社，2002 年

《中兴东宫官寮题名》，何异撰，《续修四库全书》第七百四十八册，上海：上海古籍出版社，2002 年

《叶水心先生年谱》，周学武编，《宋人年谱丛刊》第十一册，成都：四川大学出版社，2003 年

《金石文考略》，李光暎撰，《石刻史料新编》（第三辑）第三十四册，台北：新文丰出版公司，1986 年

《武林梵志》，吴之鲸撰，影印文渊阁四库全书本

《两浙金石志》，阮元编录，《宋代石刻文献全编》第二册，北京：北

京图书馆出版社，2003 年

《南涧甲乙稿》，韩元吉撰，北京：中华书局 1985 年影印《丛书集成初编》本

《晦庵先生朱文公文集》，朱熹著，曾抗美等点校，《朱子全书》第二十四册，上海：上海古籍出版社、合肥：安徽教育出版社，2002 年

《淳熙稿》，赵蕃撰，北京：中华书局 1985 年影印《丛书集成初编》本

《诗人玉屑》，魏庆之编，上海：上海古籍出版社，1959 年

《山堂肆考》，彭大翼撰，影印文渊阁四库全书本

《宋诗纪事》，厉鹗辑撰，上海：上海古籍出版社，1983 年

《东塘集》，袁说友撰，影印文渊阁四库全书本

《止斋先生文集》，陈傅良撰，四部丛刊初编本

《止堂集》，彭龟年撰，北京：中华书局 1985 年影印《丛书集成初编》本

《陈文节公年谱》，孙锵鸣编，吴洪泽校点，《宋人年谱丛刊》第十册，成都：四川大学出版社，2003 年

《清献集》，杜范撰，影印文渊阁四库全书本

《勉斋集》，黄榦撰，影印文渊阁四库全书本

《方舟集》，李石撰，影印文渊阁四库全书本

《南轩集》，张栻撰，影印文渊阁四库全书本

《江西通志》，谢旻等修，影印文渊阁四库全书本

《叶适集》，叶适著，刘公纯等点校，北京：中华书局，1961 年

《淳熙三山志》，梁克家纂修，《宋元方志丛刊》第八册，北京：中华书局，1990 年

《吴中旧事》，陆友仁撰，影印文渊阁四库全书本

《书史会要》，陶宗仪撰，影印文渊阁四库全书本

《临汀志》，马蓉等点校，《永乐大典方志辑佚》第二册，北京：中华

书局，2004 年

《舆地纪胜》，王象之撰，北京：中华书局，1992 年

《癸辛杂识》，周密撰，吴企明点校，北京：中华书局，1988 年

《贵耳集》，张端义著，北京：中华书局，1958 年

《平斋文集》，洪咨夔撰，四部丛刊续编本

《稼轩词编年笺注》，邓广铭笺注，上海：上海古籍出版社，1978 年

《辛弃疾传·辛稼轩年谱》，邓广铭著，北京：生活·读书·新知三联书店，2007 年

《梅溪词》，史达祖撰，影印文渊阁四库全书本

《莲子居词话》，吴衡照撰，唐圭璋编《词话丛编》第三册，北京：中华书局，1986 年

《四并集》，张镃撰，何藻辑《古今文艺丛书》第五集，上海：上海广益书局民国四年（1915）排印本

《后山诗注补笺》，陈师道撰，任渊注，冒广生补笺，冒怀新整理，北京：中华书局，1995 年

《鹤林玉露》，罗大经撰，王瑞来点校，北京：中华书局，1983 年

《李焘父子年谱》，王德毅编，《宋人年谱丛刊》第八册，成都：四川大学出版社，2003 年

《四朝闻见录》，叶绍翁撰，沈锡麟、冯惠民点校，北京：中华书局，1989 年

《赤城集》，林民表编，影印文渊阁四库全书本

《后乐集》，卫泾撰，影印文渊阁四库全书本

《黄氏日钞》，黄震撰，影印文渊阁四库全书本

《江南通志》，赵宏恩等修，影印文渊阁四库全书本

《续资治通鉴》，毕沅撰，四部备要本

《秋崖先生小稿》，方岳撰，《宋集珍本丛刊》第八十五册，北京：线装书局，2004 年

《鹤林集》，吴泳撰，影印文渊阁四库全书本

《武林金石记》，丁敬辑，《石刻史料新编》（第一辑）第十五册，台北：新文丰出版公司，1982 年

《图绘宝鉴》，夏文彦撰，上海：商务印书馆，1937 年

《仕学规范》，张镃辑，影印文渊阁四库全书本

《泊宅编》，方勺撰，北京：中华书局，1991 年

后　记

陆九渊云：“今天下学者唯两途：一途朴实，一途议论。”（《陆九渊集·年谱》）章学诚亦言：“高明者多独断之学，沉潜者尚考索之功”（《文史通义·答客问中》）。考据与批评是两种不同的治学途径，然亦有相通者，期有所获，均需深广的积累与精心的探究。六年前我负笈珞珈山，从王师兆鹏先生读博。兆鹏师继承词学大师唐圭璋先生衣钵，精于考证，明于批评。刚到武大，恩师即教导治学要有全和通的观念，要文献考据和理论批评“两条腿走路”。于是我一边关注学术动态，一边进行文献研读。首先是从头到尾阅读了《全宋词》，作了厚厚五本读书笔记。接着通读了《建炎以来系年要录》、《皇宋中兴两朝圣政》、《续编两朝纲目备要》等南宋史籍，阅读了《宋史》的部分志传。又以南宋为主，认真阅读了八十余家宋人别集。在此基础上，我确定以《南宋中兴诗坛的建构》为博士论文的题目。

博士论文顺利通过答辩后，我深深体会到自己的工作仅是一个开始，要从广度与深度上推动南宋文学史及相关历史文化问题的研究，既需宏观角度的多层面理论开拓，也需深细的文献发掘和积累。《张镃年谱》即是我进一步的工作之一。

随着年谱的撰写与修订，我对张镃的认识也愈来愈立体和生动。在政治上，他于宁宗朝声援北伐，复议诛韩，参预了南宋中期最重大的政治事件；在文学上，他诗词兼擅，又是海盐腔创始人，蜚声文坛曲苑；在家族文化上，他是南渡名将张俊的曾孙、宋末诗词家张炎的曾祖，系张氏家族由武功转向文阶过程中的重要一环；在园林与建筑文化上，他的南湖别业在历史上闻名遐迩，也是现存资料最完整的宋代园林；在个人生活上，他豪侈而清尚，其以南湖别业为中心的生活，典型体现了南宋中兴期文人士大夫构建诗意栖居方式的心态和追求；在社会交往上，他与当时朝野政要、道学大宗、文坛名家、江湖名士及方外高流多有过从唱酬……。所谓大处着眼，细处着手。若拙谱作为一种文献补白与积累，又能有助于生发出一些有价值的文学史与文化史课题，也就达到了我的初衷。

在我求学的道路上，幸遇很多良师益友。尹占华先生、杨晓霭先生的知遇，使我得以步入学术之门！在珞珈讲堂，业师王兆鹏先生、尚永亮先生、陈文新先生、熊礼汇先生、李中华先生、郑传寅先生传道授业，令人终身受益！杨果先生、鲁西奇先生也给予诸多关怀！陶文鹏先生、诸葛忆兵先生、祝尚书先生、刘尊明先生、戴建业先生对我博士论文从框架、观点到文献等方面的指导，让我获益匪浅！王曾瑜先生、刘跃进先生、莫砺锋先生、张宏生先生、张剑先生、张廷银先生，或指导，或启示，或关怀，或鼓励，令人感动和难忘！

拙著能够顺利出版，要感谢兰州大学社会科学处、兰州大学重点建设处、兰州大学文学院、兰州大学敦煌研究所的资助！感谢程金城先生、伏俊琏先生、庆振轩先生、王勋成先生的支持和帮助！感谢责任编辑杨美艳女士严谨的工作和辛勤的付出！金秋之际，适逢兰大迎来百年华诞。谨以此书作为献礼！

我的妻子铁爱花博士和我六载同窗，生活上的相濡以沫和学术上的共同追求，是我读书治学的精神力量。书中的一些问题，即得到她的指正。在拙著撰写的过程中，小女言言也出生，使我们的生活更加精彩和丰富。因此，无论是为人还是为学，这本书都对我别具一种意义！

曾维刚

2009 年 9 月于金城